本项目受到云南省人民政府发展研究重大招标项目《加快云南文化旅游融合发展对策研究》（项目批准号：Y201911）资助

文化旅游融合发展

理论、路径与方法

晏雄　赵泽宽　等 ◎ 著

中国旅游出版社

参著人员

晏　雄　云南财经大学旅游与酒店管理学院教授

赵泽宽　云南省人民政府发展研究中心副主任

刘　云　云南师范大学地理学部教授

周正兵　中央财经大学文化与传媒学院教授

朱晓辉　云南财经大学旅游文化学研究院教授

赵晓红　云南财经大学传媒与设计艺术学院教授

李雪松　云南财经大学旅游与酒店管理学院副教授

王　静　云南财经大学旅游与酒店管理学院副教授

班先海　云南财经大学旅游与酒店管理学院讲师

朱　韬　云南财经大学旅游与酒店管理学院副教授

解长雯　云南财经大学旅游与酒店管理学院讲师

张　洁　云南财经大学旅游与酒店管理学院讲师

谭庆莉　云南财经大学旅游与酒店管理学院讲师

唐跃军　云南财经大学旅游与酒店管理学院副教授

王　婧　云南财经大学旅游与酒店管理学院讲师

宇惠云　云南财经大学商学院研究生

杨　婷　云南梁河县委党校讲师

乔思琪　云南财经大学旅游与酒店管理学院研究生

史晨旭　云南财经大学旅游管理研究生教育中心研究生

前　言

　　2018 年中华人民共和国文化和旅游部批准设立，文化和旅游从行政机构上合并，标志着文旅融合已上升到国家战略层面，推动文化和旅游融合发展，以文促旅、以旅彰文，已成为发展现代旅游业、促进文化传播的必然选择。因此，在云南省人民政府发展研究重大招标项目《加快云南文化旅游融合发展对策研究》的支持下，经过课题组充分调研和研究以及评审专家的评审，历时近8 个月，本书最终成稿。

　　本书围绕"文旅融合"分理论探索和实践案例上下两篇回答了文化旅游为何融合、如何融合、如何可持续发展等问题。上篇主要遵循破题—解题—结论三段论式的研究思路展开研究。首先，在破题阶段，对相关的文献和政策进行梳理和综述，明晰文化和旅游融合的内在机制。其次，在解题阶段，以云南省为研究案例，通过访谈、问卷调查等方式全面了解文旅融合发展现状和存在的问题，认为目前文化与旅游融合发展的理论和认识不断深入、资源整合成效显著、旅游和文化相结合的精品名牌凸显张力，但还存在体制机制不顺、发展思路不清，产业融合结构单一、市场化程度不高，创意人才少、行业竞争力不强，乡村文化旅游市场主体缺位、竞争力弱，市场主体培育面临制度障碍，文旅融合缺乏项目支撑和创意设计等问题。进而借鉴发达国家和地区的先进经验，设计合理的、创新性的制度与手段，从政策融合、队伍建设、完善文旅融合机制体制、实施品牌和重大工程带动战略，加强非遗和物质文化遗产与旅游发展融合，推动当代文化与旅游融合等几个方面提出可行的实施路径，促进文旅融合宏观政策落到实处，并分专题进行研究。最后，在结论阶段，本书根据前期研究成果和存在问题，有针对性地从理顺体制机制，促进文旅产业深度融合；强化文旅领域供给侧结构性改革，营造促进新型市场主体成长的环境；破解城乡二元体制，培育乡村文化旅游主体；加大文旅人才培养力度，增强文旅产业行业竞争力；实施"互联网+""文旅+"战略，实现跨界融合创新，推出高品质文旅产品；引导社会资本投资文旅项目；创新营销方式七个方面提出政策建议。

下篇主要选取了滇西抗战文化旅游、茶马古道文化旅游、滇越铁路体验旅游、云南"直过民族"活态博物馆、乌蒙山红色文化旅游区、高黎贡山生态文化旅游区、哀牢山—无量山民族文化旅游区、云南非遗项目、红河哈尼梯田世界文化遗产、智慧旅游、民族动漫主题乐园等实践案例，对如何实现文化与旅游的融合发展进行了详细论述和探讨，试图为同类型的文化旅游资源如何深化融合提供参考和借鉴。该书结构体系比较完备、内涵较为丰富、观念比较前沿，具有较高的理论价值和实践价值。

本书由云南财经大学旅游与酒店管理学院、云南省人民政府发展研究中心、云南师范大学地理学部、中央财经大学文化与传媒学院、云南财经大学旅游文化学研究院、云南财经大学传媒与设计艺术学院、云南财经大学商学院、云南梁河县委党校等单位的多位师生协作完成。具体分工为：总撰稿（晏雄教授、赵泽宽研究员），第一章（晏雄教授、乔思琪硕士、史晨旭硕士），第二章（周正兵教授），第三章（赵晓红教授、李雪松副教授、王静副教授），第四章（张洁讲师），第五章（晏雄教授、赵晓红教授、刘云教授、朱晓辉教授、李雪松副教授、王静副教授、唐跃军副教授、朱韬副教授、班先海讲师、谭庆莉讲师、解长雯讲师、王婧讲师、杨婷讲师、乔思琪硕士、史晨旭硕士），第六章（唐跃军副教授、晏雄教授、王婧讲师），第七章（晏雄教授、李雪松副教授），第八章（唐跃军副教授），第九章（晏雄教授、杨婷讲师、乔思琪硕士），第十章（刘云教授），第十一章（谭庆莉讲师、王婧讲师），第十二章（朱晓辉教授），第十三章（朱韬副教授），第十四章（赵泽宽研究员），第十五章（晏雄教授、李雪松副教授、字惠云硕士），第十六章（班先海讲师）。

值此成书之际，衷心感谢云南省人民政府发展研究中心给予的指导和帮助！感谢云南省文旅厅、云南省各州市文旅局在调研中给予的大力支持和帮助！感谢各位评审专家和中国旅游出版社各位编辑老师提出中恳建议！

由于本书作者水平有限，研究中还存在许多不足，恳请各位读者批评指正！

晏雄

2022 年 3 月于安宁齐远楼

目 录
CONTENTS

上篇

理论探索篇

第一章 绪 论

一、研究的目的及意义

（一）研究的目的

由于本课题有着明确的政策导向，有必要结合文化旅游融合的相关理论基础和政策指引，基于规范的理论研究和实证研究，去探索推动文化旅游的融合发展的路径，达到以下研究目的：

1. 促进文化与旅游融合发展的宏观政策设计

第一，确立文化旅游的总体政策愿景，为文化旅游融合提供指引。总体政策愿景要充分体现文化旅游融合的整体性理念，即文化旅游融合发展并不仅仅是两个行业发展的新趋势，而是人类经济社会发展到一定水平所出现的必然现象，也是我国社会主义发展新阶段人民对美好生活需求所形成的新任务与机遇。

第二，通过政策明确各方参与者的利益关系，促进利益相关者的协作。文化融合涉及各种主体，有政府也有市场主体，有公益性主体也有营利性主体，有本地消费者也有非本地的旅游者，这些主体在利益诉求等方面均有所不同，但是，所有这些主体都致力于实现"美好生活"，因此，我们要在这个整体利益的引领下，充分协调各方利益，实现共享共赢。

第三，构建文旅融合的新型制度体系。要把新制度创造和建设的过程，作为约束融合的强制手段。制度设计应全面、立体和富有创新性，依法和正确处理保护与利用、事业与产业、管理与服务等方面的关系，既有机融合，又责权分明。同时要抓好法律法规修订、行政审批下放、管理工作下沉、事业单位改革等当前改革事项的推进工作，将新制度建设的理念渗透到所有相关方面。

第四，加强对文化产业和旅游产业部门的共同管理与监察政策创新。简化传统模式对文化产业和旅游产业的双重监督职责，提高工作效率。经过重组形成的新机构要注重各部门间的沟通协作，为文化产业和旅游产业的融合发展提供服务，助力文旅融合。

2. 推动文化与旅游融合的产业政策创新

第一，促进文旅产业国内国际消费的政策创新研究。产业融合和消费升级之间有着较强的融合驱动关系，加强文旅产业与消费升级之间的直接联系，增强消费者体验对文旅产业的共同发展都有着重要的带动作用。一方面可以着眼于提升国内文旅产品的体验性、消费性；促进民俗文化品牌化，加速传统文化与现代营销相融合，如重庆的"山水之都，美丽重庆"、云南的"七彩云南，旅游天堂"等地域品牌标签的推广，加速消费者对地域特色形成品牌认知，调动消费群体消费积极性。另一方面应出台促进入境游的政策，完善入境旅游便利化体系；围绕提升入境过夜旅游人数和外国人入境过夜旅游人数这两个主要指标，制定相应的促进入境旅游发展办法、管理机制与管理制度，推动入境旅游规模化发展，以流量红利带动消费红利的不断扩大。

第二，推进文化产业、旅游产业技术创新融合的政策研究。一方面，随着共享时代下科技水平的提升，数据挖掘、精准化推送以及信息资源的实时共享，促使大量消费者从 PC 端转向移动端，为线上产品带来流量红利和数据资源储备，一部分公司通过搭建线上资源共享平台、加强社群关系，比如通过微信、微博、抖音、美拍、小红书 App、去哪儿网、马蜂窝等新型互动媒介，最终形成资源共享与传播。在数据经济主导的时代背景下，提高文化产业与旅游产业的技术融合，不仅有利于两产业的产业链的延长，而且可以有效地刺激市场活力并带动其他相关产业的融合创新。另一方面，技术创新是文化旅游业供给侧改革的重要篇章，通过将互联网技术应用于更多的旅游消费场景，可以极大程度提高旅游便捷度和体验性。因此，需要从政策层面鼓励涉旅电子商务向着更高、更广、更好、更快的趋势发展。

第三，从供给和需求两端共同发力创新促进文旅产业高质量融合发展的政策研究。政府在政策制定中要从供给侧和需求侧两端发力，以产业协调为主导，为文化产业、旅游产业高质量的融合发展提供政策法律支持。在创建文旅项目时需注重项目资质审核、充分调动产业资源、跟踪服务水平等配套措施，加强文旅产业融合、驱动作用。

3. 促进文旅市场主体融合的政策创新

第一，以消费者为主导的文旅市场主体融合政策创新研究。文化旅游作为新兴领域，消费者的主导性尤为明显：一方面，市场为消费者提供了更加多元化的选择，消费者可以根据自身的偏好和预算自主选择任何文化旅游产品；另一方面，由于互联网的普及，不仅给消费者提供了选择的工具，而且给消费者提供了充分的决策信息，解决了信息不对称的问题。但是，由于生产领域受到意识形态等影响，其市场化程度有限，并非合格的市场主体。在文化体制改革背景下，对文化和旅游市场与政府关系的定义在不断变化。为了更好地发挥市场在文化和旅游资源配置中的积极作用，还需进一步出台相关政策对文化旅游市场的发展进行引导和规范。

第二，提升文旅企业竞争力政策创新研究。一方面，吸引具有文化旅游领域管理经验的企业与机构参与政府文化旅游项目的长期运营，打造一批具有竞争实力的文旅企业和上市公司；另一方面，针对中小微文旅企业"小、散、弱"，面对新冠肺炎疫情等社会系统性危机时抗风险能力差的状况，研究制定新的政策措施。

第三，破除制约文旅企业融合发展的体制机制障碍研究。要针对文化资源的公共属性，统筹与协调公私关系，破除体制机制障碍，打造合格的面向市场、能够适应消费者需求的市场主体，为文旅市场实现产品供给、流通和消费三者之间的良性互动创造良好条件。

（二）研究的意义

1. 理论意义

针对文化旅游融合过程中存在的宏观制度融合困难不少、产业融合程度不够、微观市场主体融合积极性不足的现实问题，从宏观政策创新、产业政策创新、微观政策创新三个层面构建促进文化旅游融合的政策创新体系，从实证研究的视角深入推动现实问题的解决，避免理论的空泛化，进一步丰富和完善了文旅融合的政策研究体系。

2. 应用价值和社会意义

本研究将以决策咨询报告、专报等形式提供给省级政府相关部门领导作为制定政策的决策参考，对促进不同层次文化旅游产业的发展具有重要的经济价值和社会意义。

二、国内外研究综述

（一）关于文化旅游研究

1. 国外研究

国外学者很早就有对于文化旅游的相关研究，并把文化与旅游的关系作为文化旅游研究的一项重要研究课题。国外的文化旅游发展和国内相比在发展速度、开发程度上都较为先进成熟，因此学术界对于文化旅游的研究成果也较为丰富。

文化和旅游是两个相互融合的有机整体。"文化旅游"第一次作为一个专有名词出现是在美国学者麦金托什和格波特（Mcintosh & Gebert）的《旅游学——要素·实践·基本原理》一书中。书中提到了"文化旅游"这一概念，其认为文化其实包含了旅游的方方面面，人们在日常生活中就能依据文化来了解彼此、认识彼此。[①] 旅游者可以借助旅游活动融入当地的民风民俗中去，与当地的人们一起分享彼此的生活和思想。在 1985 年，世界旅游组织又从广义和狭义的角度对文化旅游的概念做出区分，广义的文化旅游是为满足人们的需求，提高自身文化修养，改变自身经历、知识领域和创造更多机遇的一切活动。狭义的文化旅游是指所开展的文化活动要基本满足人们对于文化的需求，包括一些常见的名胜古迹游、节庆巡游、修学旅游等活动。[②] 世界旅游组织从广义和狭义的角度区分文化旅游，是以旅游的对象为中心的。文化旅游是能够满足旅游者对于文化的追求的。在狭义的定义上也概述了几个文化旅游的基本

---

① 罗伯特·麦金托什，夏希肯特·格波特. 旅游学——要素·实践·基本原理 [M]. 蒲红，等，译. 上海：上海文化出版社，1985.

② Bourdieu P, Darbel A, Schnapper D. The love of art: Europe and art museums and their public [M]. Cambridge: Polity Press, 1991: 35-45.

类型，少数民族文化旅游就是其中一项重要内容。

国外学者研究文化旅游的一个重要方面是关于其中的古迹遗产和遗产保护方面的相关研究。大部分的研究成果是从这两个方面来论述的，比如文化旅游用"cultural tourism"和"heritage tourism"表示。《国际文化旅游宪章（重要文化古迹遗址旅游管理原则和指南）》一书中将文化旅游的研究切入点放在文化和文化环境上，此书中的观点是旅游者在旅游目的地体验的文化旅游是在平时人们接触不到的一种文化活动，此类活动才能被称为文化旅游活动。在研究博物馆与遗产地文化旅游的问题上，西尔布伯格（Silberberg）认为，文化旅游的发展虽然能给博物馆和这些遗产地带来巨大的经济收益，但是这些地方的文化旅游发展还是需要政策和实践去支撑的，比如如何更好地吸引游客、如何与其他旅游地开展合作、如何增加市场影响力等，同时也要注重对相关的经营者进行培训。他认为只有政策的支持才有利于文化旅游的后续发展。① 由此可见，国外学者对于文化旅游的研究已经从基本的概念转到对如何通过政策引导更好地为发展文化旅游助力。

从文化旅游者研究的层面来看，国外学者主要从以下几个层面展开研究，分别是旅游者对于旅游地的消费期望、消费动机、旅游目的地的选择、旅游喜好、对旅游地满意度以及旅游消费行为等。欧洲旅游与休闲教育协会（ATLAS）在1991年对文化旅游概念做出界定，指出文化旅游是人们离开他们的居住地，去到有吸引他们的文化古迹、文化表演活动等的旅游地。② 这一阐述被大量地用于国外学者研究文化旅游的问题上，国外学者认为这种对文化景点的吸引产生的移动就是文化旅游，文化旅游就是一种文化的迁徙，吸引游客享受和追求他们心中的旅游目的地，旅游者是被当地文化吸引而产生的文化旅游活动。卢索和伯格（Russo & Borg）的研究从旅游者的旅游动机及旅游目的地对游客的吸引的角度展开分析，并对欧洲4个城市做了调研，得出了满足游客文化旅游需求的开发策略。③ 理查兹（Richards）从游客的旅游需求层面

① Silberberg T. Cultural tourism and business opportunities for museums and heritage sites[J]. Tourism Management，1995，16（5）：361-365.

② 孙秀琴. 突出文化内涵的随州旅游业发展策略研究［D］.武汉：华中师范大学，2013.

③ Russo A P, Borg J. Planning consideratins for cutural tourism：A case study of four European cities[J]. Tourism Management，2020，2（6）：61-63.

和旅游行为层面出发，分析得出文化对旅游业发展的重要作用及理论价值。[①]麦基谢尔（Mckercher）指出，游客之所以选择文化旅游，主要因为旅游目的地拥有功能齐全的文化设施，可以满足游客不同的文化需求。在分析了我国香港文化旅游的基础上，提出了文化旅游的 5 个属性，分别是产品、体验、市场营销、文化以及领导，体现了文化旅游地的功能多样性。他认为只有这样才能使游客有文化旅游的欲望，才能促进文化旅游的稳定发展。[②]

2. 国内研究

国内学者对于"文化旅游"的研究从 20 世纪末期开始，在 21 世纪的初期关于此类研究开始逐渐变多，总体来说，我国对于文化旅游的研究比西方国家要晚得多，研究方向主要涉及了资源、产业、民族、发展、开发、产品等方面，国内学者对于文化旅游的关注点主要放在了文化旅游资源开发方面，系统性理论研究还是偏少。从 2006 年开始，国内学者开始把研究重点放在了文化旅游的概念内涵上，从此加深了对文化旅游理论方面的研究。

刘妃（2017）认为旅游的方方面面都和文化有着千丝万缕的关系，旅游是满足旅游者自身的一种精神需求，旅游者去旅游正是被旅游目的地的文化所吸引，旅游本质就是一种文化活动，旅游者就是文化的传播者。所以旅游和文化是一种不可分割的关系。[③]李萌（2011）也是对文化旅游的概念做了界定，以上海这个大都市为例，指出在建设特色文化旅游城市时，注意经济与文化的结合，保持和发展上海的海派文化，才能吸引旅游者。上海的都市旅游业应该更加注重旅游资源的绝对优势，把历史文化和现代文化有机结合是上海发展都市旅游业的核心。[④]秦海相（2017）认为：广义上，所有的旅游都是文化旅游，旅游的方方面面都具有文化性，游客可以从旅游中感受到旅游目的地的历史文化和未来发展，能感受到当地人的生活方式和对生活的想法。狭义上，文化旅游是一种文化类型，是出于一种文化目的的旅游活动。从旅游经营者的角度来看，文化旅游又是一种观念和想法，是彰显旅游目的地文化内涵的一种思维方

---

① Richards G. Cutural tourism global and local perspectives [M]. New York：Haworth Hospitality Press, 2007：25-26.

② Bob McKercher, Pamela S Y Ho, Hilary du Cros. Attributes of popular cultural attractions in HongKong [J]. Annals of Tourism Research, 2004, 31（2）：393-407.

③ 刘妃. 丹东市朝鲜族歌舞文化旅游开发模式的研究 [D]. 长春：东北师范大学, 2017.

④ 李萌. 基于文化创意视角的上海文化旅游研究 [D]. 上海：复旦大学, 2011.

式。[①] 侯瑞（2017）对资源的形态进行了划分，他把吉林市的满族文化旅游分为物质文化旅游资源和非物质文化旅游资源两大类。满足文化旅游的开发仅是城市旅游开发的一个部分。文化旅游的发展需要同其他旅游资源进行组合开发，才能够取得良好的经济效益和社会效益，促进区域旅游业的发展壮大。[②]

综上所述，国内学者大多比较注重对于文化旅游内涵界定的研究，对其他方面的研究相对比较少。现在中国的文化旅游业正在快速发展，文化旅游的开发和保护日益受到重视，国内学者对文化旅游的发展越来越重视，未来对于文化旅游的研究将会进一步深化。

（二）关于文化和旅游产业融合研究

1. 国外研究

随着全球一体化进程的不断加剧，不同行业之间的交流更加频繁，促使行业之间关联度不断增加，行业联络趋于紧密，行业发展迎来了新的变革。站在产业的视角进行分析，现代产业的高速演化发展及高新技术的快速扩散促使产业之间的壁垒逐步降低，产业边界逐渐模糊，呈现出融合发展的趋向。伴随着技术的革新与扩散，现代产业发展逐渐延伸出了一种新的经济发展机制，即产业融合（industrial convergence）。

产业融合打破了不同产业之间的鸿沟，促进有限的资源能够在更大范围内得以优化配置，也在一定程度上推动着新参与者、新产品与新技术进入市场。鉴于其重大的理论意义及现实意义，产业融合得到了国内外学术界的广泛关注。

Marx 与 Marshall 是最早提出产业融合思想的学者，但是他们未能对产业融合进行明确界定与分析。学术界关于产业融合的讨论最早开始于 20 世纪 70 年代末，数字技术的诞生促使产业之间出现交叉。近年来，随着生物、互联网、新型材料等高科技行业的迅猛发展，产业边界变得越来越模糊，许多学者分别从不同角度对产业融合的内涵、融合机制与融合路径、融合效益等展开了研究。

---

① 秦海相 . 基于游客感知的宜春禅宗文化旅游开发评价及模式研究［D］. 南昌：江西财经大学，2017.

② 侯瑞 . 吉林市满族文化旅游开发研究［D］. 长春：东北师范大学，2017.

　　美国学者 Rosenberg（1963）首先提出了融合的概念。他将通用技术向不同产业扩散的现象定义为"技术融合"，并指出了技术转变对资源优化配置的重要性。[①] 此后，国内外各界学者从不同的角度对产业融合的内涵进行了界定。从融合对象的角度出发，欧洲委员会"绿皮书"（1997）认为产业融合是产业联盟和合并、技术网络平台、市场三个主体的融合；[②]Blackman（1998）将产业融合定义为技术服务和产业结构的演进趋势；[③] 厉无畏和王慧敏（2002）认为产业通过相互交叉，逐步形成新产业，这个动态发展过程就是产业融合。[④]从技术的角度出发，Sahal（1985）和 Dosi（1988）认为：产业之间某一种技术向不同产业的扩散促使产业出现技术创新，在此基础上，产业融合得以发展。[⑤] 这一观点也得到了其他学者的佐证。例如，日本著名的产业经济学家 Uekusa（2001）认为产业融合的本质是技术创新，是通过技术革新、降低行业准入限制来降低行业壁垒的。[⑥] 此外，还有许多学者从产业及产业边界的角度对产业融合的内涵进行归纳。例如，Choi 和 Valikangas（2001）指出产业融合是通过聚集价值、技术和市场来模糊产业之间的边界；[⑦]Curran（2013）将产业融合定义为科学、技术、市场或产业不相交领域之间边界的模糊。[⑧]

2. 国内研究

　　文旅融合，顾名思义是指文化产业和旅游产业的融合。在当代旅游产业中，任何旅游经济活动都是以某种文化方式进行的。旅游经济活动中的各种环

---

　　①　Rosenberg N. Technological change in the machine tool industry：1840-1910［J］. The Journal of Economic History，1963（23）：414-456

　　②　European Commission. Green paper on the convergence of the telecommunications，media and information technology sectors，and on towards an information society approach［R］. Brussels European Commission，1997.

　　③　Blackman. Convergence between telecommunications and other media：how should regulation adapt［J］. Telecommunications Policy，1998，22（3）：163-170.

　　④　厉无畏，王慧敏.国际产业发展的三大趋势分析［J］.上海社会科学院学术季刊，2002（2）：53-60.

　　⑤　Sahal，Dosi. Technological guideposts and innovation avenues［J］. Research Policy，1985，14（2）：61-82.

　　⑥　植草益.信息通讯业的产业融合［J］.中国工业经济，2001（2）：24-27.

　　⑦　D Choi，L Valikangas. Pattemns of strategy innovation［J］. European Management Journal，2001，19（4）：424-429.

　　⑧　C S Curran. The anticipation of converging industries：A concept applied to nutraceuticals and functional foods［M］. Springer，2013：63-125.

节，如生产、流通、交换、决策和管理，或多或少都隐含着各种文化因素，尤其是旅游产品的生产和消费，都牢固地建立在文化基因之上。旅游业的经济和文化属性交织在一起，相互融合。旅游与文化之间的关系更是相互补充、相辅相成。

一方面，文化是旅游的灵魂。文化是旅游资源的魅力所在，根据马斯洛的需求层次理论，游客对文化的追寻是最高层次的需求，也是游客出游的出发点和归宿。文化是旅游业兴旺发达的源泉，文化交流是旅游业实现社会效益与经济效益的重要途径。在社会效益方面，文化交流可以拓宽视野、增进知识、增进友谊；在经济效益方面，文化交流可以获得更多的信息流、资金流和人才流，无论对于客源地还是旅游目的地，都可以带来更多的经济效益。另一方面，旅游是挖掘文化内涵和实现文化功能的载体。旅游业的发展有利于挖掘文化，特别是 21 世纪，文化已经成为旅游业追逐和竞争的对象。云南丽江和香格里拉正是通过发掘特殊文化而赢得了游客的青睐。同时，旅游业的发展更有利于丰富文化、优化文化、保护文化。

中国经济发展进入了新常态，文化产业和旅游业面临转型升级，文旅融合是实现转型升级的重要途径。文化产业与旅游产业的融合是一个发展过程，在这一过程中，文化产业与旅游产业的界限逐渐模糊，产业相互渗透、交叉，形成新的格局。两者的融合将形成一个具有各自产业特色的文化旅游产业，从而实现两个产业的优化升级。文化产业与旅游产业的融合不仅可以使文化旅游化，而且可以使旅游文化化，创新原有的产业发展模式，丰富两个产业的内涵，促进产业的可持续发展。鉴于此，近年来文旅融合的相关理论在学术界成为较为热门的探讨话题之一，这得益于政府出台了相关利好政策，且进行了有效的推动，使得文旅融合在现实层面得到了较为充分的发展，学术界的研究成果也越来越多。

邓永进（2016）认为文化产业与旅游产业的融合是建立在市场共享、资源互补、产品交融的基础上，体现出了相互渗透、相互依存的特征，不仅能够促进文化产业和旅游产业的快速发展，而且能繁荣社会公益事业。[①]朱晓辉（2016）认为文旅融合的模式主要有：文化创意产业与旅游产业互动发展模式、

---

① 邓永进.旅游思想汇——旅游产业与文化产业融合发展［J］.旅游研究，2016（5）：1-12.

文化与旅游龙头企业引领模式、"节日＋会展＋演艺"旅游品牌模式、文化旅游与生态旅游深度融合模式、文化旅游区域合作发展模式。[①] 桑彬彬（2016）从产业边界理论的角度探索了文旅融合发展的途径，并认为市场、产品、企业、技术不仅仅代表着产业边界的类型，更构建出了文旅融合的途径。他同时还认为产业价值链模块化是文化产业和旅游产业融合的基础，文旅融合就其本质来说，是文化产业价值链与旅游产业价值链融合的解构与重构。[②] 熊正贤（2017）把我国的文旅融合总结为三个阶段，即文化搭台、经济唱戏阶段、文旅联动阶段以及文旅一体阶段。通过对重庆涪陵文旅融合发展形势的分析，他认为若想从更深层次发展好涪陵的文旅融合，需要做到根本性的转变，即"从政府主导型向市场主导型转变、从产品碎片化向产业系统化转变、从空间分散化向路线精品化转变"。[③]

在 2018 年国务院机构改革中，文化部和国家旅游局合并组建成为"文化和旅游部"，这代表着文旅融合在国家宏观战略上进入了全新的发展阶段，将会对文旅融合在理念和产业等多方面实现更加彻底的推进。叶一剑（2018）在这一大背景下，基于市场化的变化逻辑，对 2018 年我国文化旅游发展进行了深入的分析，认为文旅融合发展对我国未来十年内旅游产业的发展起着决定性的作用，每一个旅游从业者都应该充分认识到这一现实，把握这一历史机遇，从而赢取转型红利。[④]

（三）关于文化旅游融合机制的研究

近年来，国内外学者一直将文化产业与旅游产业融合作为旅游学研究的重点之一，研究成果涵盖文化产业与旅游产业的融合基础、内涵、动因、路径、模式、水平、效应和业态等多个方面。其中，文化与旅游产业的融合动力主要包括市场需求、企业逐利等内在动力要素和技术创新、制度支持等外在推力要素。就此而言，我们大致可以构筑一个文化旅游融合机制的示意图（图 1-1）。

---

① 朱晓辉.旅游产业与文化产业融合发展的态势与展望［J］.旅游研究，2016，8（5）：10-12.

② 桑彬彬.旅游产业与文化产业融合发展的理论分析与实证研究［M］.北京：中国社会科学出版社，2014：22-31，56-60.

③ 熊正贤.文旅融合的特征分析与实践路径研究——以重庆涪陵为例［J］.长江师范学院学报，2017，33（6）：38-45，141.

④ 叶一剑.文旅融合与旅游新生［J］.中国房地产，2018（20）：51-54.

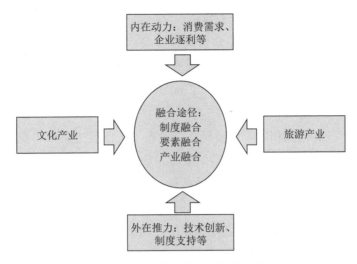

图 1-1　文化旅游融合机制示意

文化旅游融合的关键动力是要全面激发文化和旅游产业融合的内在动力与外在推力，特别是在中国体制改革的背景下，一方面，如何发掘内生动力，从整体市场的需求角度和企业的供给角度来思考，在整体利益的引导下，充分满足各方利益，实现互利共赢；另一方面，政府如何整合推动产业融合发展的政策工具，为文化与旅游产业的发展提供政策保障，如何打破文化产业与旅游产业的技术边界，进而带动产业融合。这些都是机制问题，舍此文化旅游融合就如同纸上谈兵。机制建设是重中之重，这也是本课题研究的重要问题。而本课题研究的第二个问题，即融合途径，则是策略性问题，它指明文化旅游融合的具体路径，即要从制度、要素、产业三个方面实现两者的全面融合，推动文化旅游的融合发展。而构建文旅融合途径还需要通过政府的政策创新来促进，即要从宏观政策、要素政策、产业政策三个方面实现文化与旅游的制度、要素和产业的全面融合。

（四）我国文化旅游融合发展的政策梳理

2003 年 9 月，文化部《关于支持和促进文化产业发展的若干意见》提出大力发展文化产业，明确了文化旅游业是文化产业的一部分。2004 年 10 月，文化部《关于鼓励、支持和引导非公有制经济发展文化产业的意见》从经济上明确对文化产业发展进行大力扶持。2005年各省市相继按照中央意见，因地制宜制定了详细的文化产业发展纲要或战略。2006年，《中国旅游业发展"十一五"规划纲要》，明确提出将旅游业培育成国民经济重要产业的发展目标。此后，各省、市、自治区出台了60多个关于发展旅游业的意见和建议，将旅游业确定为未来发展的支柱产业、主导产业。

2009年，文化部和国家旅游局联合发布《关于促进文化与旅游结合发展的指导意见》，指出：文化是旅游的灵魂，旅游是文化的重要载体，既给文旅融合提出了理论要求，又给出了明确指向。两部门从各自分工的角度促进两者之间的融合：文化部门加大旅游产品的开发与推广，推动文化面向市场，加快文化产业发展；旅游部门也不断增加旅游产品的文化含量，促进旅游产业转型升级，满足人民群众的消费需求。

2011年10月，《中共中央关于深化文化体制改革推动社会主义文化大发展大繁荣若干重大问题的决定》，提出推动文化产业与旅游等产业融合发展。积极发展文化旅游，促进非物质文化遗产保护传承与旅游相结合，发挥旅游对文化消费的促进作用。11月，国家旅游局《关于进一步加快发展旅游业促进社会主义文化大发展大繁荣的指导意见》，提出支持文化旅游活动品牌，推出一批非物质文化遗产旅游精品，提升一批旅游演艺精品等具体措施。

2018年3月，文化部和国家旅游局职责整合，正式组建文化和旅游部。同月，国务院发布《关于促进全域旅游发展的指导意见》，将文化与融合推进到战略的高度，文化与旅游得以在一个更广泛基础上实现"全域融合"，为文化与旅游的深度融合奠定了良好的基础。中国共产党十九大报告也提到"没有高度的文化自信，没有文化的繁荣兴盛，就没有中华民族伟大复兴"，文旅融合研究逐渐成为旅游和文化研究的新热点。

通过梳理改革开放以来我国文化旅游产业政策发展轨迹，有几个典型的趋势。一是产业定位日趋明确：文化旅游业在国民经济中的产业地位日益稳固，因此，陆续出台一系列有利于文化旅游产业发展的政策，使其产业地位基本确立，开启了我国文化旅游产业大发展的崭新篇章。二是产业管制逐步松动：由于市场经济体制的建立与不断健全，旅游产业、文化产业以及文化旅游产业发展思路不断拓展，不断出台顺应市场的相关产业政策，市场机制作为资源配置的基础性作用得到了重视，政府逐步放松了对相关产业的管制，充分调动了各方的积极性，投资主体日趋多元化。三是产业思路不断拓展：由市场需求而产生的文化与旅游的资本化运作、市场化融合的产品供给不断增多、发展、成熟，并取得较好的经济效益。随着经济社会的不断发展以及文化产业和旅游产业发展思路的不断拓展，各地政府八仙过海，各显神通，大力发展文化旅游。各地纷纷依托自身丰富的文化资源，吸引社会资本的旅游开发，不断推进文化资源开发的市场化。充分展示出独特的文化内涵与魅力，也创造了丰厚的经济效益。可是，由于文化发展领域与旅游发展领域分别是两个庞大的系统，两者在各自的发展轨道上又具有长期积累下来的发展逻辑和思维惯性，两者之间的融合涉及观念、制度、机制、市场、人才等多个方面，文化旅游融合发展问题是一个长期性、战略性任务。加之文化旅游资源本身的特殊性，长时间以来都处于国有旅游经济垄断的格局，相关政策对文化与旅游融合具体体制制约与突破方式尚缺乏准确的认知，相关的实施细则还有待进一步细化，需要完善系统的理论支撑和国家进一步的政策指引，这是本课题研究需要突破的关键所在。

（五）国内外文献述评

根据上文对已有代表性成果的梳理，学者们普遍认为我国文化旅游融合的问题是，我们对于文化旅游融合的必然性与市场趋势认识还有误区，尚未形成两者全方位、立体性融合的政策理念，特别是在文化资源的公共性与旅游产品的市场性方面有着认识的误区，总觉得这是两个泾渭分明的领域，导致这两个领域的融合常常只能纸上谈兵。而在具体问题层面则表现为制度融合困难不少、市场主体融合积极性不足、产业融合程度不够等方面。其一，宏观制度融合困难不少：由于两个部门执行不同的逻辑，也接受相应政府部门不同的绩效评价，对于这些不同行业的主体而言，其任何的跨界行为都会损害到各自的利益，无法实现共享共赢，导致两个领域的政策制定主体缺乏积极性。其二，产业融合程度不够：具体表现为市场竞争力不强，资源利用效率低，技术创新不够，品牌效应不强，宣传力度不足，相应的配套设施跟不上需求等，致使消费市场发展不充分。根本原因则是促进文化旅游产业发展、产业融合的政策缺乏针对性，在一定程度上阻碍了我国文化产业与旅游产业的融合发展。其三，微观市场主体融合积极性不足：传统意义上两种资源分属两个不同的行政部门，如今虽然文化与旅游两个行政部门合并，两个领域的资源仍然执行不同的理念与政策，常常纠缠于公共性与私人性等形式性问题，两个领域的微观市场主体很难互通、互动，文化产业的韧性与旅游产业的脆弱性不能互补。

三、研究的思路和方法

（一）研究的思路

本课题的核心目标是研究促进文化和旅游融合，为此课题首先要厘清云南省目前文旅融合的现状和面临的核心问题，并结合文化与旅游融合机制，从更宏观的经济社会的视角来制定可行方式及突破政策的创新。

基于此，本课题的基本思路是破题—解题—结论式三段论。在破题阶段，本课题将基于文化旅游发展现状的梳理，厘清文化和旅游融合的需求状况，这是课题研究的基础，本部分将形成一个阶段性成果——云南文化旅游市场需求分析报告；在解题阶段，本课题将根据市场需求状况，针对云南省文旅融合发展的障碍问题，进行案例分析，借鉴发达国家和地区的先进经验，设计合理的、创新性的制度与手段，提出可行的实施路径，促进文旅融合宏观政策落实到实处，并分专题进行研究；在结论阶段，本课题将根据前期研究成果，针对问题，提出针对性的政策建议和保障措施。

（二）研究的方法

1. 跨学科研究法

课题基于艺术学、管理学、应用经济学的规范理论，解决如何促进文化和旅游融合发展的问题，这就需要综合这三个学科的基本理论与前沿知识。为此，本课题系统运用艺术学、管理学（公共管理、旅游管理）、应用经济学三个学科的理论与方法进行综合分析，以便能够更深入地剖析问题、寻找对策，并给出科学可行的政策建议。

2. 文献分析法

理论文献依托 CNKI、维普、万方等数据库，对国内外旅游管理与文化经济等顶级期刊进行文献分析，探讨其借鉴关于促进文化和旅游融合政策创新的理论、思路和观点。并通过梳理道略咨询、艺恩、艾瑞等已有关于文化旅游的数据资源，充分借鉴权威媒体、咨询研究机构、政府部门、行业专家等对外公布的文化旅游相关的研究成果与政策文件，探索政策优化的可能空间。

3. 比较对标法

采用比较研究和对标研究相结合的方法，对标其他国家文化与旅游产业政策体系建设情况，对这些国家现代文化产业与旅游市场体系按照其要素构成、建设路径、运营机制等进行深入比较剖析。初步将美国、英国、法国、日本等作为国外的对标案例研究，借鉴其文化产业与旅游市场体系和制度建设成功的经验。

4. 调查研究法

本课题组将选择经典案例，深入各州市进行案例调查研究，以便能更为切实地了解我国文化旅游的现状与问题，并能够提出有针对性且切实可行的创新性政策建议。

第二章　文化旅游融合发展理论研究

一、文化旅游融合相关理论

（一）文化旅游现象及其概念界定

西方文化旅游业的兴起，始于 20 世纪 80 年代，其明显的表征就是遗产旅游（heritage tourism），学者休伊森（Hewison，1987）将其称为遗址繁荣（heritage booming）；[①]到了 80 年代后期，文化领域不仅领域有了拓展，包括了遗址、表演艺术、节庆等诸多内容，而且其重要性日益提升，成为旅游业的重要组成部分与新的增长点，学者理查德（Richards，2001）称之为一种"好"的旅游形式；[②]到了 90 年代，文化旅游完成了重要的转型，即从精英客户的文化旅游转向大众市场的文化旅游，这种趋势延续到了 21 世纪，成为文化旅游的基本格局。联合国世界旅游组织所组织的针对其 69 个成员国的调查显示，"几乎所有会员国在其文化旅游定义中都包括有形遗产和非物质遗产，80% 以上的会员国还包括当代文化（如电影、表演艺术、设计、时尚和新媒体等）。有形遗产被认为是最重要的文化旅游要素，其次是非物质文化遗产，然后是当代文化"（UNWTO，2017）。

由此可见，进入 21 世纪文化旅游的发展进入了一个新的阶段，人们对于文化旅游范围与本质特征的认识也有了新的进展。其中具有代表性的就是在我国成都举办的联合国世界旅游组织第 22 届大会，此次大会官方对"文化旅

---

① Hewison R. The heritage industry：Britain in a climate of decline［M］. London：Methuen，1987.

② Richards G. World culture and heritage and tourism［J］. Tourism Recreation Research，2001，25(1)：9-18.

游"的界定是，文化旅游是一种旅游活动，游客的主要动机是学习、发现、体验和消费旅游目的地的有形和无形文化景点 / 产品。这些景点 / 产品与独特的物质、智力、精神和情感特征有关。包括艺术和建筑、历史和文化遗产、烹饪遗产、文学、音乐、创意产业和活文化及其生活方式、价值体系、信仰和传统（UNWTO，2017）。而联合国另外一个官方机构——联合国教科文组织也在其官方文件引用学者斯坦伯格（Steinberg C，2001）的类似表述，"特地游览其他文化和场所，以知情的形式了解其中能够真正代表其价值观念和历史背景的人民、生活方式、文化遗产和艺术，也包括体验其中的差异性"。而世界旅游组织早在 1985 年就将"文化旅游"的狭义定义为：人们出于文化动机而进行的移动，诸如研究性旅行、表演艺术、文化旅行、参观历史遗迹、研究自然、民俗和艺术、宗教朝圣的旅行、节日和其他文化事件旅行。[①]

　　我国最早提到"文化旅游"这个概念的是旅游专家魏小安先生，他曾提及文化旅游概念，却并没有相关的界定，只是强调其文化性而已，其表述是"对于旅游者来说，旅游活动是经济性很强的文化活动，但对于旅游经营者来说，旅游业则是文化性很强的经济事业……强调旅游业的文化特点，正是为了使以经济目标为主的综合性目标得以更顺利地实现"（魏小安，1987）。[②]进入 21 世纪，我国文化旅游有了长足的发展，学者对于这个概念的讨论也较为充分，概括其代表性的界定主要有：（1）从市场学的角度，将其界定为旅游产品的提供者为旅游产品的消费者提供的以学习、研究考察所游览国（地区）文化的一方面或诸方面为主要目的的旅游产品。如历史文化旅游、文学旅游、民俗文化旅游等（蒙吉军，崔凤军，2001）。[③]（2）从旅游者的角度，将其界定为人们对异地异质文化的求知和憧憬所引发的，离开自己的生活环境，观察、感受、体验异地或异质文化，满足文化介入或参与需求冲动的过程（张国洪，2001）。[④]（3）从旅游学的角度，将其界定为旅游的一种类型，即它是以文化为消费产品，旅游者用自己的审美情趣，通过艺术的审美和历史的回顾，得到全方位的精神上与文化上享受的一种旅游活动。它包括了历史文化旅游、建

---

①　徐菊凤.旅游文化与文化旅游理论与实践的若干问题［J］.旅游学刊，2005，20（4）：67-72.

②　魏小安.旅游发展与管理［M］.北京：旅游教育出版社，1996.

③　蒙吉军，崔凤军.北京市文化旅游开发研究［J］.北京联合大学学报，2001（1）：139-143.

④　张国洪.中国文化旅游［M］.天津：南开大学出版社，2001.

筑文化旅游、宗教文化旅游、园林文化旅游、民俗文化旅游、饮食文化旅游等（马勇，舒伯阳，1999）。

其实，所有这些界定的关键在我国大众话语体系的概括表述就是"诗与远方"，所谓"诗"，就是一种独特生活方式的文化；所谓"远方"，就是移动或旅游。基于此，本课题对于文化旅游的基本理解就是，人们出于文化动机而通过移动完成的旅游活动，其对象不仅包括狭义经济统计意义上的"文化及其相关产品"，而且包括广义上体现文化意义的"生活方式"的人类活动及其历史与现实的各种物质与非物质的呈现。

（二）我国文化旅游融合的相关政策

1988 年，国家计委成立文化旅游处，国家计委作为宏观经济与社会管理部门设立文化旅游处主要管理文化与旅游领域的基础设施，不过从那个时期该部门的投资方向来看，其实，文化与旅游之间在发改委层面并无太大差别，比如当年该处对慕田峪长城、陕西博物馆等重大设施的投资就兼顾文化与旅游这两种功能：一方面，通过投入加大文化的保护力度，实现其文化遗产的功能；另一方面，通过投入加大文化资源向旅游资源转化的程度，实现其旅游的经济功能。1998 年，国家计委改为国家发改委，文化旅游处也改组为生活质量处，也就是说，在发改委这个宏观层面，文化与旅游从来都没有分家，它们都关注国民的生活质量，或者按照十九大的提法，都关乎人们的美好生活。这个时期的相关政策，主要集中于发改委宏观层面的文化设施建设，兼顾文化保护与旅游促进的双重功能，基本符合文化旅游融合的基本逻辑。

2009 年，文化部和国家旅游局联合发布《关于促进文化与旅游结合发展的指导意见》，提出"文化是旅游的灵魂，旅游是文化的重要载体"的核心理念，让文化与旅游之间的融合有了理论的根基。此后，两部门从各自分工的角度促进两者之间的融合：文化行政部门加大文化部门旅游产品的开发与推广，推动文化面向市场，加快文化产业发展；旅游行政部门，也不断增加旅游产品的文化含量，促进旅游产业转型升级，满足人民群众的消费需求。2014 年，国务院颁布《关于促进旅游业改革发展的若干意见》，就文化与旅游的融合提出指导性意见，并将"创新文化旅游产品"作为阶段的目标，如旅游演艺、主题公园、红色旅游、节庆等新型产品。这个时期的政策，文化与旅游行政部门首次联手推动文化旅游融合，并聚焦于文化旅游产品开发，应该说，这个阶段文化旅游产品的类型与范围都有了较大程度的提升，出现不少新颖的文化旅游现象，如旅游演艺、主题公园与红色旅游。

2018年，无疑是文化旅游深度融合的"元年"。3月，文化和旅游部宣布设立，文化与旅游终于"深度结合"；同月，国务院发布《关于促进全域旅游发展的指导意见》，文化与旅游在一个更广泛基础上实现"全域融合"。在新设立的文化和旅游部的内部机构设置中，政策法规司、公共服务司、产业发展司、市场管理司等各司均实现了融合，为文化与旅游在机构层面实现深度融合、文化与旅游的深度融合奠定了良好的基础。《关于促进全域旅游发展的指导意见》的出台，无疑将文化与融合推进到战略的高度，全域旅游将成为检验机构调整后文化和旅游融合发展的重要试验田和试金石。总体而言，这个时期的政策充分体现了"文化为魂，旅游为体"的融合特征：一方面，通过旅游的市场化手段，丰富文化产品和服务的供给类型和方式，激活文化市场的活力与效率；另一方面，以文化作为促进方式，营造良好的人文环境和品质，推进全域旅游高品质发展。

综合来看，自从改革开放以来，我国政府对文化与旅游融合的理解不断深化，其政策措施也更加优化，可以概括为以下几个方面：其一，文化与旅游融合的理念与方式不断深化，从20世纪80年代设施层面的融合，到2009年前后产品层面的融合，再到2018年理念与体制层面的融合，两者融合的基础更为坚实；其二，就本课题的主题而言，相关政策对文化与旅游融合具体体制制约与突破方式缺乏准确的认知，也缺乏相关的实施细则，有待进一步细化，这是本课题研究的需要突破的关键所在。

二、文化产业概念及其与旅游融合的理论基础

（一）文化产业的概念界定

"文化产业概念在当前的运用实质上指称文化产品的经济功能，如增加产

出、促进就业、创造利润以及消费者的需求"，①这是大卫·索斯比在其文化经济学名著《经济与文化》中尝试从经济学的视角来诠释文化产业，在我们看来这是文化产业经济学诠释中最重要的一种努力，也是本课题所倚重的重要理论资源。不过，我们这里不打算再去从概念史的角度辨析文化产业概念的经济学内涵，而是在大卫·索斯比文化产业概念界定的基础上，尝试确定文化产业的基本界定。

在大卫·索斯比的论述当中，文化产业"是通过具有创意的生产活动提供的文化产品与文化服务，它们具有知识产权与传递某些社会意义的功能"。②除此之外，文化经济理论家凯夫斯（Caves）将创意产业界定为"提供我们广泛地与文化的、艺术的或仅仅是娱乐的价值相联系的产品和服务"，霍金斯则将创意产业界定为其产品都在知识产权法的保护范围内的经济部门，而英国创意产业特别工作组则从国家层面将创意产业界定为"源自个人创意、技巧及才华，通过知识产权的开发和运用，具有创造财富和就业潜力的行业"。

这些界定实际上都是从经济层面做出的，而它们基本上涵盖了文化产业的这样几个要素：文化内容、创意手段、传播特征与经济功能。基于此，我们将文化产业界定为"通过创意生产、供应和传播的具有文化与经济功能的活动，以及与这些活动有关联活动的集合"。以下我们根据这个概念，将文化产业作为一个行业的基本经济学特征，并从产业链的视角界定其具体行业的边界与行业目录。

（二）文化产业的行业特征

文化产业具有文化内容、创意手段、传播特征与经济功能等基本元素，而每个元素都会赋予文化产业不同的特征，自然也构成了文化产业特征探讨的重要视角。其中文化产业的经济功能或特征，就其本质而言，与其他产业的经济特征并无多少差别，故而，我们并不打算在此专门讨论。基于此，我们认为，文化产业作为国民经济统计目录中的一个产业，它区别于其他产业的特征有三，即文化性、创意性与传播性，分述如下。

---

① Throsby Cavid D. Economics and culture [M]. New York：Cambridge University Press，2001：111.
② Throsby Cavid D.Economics and culture [M]. New York：Cambridge University Press，2001：112.

1. 文化性特征

我们知道，文化产业的文化性特征主要体现在两个层面：其一，文化是文化产业生产的原材料，文化以其资源的特殊性赋予文化产业独特的特性；其二，文化是文化产业消费的特殊方式，文化以其消费的特殊性赋予文化产业独特的特征。首先，文化是文化产业的原材料和核心资源。查尔斯·兰德利（Charles Landry）在《创意城市》中认为，文化和煤炭、钢铁、黄金等一样都是资源，只是由于全球经济的转型，如今文化资源已经取代其他资源成为城市发展最为重要的驱动力。[①] 其实，这种观点和波特经济发展四阶段论中的论断不谋而合，波特认为未来经济发展的动力不是来自资源，而是来自文化和社会价值。质言之，文化产业不同于其他产业所依赖的物质资源，它依赖文化资源作为产业发展的原材料和核心资源，而这种资源不同于一般性的物质资源，在经济学上具有非独占性与非排他性等独特特征。其次，从消费角度而言，文化性是文化产品的根本特征，也是其区别于其他行业的本质所在。我们知道，包括艺术在内的文化价值就在于其独特性，这种独特性是由艺术家所赋予的，而艺术产品的商品化则意味着艺术产品臣服于其交换价值的考虑而腐蚀其使用价值，这也就是本雅明所说的"在机械复制的时代，艺术作品的光韵渐渐消退"。[②] 也就是说，在文化商品化过程中，艺术产品被等同于其他产品，如日常使用的服装等，从而丧失了艺术品之所以作为艺术品的独特性和审美特征。本雅明则从复制技术的视角概括这种变化，"复制技术把所复制的东西从传统领域中解脱了出来。由于它制作了许许多多的复制品，因而它就用众多的复制物取代了独一无二的存在；由于它使复制品能为接受者在其自身的环境中加以欣赏，因而它就赋予了所复制的对象以现实的活力"。[③] 如果在商品化的语境中解读本雅明的这段话，就是资本借助复制技术的力量使艺术产品和消费者的关联比以往更为亲近，从而在产品大众化消费过程中最大限度获取其交换价值。但是，与此同时，文化产品大批量的复制也在一定程度上改变了文化产品

---

① Charles Landry. The creative city：a toolkit for urban innovators［M］. London：Earthscan Publications，2000：8.

② 瓦尔特·本雅明. 机械复制时代的艺术作品［M］. 王才勇，译. 北京：中国城市出版社，2002：14.

③ 瓦尔特·本雅明. 机械复制时代的艺术作品［M］. 王才勇，译. 北京：中国城市出版社，2002：87.

的使用价值——从以往的膜拜价值转向展示价值。我们认为，无论是文化产品的价值空间被压缩，还是文化产品的价值转向，都在一定程度上承认一个基本事实，文化性始终是文化产品之所以成为文化产品的立命之本，是文化产品的根本性特征。

2. 创意性特征

创意是文化产业生产的重要手段。我们对于文化产业概念中创意的理解，源于英国创意产业特别工作组首次对创意产业的界定，"源于个人创造力与技能及才华、通过知识产权的生成和取用、具有创造财富并增加就业潜力的产业"。在这个界定中，创意实际上为文化产业概念在文化内容的基础上，添加了创造性和知识产权这两个因素。对于创造性（original），约翰·霍金斯（John Howkins）有着较好的表述，创造性有两种情形：一种是"从无到有"的全新的创造；一种是"赋予既有事物以新的特征"的再造（reworking）。[①]约翰·霍金斯在辨析创造性的两种基本情形之后，又在历史文献综述的基础上认为，第一种情形虽然也发生过，但是极为罕见，所以人们在讨论创造性时多集中于第二种情形。在第二种情形下，通过再造的特征可能是"仅仅对旧的东西进行调整和捏合，或者是新的东西"。[②]本书也延续这种观点，仅在再造意义上去讨论创造性问题，因为如果从产业化的角度来看创造性，第一种意义上的全新的创造几乎可以忽略。实际上，再造意义上的创造性更接近于佛罗里达所说的融合（synthesize）。[③]因此，本书对文化产业中创造性的理解就是，通过对文化资源的融合加工，而赋予新特性的过程和行为。如《功夫熊猫》，我们不能不说这个动画片充满了创意，但是，这里的创意不是那种从无到有的全新的创造，而是融合意义上的创造。这种融合性创意最起码体现在如下两个方面：其一，"功夫"加"熊猫"，两个毫无权属争议的中国元素融合，无论是

---

① John Howkins. The creative economy：How people make money from ideas［M］. London：Allen Lane，2001：7.

② John Howkins. The creative economy：How people make money from ideas［M］. London：Allen Lane，2001：8.

③ Richard Florida. The rise of the creative class：and how it's transforming work，leisure，community and everyday life［M］. New York：Basic Books，2002：31. 佛罗里达是这样理解创意的："创意包含着融合的能力。爱因斯坦较好地把握了这点，他认为他的工作就是'组合的游戏'（combinatory play）。创意实际上就是一个通过数据、理解和材料组合成新的、有用的东西。"

从动画片还是功夫电影的角度而言都是创新；其二，功夫熊猫加上具有水墨意境的中国古代背景，但是它所演绎的却是好莱坞式的美国精神，这只混血文化的熊猫无疑也是一个创新。有了这些创意，《功夫熊猫》的票房成功也就不是什么奇迹了。

当然，如果仅从创造性及其特征的角度来界定文化产业中的创意是不够的，因为对于文化产业而言，一个东西即便具有特征，如果不能生成知识产权就无法实现创意向产业化的飞跃。约翰·霍金斯从知识产权的角度，区分出可以生成知识产权的创意（Idea）以及可以生成知识产权的创意的表现（Expression of Idea）。[①]也就是说，知识产权只保护那些体现为一定实在形式的原创作品的作者权利，这种权利不仅包括复制，而且包括复制品的销售、改编以及公共场所的表演权利。[②]质言之，一个创意能否通过"有意味的形式"（Significant Form）[③]表现出来是决定创意能否生成知识产权的关键，即一方面创意必须通过一定的形式表现出来，否则只是天马行空、无迹可寻，是无法生成知识产权的；另一方面这种表现形式要承载和传达一定的意义，否则一个空洞的形式也是无法生成知识产权的。

这一点在知识产权法的有关规定中也得到充分的体现，特别是在知识产权的"思想与表达二分法"的原则中体现得十分充分，即知识产权保护只涉及思想的表现形式，而不包括思想本身。从经济学的角度来看，二分法的合理性在于它是在平衡各种利益之后的社会利益最大化的最优选择，这样一方面考虑了作者的个人成本和利益问题，保护了个体创造的积极性；另一方面也考虑到社会对思想接近的权利，最大限度地保护了公共利益。比较而言，尽管授予思想以知识产权保护可使创作者直接受益，但是创作者也存在因为利用其他个体的思想而支付成本的问题，所以结果不一定是净收益，即便是，也因为授予思想

---

① John Howkins, The creative economy: How people make money from ideas［M］. London: Allen Lane, 2001: 9.

② William M Landes, Daniel B Levine. The economic analysis of art law［M］// Handbook of the Economics of Art and Culture, Netherlands: Elesvier B. V., 2006.

③ 英国艺术家克来夫·贝尔在他的《艺术》一书中提出，在各个不同的作品中，线条色彩以某种特殊方式组成某种形式或形式的关系，激发我们的审美感情。这种线、色的关系和组合、这些审美的感人的形式，我视之为有意味的形式。有意味的形式就是一切艺术的共同本质。本书借用这个术语表明创意生成知识产权的两个必要条件：形式和意义。

以知识产权而给社会带来更大的损失而得不偿失。①

3. 传播性特征

众所周知，大卫·索斯比根据其文化产业概念，以创意内容（origin of creative ideas）为核心构筑了文化产业同心圆的行业体系：核心层，即原创艺术创作业；外围层，即文化制作与传播业；相关层，即与传播文化内容和意义具有相关性的所有产品，这些产业虽然不是与文化内容直接相关，但是它们的产品中具有文化的内容，如建筑、广告、观光等。②其中，第二个层次，也就是外围层所涉及的行业，即文化制作与传播业，特别是借助现代媒介的复制与传播，它主要包括电影、电视、广播、报刊和书籍等，就至为关键，因为它们本身就具有传播性特征，同时也赋予文化产业以十分明显的传播性特征，更为重要的是传播是文化产业成功的决定性因素，没有传播，或者成功的传播，文化产业就无法获得良好的市场化效果。

首先，如今世界是一个全球化与媒介化的世界，文化产业也因此具有了传播性特征。如大卫·索斯比所界定的文化产业，我们可以根据这种生产的不同环节，将其区分出"文化意义本身的创作""负载文化意义的产品的复制与传播"以及"赋予一切生产活动和产品以文化标记"三重不同的层次。从这个产业链条来看，从创造、传播乃至附加，文化产业本质上是一个文化符号及其意义传播的过程，每个层次的文化产业都具有传播性质。其中第二个层次的文化产业就是传媒产业，它是文化内容送达消费者的重要渠道，也是文化产业商业化的重要枢纽。即便是第一个层次的传统文化行业，如今也具有传播性特征：一方面，这些行业，如文学、戏剧等，必须借由传播才为人所知，才能为消费者所选择与接受；另一方面，这些行业的内容消费本身就是一个传播的过程，因而也具有传播的基本特征。而第三个层次的文化行业，本质是借由传播而为人所广为接受的文化符号向其他领域的渗透，因此，传播特别是有效果的传播是其发生的前提条件，如迪士尼米老鼠的形象之所以能够向其他领域渗透，是因为这个现象有着较广范围的传播，并有着十分良好的传播效果，因此

---

① William M Landes，Daniel B Levine. The Economic Analysis of Art Law［M］// Handbook of the Economics of Art and Culture，Netherlands：Elesvier B. V.，2006.

② Throsby Cavid D. Economics and culture［M］. New York：Cambridge University Press，2001：112-113.

就有了商业的价值。其次，在文化产业链条中，传播是文化产业升级与产业化过程中至关重要的惊险一跳，只有能够实现有效传播的文化产业才能具有市场前景。我们知道，现代意义上的文化产业的文化产品或服务对传播的依赖是决定性的，没有传播渠道，没有有效的传播，文化产业就没有市场效应，甚至无法市场化。

（三）文化产业行业分类

1. 文化产业的行业范围

我们文化产业的行业范围划分要遵循两条基本原则：其一，充分尊重文化产业自身的特征，如前述文化性、创意性与传播性特征，能够将其与其他行业区分开来，并能够形成自身明确而没有（或尽量减少）分歧的领域；其二，要按照文化产业自身的产业链条构筑一个体系化的、相互关联的产业群，从而能够构建一个逻辑自洽性的行业体系。在我们看来，前者是一种否定性标准，它帮助我们将那些与这些特征关联度不大的行业排除在文化产业范围外，从而尽量保证文化产业范围的纯洁性；而后者则是肯定性标准，它帮助我们建构一个体系性的文化产业领域。以下我们将根据本课题所确定的文化产业概念，建构文化产业的行业范围。按照我们对文化产业界定，"通过创意生产、供应和传播的具有文化与经济功能的活动，以及与这些活动有关联活动的集合"，文化产业行业范围要基于横向产业链与纵向产业群来确定。

（1）文化产业链。我们知道，无论是索斯比还是1986年联合国教科文组织有关文化产业行业范围的确定，其所依托的层级模型，即按照文化产业生产的不同环节，将其区分出"文化意义本身的创作""负载文化意义的产品的复制与传播"以及"赋予一切生产活动和产品以文化标记"三种不同的层次，并以此构建文化产业概念的基本范围，参见图2-1。

这个层级模型的优势在于能够捕捉文化产业各行业间的内在关联，特别是基于意义与符号基础的逻辑贯通，但是，其不足之处在于，产业链本身并不清晰，而且对新媒体语境下的文化产业行业演变并无适应性。因此，联合国教科文组织将层级模型改造为循环模型，构筑一个清晰的文化产业链条，对此我们前文已有描述，这里就不再赘述。这里我们根据本课题的实际需要将这个循环模型略作改造，如图2-2所示。

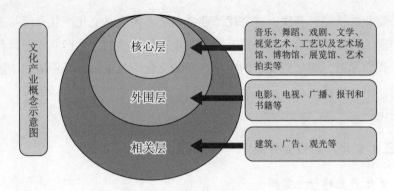

图 2-1   文化产业层级模型

资料来源：根据大卫·索斯比的论述整理而成。

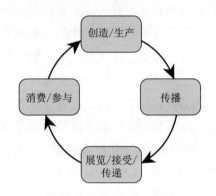

图 2-2   文化产业链示意

资料来源：联合国教科文组织文化统计框架（2012）整理而成。

在这个循环模型中，文化产业链被分解为四个核心环节，现分述如下：

其一，创造 / 生产。在文化产业链中，创造（creation），一般是指原始产品生产完成之前的阶段，由于这个阶段集中体现了文化产品的原创性，故而又可命名为原创阶段。如果对原创阶段的生产流程再做进一步细分的话，可以大致分为构思、执行、录制三个环节。其中，构思环节主要设计出文化产品的基本理念，是文化产品生产中最为高端的环节，也是最具有创造性的环节；执行环节主要包括诸如录音棚、片场的表演等活动，它实际上是将构思环节的理念通过艺术的手段表现出来；录制环节实际上是将表演的内容物化，特别是随着数字复制技术的发展，这个环节实际上就是一个数字存储的过程，不过这个过程也包含着很多创造性的活动，如编辑和合成等。随着创造的完成，文化产品和服务就进入生产环节，其实这里的生产与前面的创造都属于广义的生产，只是在媒介技术条件下，这个阶段的生产更多是一种机械性的复制，因而与创造区分开来，但整体而言，两者都属于广义的生产，所以本课题将两者合并起来。

其二，传播。这里我们依然延续联合国教科文组织的界定，即让消费者和展览者接触到批量生产的文化产品（如批发、零售或出租音乐唱片及电脑游戏、发行电影等）。通过数字化传播手段，有些产品或服务可以直接由创作者传递给消费者。质言之，传播是文化产品与服务送达消费者的过程，而其中媒介发挥着十分重要的作用，如平面、音像或者数字媒介，介质不同，其传播渠道与方式也有所不同，而且随着数字化媒介的发展，很多内容就直接从生产者通过数字媒介送达消费者，而没有中间环节。总而言之，传播及其介质是我们界定文化产业范围的一个重要维度，基于此，文化产业既涵盖内容基于各种介质的传播，又涵盖基于双边市场的广告、设计等相关服务。

其三，展览／接受／传递。我们知道，虽然媒介在文化产品与服务的传播与送达中起到十分重要的作用，但是它们并非全部，还是有不少的文化产品以直接体验的方式予以传递，这就是展览／接受／传递，即消费场所以及通过授权或售票的方式向观众提供直播的或是直接的文化体验，让其消费／参与按时间付费的文化活动（如组织并举办节日庆典的歌剧院、剧场、博物馆）。传递是指传递那些不涉及商业交易且通常产生于非正式场合的知识和技能，这其中包括非物质文化遗产的世代相传。

其四，消费／参与，这里仍然按照联合国教科文组织的界定，即消费者和参与者消费文化产品、参与文化活动和体验的活动（如阅读、跳舞、参加狂欢节、听收音机、参观画廊）。

（2）文化及相关产业群。大卫·索斯比将文化产业群描述为文化产业的同心圆外扩效应，"艺术居于同心圆的中心，其他产业形成的圈层环绕这个中心，并通过创意内容的运用而扩散到广的产品领域中"。[①] 这也就是说，文化产业内部有着十分紧密的内在关联性，参见图 2-3。

---

① 　Throsby Cavid D. Economics and culture［M］. New York：Cambridge University Press，2001：113.

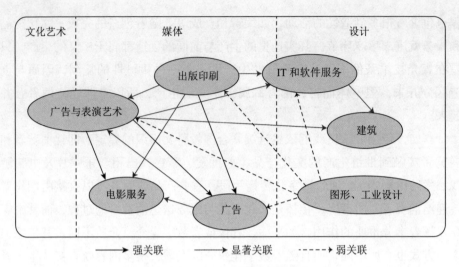

图 2-3   文化产业网络效应示意

资料来源：Choo Adrian，Terence Ho. Economic contributions of Singapore's creative industries，2003.

在图 2-3 中，我们不难看出，一方面文化艺术等内容产业作为文化产业同心圆的核心可以逐步向外辐射，扩展到媒体和设计领域；另一方面文化产业内部的各个产业之间存在着或强或弱的关联。基于这种内在关联性，我们可以建构一个行业间相互关联的文化及相关产业群，如图 2-4 所示。

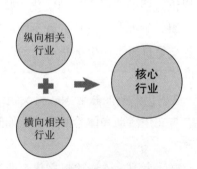

图 2-4   文化产业群示意

在图 2-4 中，文化及相关产业群是由核心行业与两个相关行业共同组成的，其中核心行业是由文化产业链核心成分组成的行业；而相关行业则分别是纵向产业链上的相关行业，如传媒行业相关的广告与设计等以及横向领域相关的行业，这主要是联合国教科文组织所列举的教育和培训、档案和保存以及装备和辅助材料三类活动及其所涉及的各种行业。

2. 文化及相关行业的范围

综合上文我们所确定的两条原则，我们沿用并改造了联合国教科文组织所确立的层次模型，将文化产业范围描述为以文化产业链条中各文化核心行业为基础的，向横向与纵向两个维度延伸出与文化行业广义相关的文化产业群，并由此构筑其行业的基本范围。

我们从产业链角度所描述的是文化产业的核心行业，或者按照联合国教科文组织的说法，就是文化产业链的不同阶段中涉及的文化活动、产品和服务。究其本质而言，核心行业是文化内容的生产、传播或传递、消费所衍生出的具体行业，文化性是其本质属性与特征，因此，文化内容也是我们描述这个行业的首要维度。

有关内容的行业或者内容产业对于我们而言并不陌生，其中最为权威的界定来自两个区域性的界定：其一，欧盟有关内容产业的界定，即那些制造、开发、包装和销售信息产品及其服务的企业，其中包括在各种媒介上的印刷品（报纸、书籍、杂志等），电子出版物（联机数据库、音像制品服务，以传真及光盘为基础的服务以及电子游戏等），音像传播（电视、录像、广播和影院）等；其二，美国所主导的北美产业分类标准，该标准所谓的信息业，也就是内容产业主要包括出版业（包括软件出版）、电影和录音业、广播和传播业、信息服务和数据处理服务业等。就内容产业的界定而言，欧盟的界定无论是内涵还是外延都较为科学，值得借鉴。按照欧盟的界定，内容产业，更广义地说，涉及内容的文化产业，主要按照载体的不同予以分类，主要有印刷、音像与数字三种媒介。这里我们主要从内容入手，如果从内容的角度，我们大致可以将文化产业所涉及的内容划分为如下几个板块：其一，传统的艺术与技艺，这在我国文化产业的目录中相对应的是文化艺术服务与工艺美术品的生产；其二，利用媒介所承载的资讯性内容，主要是新闻、财经等信息，它所对应的行业主要包括新闻出版发行服务、文化信息传输服务；其三，娱乐性内容，主要是指影视、游戏，甚至包括部分体育类内容，它所对应的行业主要包括广播电视电影服务、体育以及旅游的部分行业。相比较而言，传播与展览／接受／传递所涉及的行业较为简单，可以归并说明。大概而言，其所涉及的行业主要包括广播电视电影服务、文化信息传输服务以及部分的文化艺术服务。

从纵向来看，与内容生产相关的行业主要有文化遗产，其相关性主要表现在历史与逻辑两个维度：其一，从历史的角度而言，今天的遗产是昨天的生产，而今天的生产又有可能是明天的遗产；其二，从逻辑的角度而言，所有的生产都是对前人的文化财富——广义的遗产的继承的结果；与传播相关联的行业则是基于媒介双边市场所衍生出的广告、设计与创意服务等，因为这些行业都是利用媒介所吸引的广泛注意力所实现自身的价值；与展览 / 接受 / 传递相关的行业则是为那些生产与消费同步的行业所提供的周边服务，特别是旅游、票务与电子商务。

（四）结论

基于上述框架及其分析，本课题认为，文化与旅游行业的关系可以描述为文化旅游是文化产业中基于核心行业所延伸出来的纵向相关行业。文化行业的所有生产环节及其活动都可以向旅游者开放，因为从消费者的角度而言，旅游者也是消费者，只不过旅游者是旅行中的消费者而已。因此，本课题认为，文化与旅游的关联，或者文化旅游融合的基础在于，从产品自身及其生产与消费角度而言，两者之间有着天然的统一性。首先，就产品自身而言，文化与旅游产品均区别于其他产品，具有明显的文化性特征，它们作为产品具有明显的复合价值与社会意义。其次，从生产的角度来看，无论是"活"的文化，还是已经成为历史的文化或者文化遗产，都是旅游的重要吸引物，它们在服务消费者方面并无差别，只不过旅游者是旅行中的消费者而已。最后，从消费的角度来看，文化行业与旅游行业都属于非必需品行业，它与消费者日用品满足人们的生存型需求不同，满足的是消费者发展型需求，因而在消费特征具有天然的融合性。

三、文化旅游发展的趋势与问题研判

（一）文化旅游发展趋势判断

1. 文化旅游进入新的发展阶段

我国旅游市场经历了"入境旅游→国内旅游→出境旅游"的发展过程，发展的动力基本实现从外生需求转向内生需求，可以说我国旅游业已经进入大众化、全域化的发展时代：一方面，随着全面建成小康社会持续推进，旅游已经成为人民群众日常生活的重要组成部分；另一方面，旅游业从景点旅游发展模式向全域旅游加速转变，旅游与文化等资源实现深度融合（见表2-1）。

表2-1　文化与文化旅游发展阶段

阶段	文化	文化旅游
1.0	文化作为工业发展的附属物。富裕的商人或工业资本家投资文化作为身份炫耀	精英化小众文化消费，注重游历
2.0	文化作为产业，作为经济的一个行业，受到国家的重视以促进经济发展与就业	大众文化旅游，文化资源发展成为旅游吸引物
3.0	文化是新价值的源泉。文化品位的多样化、文化生产的碎片化以及获得新技术和媒体的机会，挑战了文化2.0下文化的整体生产。除了经济价值外，文化还被视为一种创造身份、激发社会凝聚力和支持创造力的手段	文化作为旅游业的价值平台（反之亦然），促进旅游业与日常生活的融合

资料来源：UNWTO，2018

2. 文化旅游秉承新的发展理念

党的十九大以来，我国基本确立五大发展理念，这与文化旅游的发展理念高度契合，贯彻这五大发展理念，有利于文化旅游在新的历史条件下激发新的活力，促进其发展成为优势主导产业：一方面，文化旅游作为幸福产业，在国民经济中的地位明显提升，并对提升国民获得感有实质的意义；另一方面，文化旅游业也将深化供给侧改革，促进有效供给，推动旅游业由低水平供需平衡向高水平供需平衡提升。

3. 文化旅游适应新的发展需求

我国自改革开放以来，经济发展保持了持续的增长，这在积累了大量财富的同时，经济发展由外延式扩张向内涵式创新驱动转型，这为文化旅游的发展提供了坚实的经济基础、强劲的产业驱动力。与此同时，城乡居民对美好生活的需求，特别是对文化旅游等相关产品的需求快速增长，随着人口结构与收入水平的变化，其需求呈现出越来越明显的多样化与差异性特征，这对文化旅游业提出了新的需求。

（二）文化旅游融合发展的动力与冲突

1. 文化与旅游融合的动力

综上所述，文化旅游的融合是大势所趋，两者之间的融合有着内在的动力，这种动力不仅存在于两个行业自身，更存在于人类生活方式中，甚至可以是社会发展特定阶段的必然选择。概括起来，文化旅游的融合有三种核心的动力：其一，文化旅游融合的社会动力，文化与旅游的融合不是偶然的现象，也不简单是两个行业发展的新动向，我们要从更宏观的经济社会的视角来看待这种融合，这个背景更准确地说，就是后现代社会，特别是人类社会从生产型社会向消费型社会转变的必然结果，这个背景是两者融合最重要的社会动力；其二，文化旅游融合的需求侧动力，由于人类社会的转型，人类需求的重心也发生了重大的转变，即从传统的物质性需求转向文化性需求，这种需求的转变是这两个行业融合发展的需求侧动力所在，文化与旅游作为行业都必须适应这种变化，并在这种需求动力的吸引之下顺势而动；其三，文化旅游融合的供给侧动力，对于文化与旅游这两个行业而言，文化行业的市场化发展，特别是传统的遗址、博物馆等文化资源的市场化转向，必然在传统的居民之外寻找更多的受众，而游客是其拓展业务的重要目标人群，而对于旅游行业而言，为了应对消费者的需求转向，必须实现文化化转型，转向传统观光资源之外寻找更多、更丰富的文化资源，提升旅游的文化内涵与体验（见图 2-5）。

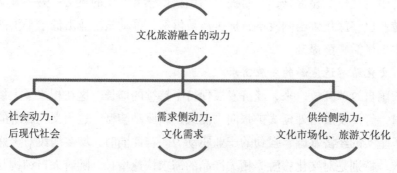

文化旅游融合的动力

社会动力：后现代社会　　需求侧动力：文化需求　　供给侧动力：文化市场化、旅游文化化

图 2-5　文化旅游融合发展动力

2. 文化旅游融合的核心冲突

按照本课题对于文化产业与文化旅游关系的描述，即文化旅游是文化及其相关行业之核心行业纵向延伸的行业业态，就此而言，文化核心行业，特别是与文化旅游紧密相关的行业，如①考古遗址和博物馆；②建筑（遗址、名楼、全镇）；③艺术、雕塑、工艺品、画廊、节日、活动；④音乐舞蹈（古典、民间、当代）；⑤戏剧（戏剧、电影、剧作家）；⑥语言文学研究、旅游、活动；⑦宗教节日、朝圣；⑧完整的（民间或原始的）文化和亚文化（ECTARC，1989），它们与旅游行业在资源特征、核心诉求、资源使用方面有着明显的不同，甚至形成了冲突，具体如表 2-2 所示。

表 2-2　文化与旅游之间冲突（以文化遗产为核心）

特征	文化遗产管理	旅游
结构	公共部门导向；非营利性	私人部门导向；营利性
目标	社会目标	商业目标
主要参与者	社区、遗产组织、少数族群、当地居民、遗产专业机构	商业机构、非本地居民、国家旅游协会
对待资产的经济态度	存在价值；值得加以保护的内在价值	使用价值；消费者的内在与位置诉求的价值
核心用户群体	本地居民	非本地居民
资产使用	物质与非物质遗产对社区的代表性价值	产品与服务在消费者心目中所建立的目的地形象价值

资料来源：McKercher Boh，2002，本表内容有所调整，特此说明。

（三）文化旅游融合发展的问题

1. 体制性问题

我们知道，自工业革命以来，人类的生产力大幅提升，财富也大幅度增加，在很大程度上改变了生产力低下状态下的"短缺社会"，转向一个物质相对过剩的"丰裕社会"，商品从稀缺转向丰富，消费者的选择空间不断加大，消费者主权开始出现。自由主义经济学家路德维希·米塞斯在继承哈特的"消费者主权"概念的基础上进一步认为：在市场经济中，权力授予了消费者。他们通过购买或不购买最终决定应该生产什么，由谁来生产，如何生产，以什么质量和数量生产。企业家、资本家和土地主如果没能以最好、最便宜的方式满足消费者愿望中最迫切的部分，就会被驱逐出局，失去其有利地位（米塞斯，2007）。自改革开放以来，我国市场经济也取得了长足的进步，特别是随着卖方市场逐步向买方市场转变，与以往生产者、销售者掌握主动权的情形相反，消费者掌握了更多的主导权，所有也有学者提出"市场经济就是消费者至上的经济"（厉以宁，2013）。文化旅游作为新兴领域，消费者的主导性更为明显：一方面，一个竞争较为充分的买方市场，为消费者提供了多元化的选择，消费者拥有主动的、不受干预的选择权，也就是说，消费者可以自主选择任何文化旅游产品；另一方面，由于互联网的崛起，不仅给消费者提供了选择的工具，而且给消费者提供了充分的决策信息，彻底解决了信息不对称的问题，也就是说，消费者在掌握充分信息基础上做出理性选择。

但是，由于文化旅游领域受到体制的制约，以及我国改革的渐进性特征，旅游生产者，特别是那些处于上游掌握资源的生产者，与消费者比较而言，其市场化与主体性程度明显存在不均衡与不完善特征，其主要表现是：其一，消费者的决策是自主的，但是，由于传统领域的旅游生产者的决策权集中在政府手中，这些企业虽然在改革上赢得了政策"放权"，却由于没有独立产权的支撑，其决策权毕竟有限，相比消费者而言存在明显不足；其二，消费者是主动的，他根据自身利益决定其行为，而文化旅游领域的很多生产者作为受托人，并没有自身利益，所以缺乏追求市场利润的动机，因此其决策缺乏主动性；其三，消费者的消费预算约束是硬化的，因此，他能够根据市场条件约束自身的行为，并主动搜寻市场信息，以便做出理性选择，而传统领域的文化旅游生产者的预算约束软化，它们往往不愿主动介入市场，即便介入市场，也不能对市场做出能动反应（王培勤，赵建泽，1998）。①

总而言之，就我国目前文化旅游领域而言，消费者主体性已经建立起来，他们能够根据其偏好自行选择旅游产品，但是，生产者作为市场主体的发展不平衡、不完善，相对滞后于消费者主体性的发育程度，很多生产者主体尚

---

① 王培勤，赵建泽.我国市场主体发育的非均衡分析［J］.财贸经济，1998（2）：33-35.

不能"自主决策，自主经营"，就更缺乏根据消费者需求提供产品的意识与能力。而从生产者主体的角度来看，这种不平衡性又可以具体表现为行业、城乡与不同产权性质之间的发展不均衡（见图 2-6）。因此，文化旅游领域需要进行供给侧改革，改变生产者市场主体发展不均衡、不完善的问题，其重点是培育能够自主经营，特别是能根据消费者需求提供产品的新型市场主体。具体而言，体制性问题又可以细分为三个具体问题：传统领域如何面向市场构建市场主体；乡村地区如何破解二元体制构筑市场主体；公益部门如何面向受众构筑新型市场主体。

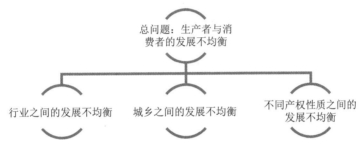

图 2-6　体制性问题及其市场主体角度的呈现

2. 融合性问题

　　如前所述，文化与旅游的融合不是偶然的现象，也不简单是两个行业发展的新动向，我们要从更宏观的经济社会的视角来看待这种融合，这个背景更准确地说，就是后现代社会，特别是人类社会从生产型社会向消费型社会转变的必然结果，西方发达国家文化旅游行业的发展自 20 世纪末以来就在这个背景下遵循市场化逻辑，在资源、主体、市场等方面有着充分的融合与发展，文化旅游行业发展迅速，无论是从文化产业还是旅游行业的统计口径来看，都有着较高的比重。但是，由于我国经济社会发展程度相对滞后，兼之上文所述体制性原因，文化与旅游的融合还面临不少实际的问题，特别是表现为文化与旅游两个行业的主体行为常常不能相向而行，两者融合常常难以付诸实施。

　　就其本质而言，文化旅游融合不仅仅是人类社会进入后现代社会的趋势所致，更是两个行业谋求自身市场化发展的自然趋势：一方面，文化行业在市场化过程中，面向市场，通过自身资源的开发，开拓更广泛的受众，其中旅游人口就是其扩展的重要对象；另一方面，旅游行业在其文化化的过程中，面向文化资源，通过文化的渗透与融合，提升产品的文化内涵与体验性，从而提升旅游行业的竞争力。但是，由于体制性与理念性原因，文化旅游行业这两种原本相向而行的趋势常常受到阻碍，融合的渠道与过程并不顺畅，常常存在两张皮的现象。

总体而言，我国文化旅游融合的问题是，我们对于文化旅游融合的必然性与市场趋势认识明显不足，尚未形成两者全方位、立体性融合的理念，特别是在文化资源的公共性与旅游产品的市场性方面有着认识的误区，总觉得这是两个泾渭分明的领域，导致这两个领域的融合常常只能纸上谈兵。而在具体问题层面则表现为资源融合困难不少、主体融合积极性不足、市场融合程度不够等方面：其一，资源融合困难不少，由于传统意义上两种资源分属两个不同的行政部门，如今虽然文化与旅游两个行政部门合并，但两个领域的资源仍然执行不同的理念与逻辑，常常纠缠于公共性与私人性等形式性问题，导致两个领域的资源很难互通、互动，形成合力；其二，主体融合积极性不足，由于两个部门执行不同的逻辑，也接受相应政府部门不同的绩效评价，对于这些不同行业的主体而言，其任何的跨界行为都会损害到各自的利益，无法实现共享共赢，导致两个领域的主体缺乏积极性；其三，市场融合程度不够，传统意义上文化与旅游行业面向两个不同的市场与客户群体，即本地居民与非本地居民，这些行业很少有企业愿意打通这两个市场与客户群体，导致两者在市场方面的融合程度明显不足（见图2-7）。

图2-7　文化与旅游融合性问题及其具体呈现示意

（四）文化旅游融合的机制与政策

1.文化旅游融合的机制

综上所述，文化旅游的融合是大势所趋，两者之间的融合有着内在的动力，这种动力不仅存在于两个行业自身，更在于人类生活方式，甚至是社会发展特定阶段的必然选择，也有着外在的动力，这种动力主要来自政策与技术的推动，就此而言，我们大致可以构筑一个文化旅游融合机制的示意图。

如图 2-8 所示，文化旅游融合的关键机制是要全面激发两者融合的内生与外生动力，特别是在中国体制改革的语境下，如何发掘内生动力，释放市场主体的理论，培育文化旅游融合的市场主体与市场体系，是机制建设的重中之重，也是本课题拟定的两个问题——体制性问题与融合性问题中的首要问题。更为确切地说，如何激发市场主体的活力，解决企业主体与消费者主体发展不平衡的问题，是机制性问题，舍此文化旅游融合就如同纸上谈兵。而本课题所列文化旅游融合的第二个问题，即融合问题，则是策略性问题，它指明文化旅游融合的具体路径，即要从理念、资源、主体与市场四个方面实现两者的全面融合，推动文化旅游的融合发展。

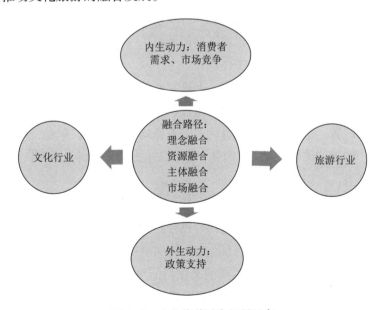

图 2-8　文化旅游融合机制示意

2. 文化旅游融合的政策指引

由于本课题有着明确的政策导向，我们有必要结合文化旅游融合的机制与路径，从规范理论的视角描述政策该如何着力，推动文化旅游融合建立机制、确立路径，切实推进文化旅游融合发展。联合国世界旅游组织结合大量的实证研究，在《文化与旅游协同发展报告》中给出了 7 点建议：建立文化旅游的愿景，使利益相关者联系起来，并使其充满活力；提供更好的信息；制定更具体的文化旅游政策；建立更有针对性的文化旅游市场营销活动；确保文化保护；有效利用新技术；促进利益相关者协作（UNWTO，2017）。我们认为这些都是文化旅游政策方面的金玉良言，值得我们总结借鉴，与此同时，结合我国文化旅游融合的现状与问题，本课题将在文化旅游融合机制的指引之下，明确文化旅游融合政策的总体方向与具体着力点。

（1）确立文化旅游的总体愿景，为文化旅游融合提供指引。总体愿景要充分体现文化旅游融合的整体性理念，即文化旅游融合发展并不简单是两个行业发展的新趋势，而是人类经济社会发展到一定水平所出现的必然现象，也是我国社会主义发展新阶段人民对美好生活需求所形成的新任务与机遇。

（2）明确体制性改革的总体任务，充分释放市场的力量，培育市场主体。体制改革的任务要优先解决文化旅游融合领域的三个体制性瓶颈：传统领域如何面向市场构建市场主体；乡村地区如何破解二元体制构筑市场主体；公益部门如何面向受众构筑新型市场主体。

（3）明确各方参与者的责权利，促进利益相关者的协作。文化融合涉及各种主体，有政府也有市场主体，有公益性也有营利性主体，有本地消费者也有非本地的旅游者，这些主体在利益诉求等方面均有所不同，但是，所有这些主体都致力于实现"美好生活"，因此，我们要在这个整体利益的引领下，充分协调各方利益，实现共享共赢。

（4）确保文化保护，实现可持续发展。文化资源的开发应以文化保护为前提，两者都应致力于提升当地的文化特色与原真性，从而增强本地的独特性与竞争力，如文化资源大国意大利在这方面就明确提出"促进可持续和良性的旅游和文化政策，旨在推动强化本地的文化特征与竞争力，并促进其价值实现"（UNWTO，2017）。质言之，文化资源开发是要保护并强化当地文化特征，不能过度商业化，否则，就会适得其反，丢失本地特色，也就会丧失竞争力。

（5）利用新技术，增强体验性。文化旅游区别与传统观光旅游最大的不同点在于，前者需要为消费者提供"有意义的葆真性体验"，它需要消费者参与到旅游产品设计中来，而非传统的静观，因此，需要利用新技术，从产品设计、宣传推广、信息服务等方面增强体验性，提升吸引力的竞争力。

（6）做好市场营销，打造全域品牌。如前所述，文化旅游并不是一个单一的市场，而是由许多不同的部门、特定市场和特殊利益集团组成，所有这些部门的信息对于市场营销都是重要的，但是，分割的信息传播将毫无效率，因此要做好市场营销规划，打造全域品牌。

第三章 云南省文旅融合现状分析

一、云南文化旅游资源分布状况分析

云南独特的地质地貌、生态环境和立体气候条件，造就了"东部岩溶地貌、西部三江并流、北部雪山冰川、南部热带雨林、中部高原湖泊"等丰富多样的高品位自然风光；25个少数民族聚居和15个独有的少数民族，孕育了包括民族特色建筑、服饰、节庆、歌舞、饮食、工艺品等绚丽多彩的民族文化资源；大量的古生物、古人类化石、历史文物古迹和近现代革命遗址，构成了包括遗产文化、边地文化、古道文化、红色文化、抗战文化、宗教文化、生态文化、农耕文化等悠久的多元历史文化；与东南亚、南亚国家山水相连的特点，形成沿边对外开放的区位优势条件。尤其是丰富多彩的民族历史文化与绚丽多姿的自然风光、舒适宜人的生态环境有机结合，赋予了云南旅游文化神秘的魅力，对国内外游客形成了强烈的吸引力。

云南特定的地理环境、历史条件造就了云南多样性的文化旅游资源，并呈现出一个大致的规律，即历史文化积淀越深厚的地区，其实体文化旅游资源就越多，如大理、昆明等地区；少数民族分布越多的地区，社会行为文化旅游资源和文化符号旅游资源就越丰富，如文山、红河、德宏、怒江等地区。具体分布情况大致如下：

滇中旅游区：包括楚雄州、昆明大部及玉溪市。该区是云南省重要的旅游通道，历史文化积淀深厚，其中昆明和玉溪都拥有众多的实体民族文化景观，楚雄是彝族自治州，拥有大量的具有浓郁少数民族特色的民族文化景观。

滇东南旅游区：包括红河州、文山州和曲靖市南部。该区少数民族众多、历史文化深厚，自然及民族文化旅游景观多样，如历史文化名城建水、文山州丰富的遗址遗物类景观等，以及哈尼、苗、瑶、彝等民族的各种民族风情、习俗、民居建筑、文学作品、歌舞等。

滇东北旅游区：包括曲靖市北部、昆明的东川区和昭通市。该区的南部有珠江源等一些重要的自然景观，在景区中部和北部有大量文化景观，如会泽古城和盐津"五尺道"遗址等。

滇西北旅游区：包括大理州、丽江市、迪庆州和怒江州。该区是民族文化旅游个体及类型最为丰富的地区，这里有三江并流和明永冰川等突出的山地景观，有世界文化遗产丽江古城、大理古城和巍山古城等重要历史文化名城，泸沽湖及其独特的摩梭风情，以及中甸归化寺、宾川鸡足山等宗教圣地。

滇西旅游区：包括保山市、德宏州。该区以自然景观为主，同时也有民族村寨、宗教旅游地和边贸口岸等。

滇西南旅游区：包括临沧市、普洱市和西双版纳州。该区有风景秀丽的亚热带风光和多彩的民族风情风俗。

从文化旅游消费市场发展新趋势来看，云南省文化旅游资源主要包括六大类别：①遗产遗迹类文化旅游资源；②红色与抗战类文化旅游资源；③民族、节庆与边地类文化旅游资源；④观光康体休闲类文化旅游资源；⑤城镇、村落与园区类文化旅游资源；⑥文化设施与演艺影视类文化旅游资源。类型丰富且特色鲜明的文化旅游资源是云南省文化旅游融合发展的基础。

（一）遗产遗迹类文化旅游资源

1. 历史遗迹

云南省历史悠久，各类遗迹众多，主要有丽江古城世界文化遗产、红河哈尼梯田世界文化遗产、三江并流世界自然文化遗产、石林世界自然遗产、澄江古生物化石地世界自然遗产、东巴古籍世界记忆遗产、元谋古人类历史文化遗产、禄丰恐龙文化遗产、元谋人文化遗址、滇越铁路、滇缅公路、茶马古道文化遗址、昆明陆军讲武堂等遗产遗迹。

2. 非遗工艺

非物质文化遗产指被各群体、团体、有时为个人所视为其文化遗产的各种实践、表演、表现形式、知识体系和技能及其有关的工具、实物、工艺品和文化场所。云南的多元民族在历史的积淀中也为中华民族留下了宝贵的非遗文化与工艺，具体如下：

（1）金银铜锡工艺。云南的非遗工艺主要包括以昆明、东川、会泽、个旧、石屏、江川地区为代表的传统斑铜、斑锡、乌铜走银等金属工艺，以丽江、香格里拉、鹤庆、广南、南坪、通海地区为代表的银器及银饰工艺，以及以陇川、通海地区为代表的民族刀具工艺。

（2）木竹藤草工艺。主要包括以德宏、西双版纳、文山、保山地区为代表的红木家具工艺；以剑川、昆明、文山、红河地区为代表的木雕、根雕、根艺工艺；以德宏、保山腾冲、普洱墨江、昭通绥江为代表的葫芦丝、竹编、草编和藤编工艺。

（3）陶瓷泥塑工艺。这类资源主要是以建水、华宁、易门、香格里拉、景洪、镇沅、砚山等为代表的建水紫陶、华宁陶、易门陶、尼西黑陶、景洪傣族慢轮陶、镇沅古黑陶、砚山窑上土陶等陶瓷工艺。

（4）石雕石刻石砚工艺。石文化资源主要包括以金沙江、怒江、澜沧江流域为代表的奇石工艺，以大理为代表的大理石工艺，以永仁为代表的苴却砚，以及以会泽迤砚、昭通为代表的紫砂石工艺。

（5）刺绣布艺染织工艺。这类资源主要分布在少数民族地区，主要包括以彝族、苗族、白族、哈尼族、壮族、布依族等为主的民族刺绣工业，以傣族、景颇族、纳西族、壮族、基诺族、独龙族等为主的民族织锦工艺，以及以白族、苗族等为重点的扎染、蜡染工艺。

（二）红色与抗战类文化旅游资源

红色旅游是将红色人文景观和绿色自然景观相结合，把革命传统教育与促进旅游产业发展相结合的一种新型主题旅游形式。2019年7月，云南省文化和旅游厅发布了6条云南红色旅游经典线路：长征精神红色旅游线，昆明—禄劝—元谋；雪域高原红色旅游线，昆明—丽江—迪庆（香格里拉、德钦）；乌蒙磅礴红色旅游线，昆明—寻甸—东川—会泽—巧家—昭通—威信；南疆烽火红色旅游线，昆明石林—蒙自—屏边—河口—马关—砚山—广南（文山）—富宁（麻栗坡）；滇西抗战红色旅游线，昆明—楚雄—大理—隆阳—施甸—腾冲—龙陵—芒市—瑞丽；民族团结红色旅游线，昆明—玉溪—墨江—宁洱—普洱—景洪—双江—勐腊。其致力打造的红色旅游线路和经典景区，既可以观光赏景，又可以了解革命历史，增长革命斗争知识，学习革命斗争精神，培育新的时代精神，并使之成为一种文化。

1. 红色文化旅游资源

以红军长征过云南和其他革命历史文化遗址遗迹为依托，主要包括威信（扎西）、寻甸柯渡、会泽水城、禄劝皎平渡、玉龙石鼓渡、元谋龙街渡、镇雄乌蒙回旋战、宣威来宾虎头山、香格里拉金江镇、昆明市"一二·一"四烈士墓、乌蒙山、祥云王家庄、彝良英雄故里、麻栗坡英雄老山圣地等红色文化旅游区。

2. 抗战文化旅游资源

抗战文化旅游资源是指抗击侵略者的战场遗址遗迹，主要包括腾冲抗战文化旅游区（含国殇墓园）、龙陵松山抗战遗址文化旅游区、怒江驼峰航线旅游区、沧源班洪抗英遗址文化旅游区、畹町南侨机工文化旅游区。

（三）民族、节庆与边地类文化旅游资源

民族文化是在长期共同生产生活实践中产生和创造出来的能够体现本民族特点的物质和精神财富总和。云南有 25 个世居民族，其中有 16 个跨境民族、7 个人口较少民族，各民族交织在一起，呈现出大杂居、小聚居的特点，也使云南拥有了多样的饮食文化、特色建筑以及多姿多彩的节庆活动，同时还有独特的边境文化。

1. 饮食文化

云南各民族独特的餐饮文化、烹饪技艺和方法，是其世代相传的生活智慧，在发展旅游业的同时，云南省一直注重开发特色饮食，如彝族风味、白族风味、傣族风味等绿色生态、环保健康的特色民族餐饮，并着力打造一批民族餐饮文化品牌。

2. 特色民居

云南少数民族民居和特色传统建筑独具一格，每年都会吸引众多游客前来观赏，典型建筑如昆明老街建筑、白族民居建筑、傣族竹楼建筑、摩梭四合院建筑、佤族村寨建筑、哈尼族蘑菇房建筑、彝族土掌房建筑等，这些传统建筑文化为创新文化产品类型奠定了基础。

3. 节庆活动

云南是众多少数民族的聚居地，因而其节庆活动也丰富多彩。大多节庆活动都寓意着五谷丰登、风调雨顺、天人合一，伴随着浓厚的宗教意味，在发展旅游的过程中，民族节庆与习俗也在与时俱进地演化与更新，政府与地方不断充分挖掘和发挥民族文化特色，比较具有影响力的节庆活动包括中国（云南）民族赛装节、彝族火把节、傣族泼水节、白族三月街、哈尼族长街宴、苗族花山节、花腰傣花街节、回族古尔邦节、景颇族目瑙纵歌节、傈僳族阔什节、普米族情人节、独龙族卡雀哇节、佤族木鼓节、佤族摸你黑狂欢节、拉祜葫芦节等民族文化节庆精品产品。

此外，结合各地资源特色和文化底蕴，云南省也在积极培育打造德宏中缅胞波狂欢节、墨江双胞胎节、罗平油菜花文化旅游节、南华野生菌美食节、弥勒阿细跳月节、建水孔子文化节、丘北普者黑花脸节、孟连娜允神鱼节、勐海嘎汤帕节、漾濞核桃文化节、鲁甸樱桃文化旅游节、剑川石宝山歌会、丽江三多节、迪庆香格里拉赛马会、德钦新春弦子节、云县澜沧江啤酒节、沧源亚洲微电影艺术节等特色文化旅游节庆活动品牌。

4. 边地文化

云南与越南、老挝、缅甸山水相连，自古贸易往来密切。各国之间积极合作，致力于推动跨境旅游合作区发展，强化基础设施、公共服务体系、跨国自驾游产品开发、旅游安全管理等方面的开发与建设。目前云南省正积极争取国家支持，重点建设中国磨憨—老挝磨丁、中国麻栗坡—越南河江、中国瑞丽—缅甸木姐、中国河口—越南老街、中国腾冲—缅甸密支那等跨境旅游合作区；重点建设西双版纳勐腊（磨憨）、德宏瑞丽、红河河口、保山腾冲、文山麻栗坡等边境旅游试验区，培育打造边境跨境旅游产品和精品旅游线路。

（四）观光康体休闲类文化旅游资源

1. 生态观光资源

云南拥有得天独厚的自然、人文生态环境和立体气候条件，迪庆普达措、梅里雪山、白马雪山、普洱莱阳河、西双版纳、丽江老君山、高黎贡山、临沧南滚河、屏边大围山、昭通大山包、怒江大峡谷、独龙江、楚雄哀牢山、昆明轿子山、大理苍山洱海等一批生态环境优美、休闲度假舒适、避寒避暑、四季皆宜的生态旅游区，可以极大程度地满足人们回归自然、亲近自然、体验文化、享受生活的生态休闲度假需求。

2. 旅游度假区

云南省拥有昆明滇池、昆明阳宗海、西双版纳 3 个国家旅游度假区；拥有大理、玉溪抚仙湖、保山腾冲、丘北普者黑、丽江玉龙雪山、宁蒗泸沽湖、迪庆香格里拉等省级旅游度假区；目前还在继续推进创建一批省级旅游度假区，以促进休闲度假旅游向国际化、高端化发展。

3. 房车露营

针对自驾游、家庭游等个性化、品质化、定制化发展趋势，云南省正在以旅游目的地、高等级公路等为依托，加快建设一批自驾车、房车游营地，完善配套服务设施，满足人们日益旺盛的自驾车房车休闲度假消费需求。

4. 民宿、客栈

民宿是指利用当地闲置资源，民宿主人参与接待，为游客提供体验当地自然、文化与生产生活方式的小型住宿设施。与民宿一样，客栈也是旅游地居民在参与旅游服务的过程中逐渐发展起来的一种非标准住宿设施。民宿与客栈往往具有浓厚的当地文化气息，与自然景观合为一体，具有传播当地文化的窗口功能，带给游客特色的住宿和游玩体验。云南是国内较早兴起民宿和客栈的省份，在发展过程中也引来了国内乃至国际知名品牌的投资建设，较早地在非标住宿市场占领了一席之地。

5. 温泉康养

云南各地州都有天然的温泉资源，在推进乡村旅游和健康生活方式的过程中，打造了包括安宁温泉养生度假区、阳宗海柏联温泉度假区、腾冲热海温泉旅游区、水富西部大峡谷温泉度假区、洱源大理地热国、弥勒湖泉温泉康养旅游区和龙陵邦腊掌温泉等一批知名温泉养生度假区。

6. 医疗医养

云南中医药、民族医药、生物保健等资源众多，同时也在联合一批心血管病医院等高水平医院，重点建设一系列医疗健康旅游项目，以治疗、康复、保健、美容为重点，以休闲度假为补充的医疗健康旅游产品。

7. 养生养老

云南省自然生态、地质地貌、立体气候条件优越，非常适宜中青年养生、老年人养老居住之地，全省正全力建设一批养老养生基地，大力开发多元化、多层次的养老养生产品，满足日益发展的养老养生旅游需求。

8. 户外运动与体育赛事

为满足人们康体健身消费需求，云南省经过多年打造，已初步形成一批户外运动旅游区，比较具有代表性的有：中信·嘉丽泽国际度假区、寻甸天湖岛康体旅游区、东川乌蒙巅峰运动公园、昭通大山包国际翼装飞行训练基地、绥江湖滨休闲运动旅游区、弥勒湖泉金秋休闲运动度假区、普洱蓝眉山运动养生旅游度假村、丽江老君山黎明生态康体运动区等。

在体育赛事方面，目前云南比较知名的品牌包括格兰芬多国际自行车赛、昆明高原马拉松赛、阳宗海国际高尔夫挑战赛、东川泥石流越野赛、大山包翼装飞行、梅里雪山越野跑、大理铁人三项赛、保山史迪威公路汽车拉力赛、丙中洛—察隅自驾车越野赛、昆明—曼谷汽车拉力赛、异龙湖环湖自行车赛等。

（五）城镇、村落与园区类文化旅游资源

1. 文化旅游名城

云南省致力于加强历史文化名城保护和区域中心城区重点建设，呈现出昆明市、大理市、丽江市、景洪市、腾冲市、香格里拉市、楚雄市、建水县、巍山县、会泽县、昭阳区等一批旅游文化名城。

2. 文化旅游小镇

云南省着力打造各类文化旅游小镇，在推动发展的同时又注重对文旅小镇的保护，呈现出昆明古滇文化城、官渡古镇、盐津豆沙古镇、昭阳乌蒙古镇、彝良牛街古镇、宣威可渡关古镇、腾冲和顺古镇、施甸姚关古镇、楚雄彝人古镇、禄丰黑井古镇、姚安光禄古镇、大姚石羊古镇、永仁中和古镇、建水西庄古镇、大理喜洲古镇、祥云云南驿古镇、剑川沙溪古镇、云龙诺邓古镇、玉龙石鼓镇、玉龙白沙古镇、广南坝美镇、凤庆鲁史古镇、孟连娜允古镇、临沧茶马古镇等一批特色旅游文化古镇。

3. 传统村落

结合全省传统村落保护和"十三五"旅游古村落建设，云南省已经优先开发一批文化底蕴深厚、村落保护完好、交通道路便捷的传统村落，着力打造形成特色鲜明、吸引力强的旅游文化古村落，丰富文化遗产旅游产品的种类。

4. 少数民族园区

少数民族园区是外界游客了解、体验民族文化与历史的窗口，云南已经打造了各民族独具特色的展示园区，有云南民族村、西双版纳傣族园、昭阳彝族六祖分支祭祖园、鲁甸伊斯兰风情园、罗平布依风情园、楚雄彝人古镇、南华咪依噜风情谷、中国彝族十月太阳历文化园、丽江东巴谷等一批民族文化旅游区；同时也在加快建设昆明轿子山彝人圣都、永善马楠苗族文化旅游区、富源古敢水族乡民族文化生态旅游区、牟定彝和园文化旅游区、弥勒东南亚民族文化生态园、西盟佤部落旅游区、勐海贺开古茶山拉祜文化景区、大理嘉逸民族文化旅游度假区、瑞丽市云南景颇园、傣王宫遗址公园等一批民族文化旅游园区。

5. 创意园区

文化创意园区集文创产品的展示、销售、体验、加工于一体，是文化传播的载体，云南目前开放以及正在建设的创意园区包括紫云青鸟·云南文化创意博览园、昆明金鼎文化创意产业园、镇雄水晶文化创意园、云南易门滇鉴陶文化创意产业园、龙陵黄龙玉文化产业园区、楚雄永仁·中国苴却砚文化旅游博览园、德宏瑞丽珠宝文化产业园、红河个旧锡文化创意产业园、剑川木雕文化产业园、腾冲文化产业创意园、云南杂技马戏城等。

6. 主题乐园

主题乐园是休闲娱乐的主要场所，云南省在巩固提升和新建主题乐园方面做了很多努力，主要包括昆明古滇名城水上乐园、石林冰雪海洋世界、云南野生动物园、安宁玉龙湾森林公园游乐园、云南七彩熊猫谷、太平大连圣亚海洋公园、云南杂技马戏城、水富西部大峡谷水上乐园、沾益西河主题公园、麒麟水乡乐园、澄江寒武纪乐园、禄丰世界恐龙谷、禄丰长隆水世界乐园、弥勒湖泉温泉水世界乐园、西双版纳万达水乐园腾冲国际户外运动乐园、瑞丽湾植物园、丽江雪山花海花卉主题园区等一批旅游文化主题公园和游乐园。

7. 休闲街区

云南省以旅游文化城镇建设为依托，积极打造旅游型城市综合体，突出地方文化、民族文化和休闲娱乐等特色，重点建设一批文化主题鲜明、旅游内容丰富、休闲环境舒适、功能完善配套的特色休闲街区、休闲广场等，满足人们的城镇休闲度假新需求。

（六）文化设施与演艺影视类文化旅游资源

1. 展览馆

云南省会展业发展具备一定基础，场馆面积和设施居全国前列，且云南省致力于提升现有设施使用效率，完善昆明滇池国际会展中心配套服务设施，积极推进大理、曲靖、玉溪、楚雄、景洪、丽江等重点城市会展设施建设，着力培育打造以昆明为中心、连接大西南、面向南亚东南亚的区域性国际会展商务经济圈，形成以中国—南亚博览会、中国国际旅游交易会等大型会展为龙头，集各类博览会、展销会和国际国内学术、商业会议为一体的会展商务大格局。

2. 博览会

博览会指规模庞大、内容广泛、展出者和参观者众多的展览会，在云南举办的一些大型博览会有澜湄合作博览会、云南文化产业博览会、昆明中国大健康产业博览会、昆明国际石博览会、中国—南亚博览会、普洱国际精品咖啡博览会、中国国际旅游交易会等，吸引了海内外人士的积极参与，同时拉动了云南各行各业的经济增长。

3. 博物馆

博物馆收藏了人类发现或发明的东西，是保护和传承人类文明的重要殿堂。基于对文物的收藏与保存，辅以人类文明的传播与教育功能，云南省各州市都建设了具有地方特色的博物馆，如昆明市云南铁路博物馆、丽江束河古镇茶马古道博物馆、楚雄元谋人博物馆、玉龙雪山冰川博物馆、大理摄影博物馆、昆明云南民族博物馆、元阳哈尼文化博物馆、香格里拉民间马文化非遗博物馆、红河紫陶博物馆、玉溪易门野生菌博物馆、腾冲翡翠博物馆等，在研学文化旅游中扮演了举足轻重的角色。

4. 演艺

云南丰富的民族文化孕育了多彩的演艺产品，主要包括以《印象丽江》《版纳傣秀》《丽江千古情》等为代表的大型山水实景演出类产品；以云南民族村少数民族歌舞表演、西双版纳"澜沧江·湄公河之夜"原生态歌舞篝火晚会等为代表的景区综艺表演类产品；以楚雄《太阳女》、大理《蝴蝶之梦》《丽水金沙》等为代表的剧场演出类产品；以《云南映象》《走进香格里拉》《梦幻彩云南》等为代表的国内外巡演加驻场演出类产品；以《大理吟》《木府古宴秀》等为代表的宴舞演出类产品；同时云南省正加快打造《云南的响声》《吴哥的微笑》《梦幻腾冲》《我家红河》《天赐普洱》《快乐拉祜》《族印·司岗里》《鹤舞高原》、德宏目瑙纵歌、保山巍巍松山等一批旅游文化演艺新产品和杂技、马戏等文化旅游新产品，通过舞台打造沉浸式场景体验，带给游客更为直观的感受。

5. 影视

在影视文化迅速发展的潮流下，云南省致力于与各类影视企业和优秀影视作品合作，扩大本省在全国范围内的影响，出现了一批如《阿诗玛》《士兵突击》《木府风云》《一米阳光》《滇西1944》《北京爱情故事》《三生三世十里桃花》《无问西东》《芳华》等一系列在云南取景的影视作品。

二、云南文化旅游资源市场需求分析

（一）云南文旅市场需求调查

为了了解文旅市场需求情况，深入分析游客对云南文化旅游的形象感知和需求特征，为云南文旅市场的发展提出科学性建议。本课题于2019年8月20日—9月20日运用网络抽样问卷和大数据抓取相结合的方法来调查分析云南文旅市场需求等特征。大数据抓取采用八爪鱼采集器采集OTA网站的游记及游客评论数据，采用网络文本分析法，利用ROSTCM软件进行分析，对传统抽样问卷方法是非常有益的补充。

问卷调查的对象是国内外随机抽样游客；大数据抓取的是云南省统计局、云南文化和旅游厅网站上有关云南文旅市场的数据和携程网、飞猪、马蜂窝、驴妈妈、去哪儿网、同程旅游等旅游网站上有关云南文旅产品的价格、消费情况、网络游记等。本次大数据调查设置了正则规则，对主题为"云南"的字段进行抓取，对采集到的信息进行修正与剔除。

（二）云南文旅市场需求问卷调查分析

1. 云南文旅市场问卷调查统计分析

本次云南文旅市场调查问卷主要来自网络随机调查问卷，共收集了521份问卷，剔除无效问卷2份，剩余有效问卷519份，有效率达99.62%，在对问卷数据进行统计后，得到如下数据分析。

（1）基本信息统计分析。

性别比例：受调查的对象中（见图3-1），男性为156人（占比30.06%），女性为363人（占比69.94%）。本次受调查对象的性别男女比例接近1:2，可见女性比男性受访者多。

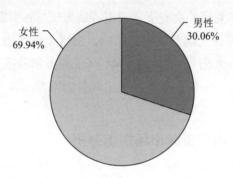

图3-1　云南文旅市场受访者性别比

年龄分布：受调查的对象中（见图3-2），18岁及以下26人（占比5.01%），19~25岁263人（占比50.67%），26~35岁89人（占比17.15%），36~45岁81人（占比15.61%），45岁以上60人（占比11.56%）。受访者年龄主要集中于19岁以上，可见，他们是云南文旅市场最活跃的消费群体。

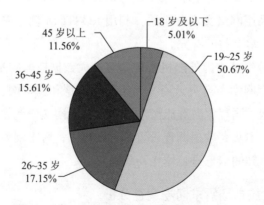

图3-2　云南文旅市场受访者年龄段分布情况

教育背景：受调查的对象（见图3-3）中，初中及以下10人（占比

1.92%），高中、中专 23 人（占比 4.43%），大学本科或专科 323 人（占比 62.24%），硕士研究生及以上 163 人（占比 31.41%）。文化旅游作为一种高层次的消费，从调查数据中可以看出，学历与文化旅游需求呈正相关关系。

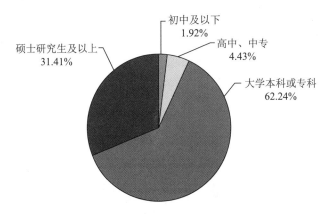

图 3-3　云南文旅市场受访者受教育背景情况

收入情况：受调查的对象（见图 3-4）中：月收入 0~3000 元 249 人（占比 47.98%），3001~6000 元 101 人（占比 19.46%），6001~10000 元 110 人（占比 21.19%），10001~20000 元 47 人（占比 9.06%），20001 元及以上 12 人（占比 2.31%）。由此可见，进行文化旅游的受访者收入大部分集中在 10000 元以下，开展文化旅游的人群存在文旅产品消费层次的区分。

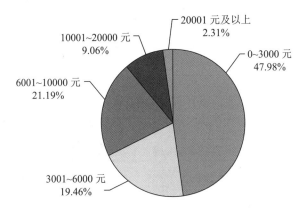

图 3-4　云南文旅市场受访者月收入情况

（2）云南文旅游客出游偏好统计分析。

出游方式：受访者（见图3-5）中，49人选择跟团游（占比9.44%），308人选择了自助游（占比59.34%），100人选择了半自助游（占比19.27%），62人选择了其他（11.95%）。从调查数据来看，自助游及半自助游仍然是云南文旅市场的热门出游方式，随着散客旅游的蓬勃发展，游客出游个性化、多样化趋势明显，在选择国内旅游时，更多倾向于自主选择性较强的出行方式。

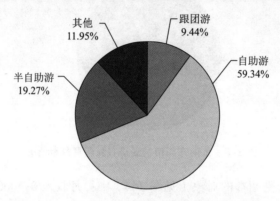

图3-5　云南文旅市场游客出游方式选择偏好情况

时间偏好：受访者（见图3-6）中，选择双休日的116人（占比22.35%）、节假日的274人（占比52.79%）、寒暑假的308人（占比59.34%）、其他时间的139人（占比26.78%）。从调查结果来看，大部分游客选择出游的时间偏爱节假日及寒暑假，原因在于这两个时间段时间长度较长，适合3天以上的出游计划，中长型出游时间是云南文旅市场热门出游的规划首选。

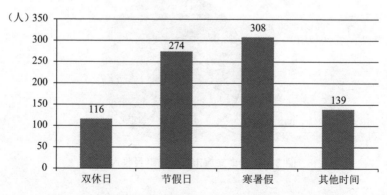

图3-6　云南文旅市场游客出游时间偏好选择（多选）

出游季节：受访者（见图 3-7）中，选择春季出游的 269 人（占比 51.83%）、夏季出游的 325 人（占比 62.62%）、秋季出游的 324 人（占比 62.43%）、冬季出游的 166 人（占比 31.98%）。从调查数据看，绝大多数人偏向于在夏秋两季出游，结合云南的天气及气候情况，这两个时间段云南气候温暖，雨水较少，适合出游赏景。同时，这两个季节与暑假及中秋、国庆等假期时间段重合，印证了游客在云南开展文旅活动时候的旺季突出特点。

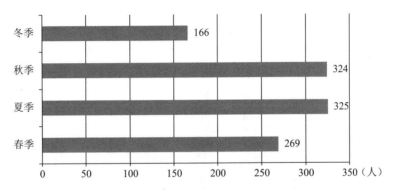

图 3-7 云南文旅市场游客出游季节偏好选择（多选）

景点偏好：受访者（见图 3-8）中，人文景观类 34 人（占比 6.56%），自然景观类 181 人（占比 34.87%），人文自然综合类 277 人（占比 53.37%），其他 27 人（占比 5.20%）。从调查结果看，大部分人选择了人文自然综合类，其次是自然景观类，说明云南文旅市场融合方面应该着重开发人文自然综合类景观，满足游客文化与旅游双层次的需求。

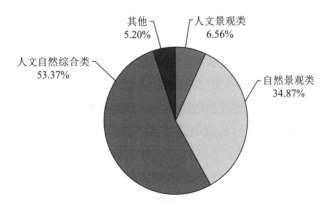

图 3-8 云南文旅市场游客出游景点偏好选择

出游动机：从受访者给相关出游动机的打分统计（见图 3-9）中可以看出，游览风光 5.19 分，缓解压力 5.10 分，增长见识 4.80 分，亲近自然 4.39 分，探索人文、结交好友 2.40 分，健康养生 1.41 分，宗教朝圣 0.80 分，其他 0.74分。从得分情况来看，位居前列的是游览风光、缓解压力、增长见识、亲近自然，得分均超过 4 分，可见，云南文旅市场应紧紧围绕游客首位的出游动机，挖掘开发高品质的旅游资源，满足游客游览风光和亲近自然的需求的同时，开发极具文化魅力和活力的文化旅游产品，满足游客缓解压力和增长见识的迫切需求。

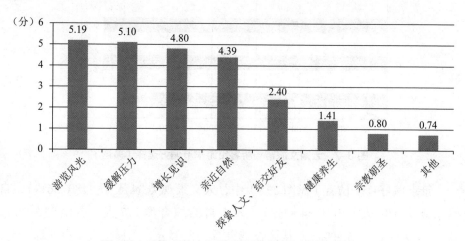

图 3-9　云南文旅市场游客出游动机偏好选择得分

渠道偏好：本次问卷以排序的方式揭示了游客的渠道偏好（见图 3-10），从得分情况来看，网络、微信 4.04 分，朋友推荐 3.25 分，电视、电影 2.72 分，报纸杂志、书籍 2.22 分，旅行社 1.49 分，其他 0.71 分。从调查结果来看，受访游客偏爱于从网络、微信和朋友推荐的方式去了解云南文旅信息，二者得分较高，说明网络微信渠道是云南文旅信息宣传的核心关注点，应进一步扩大在此渠道的信息传播；而朋友推荐则是一种口碑宣传的方式，来源于游客旅游后的满意度情况，云南文旅市场发展需要做好口碑工作，营造良好的旅游形象，进而提高文旅目的地知名度。

出游花费：调查问卷进行了比重排序的方式供受访者选择，数据如图3-11 所示。其中，住宿 4.72 分、交通 4.53 分、饮食 3.41 分、门票 2.13 分、购物 1.73 分、其他 0.40 分。调查数据显示，住宿、交通、饮食三个方面仍然是云南开展文化旅游活动的主要支出，而购物则仅仅获得了 1.73 分。面对这种情况，云南文旅市场需要优化住宿和交通行业价格，降低游客在这两方面的支出，同时购物支出较低的情况反映了云南文旅购物商品的吸引力不足，云南文旅市场在购物方面需要加快文旅产品的创新设计，提升品质，吸引游客在旅游过程中开展购物活动。

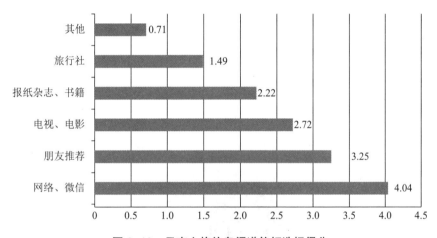

图 3-10　云南文旅信息渠道偏好选择得分

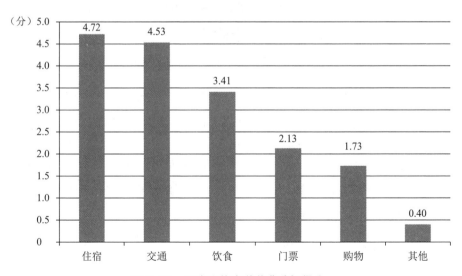

图 3-11　云南文旅出游花费选择得分

（3）云南文旅市场融合状况统计分析。

①云南文旅融合认知统计分析。本次文旅融合认知调查工作主要从对文化旅游的了解程度、了解意愿、旅游目的地的文化底蕴态度、云南文化旅游的吸引力以及云南文化旅游的意义五个方面开展。

在文化旅游的了解程度的调查中，得到数据如下（见图 3-12）：选择从来没听说过的 59 人（占比 11.37%），不了解的 127 人（占比 24.47%），知道一点的 201 人（38.73%），了解的 110 人（占比 21.19%），非常了解的 22 人（占比 4.24%）。从调查结果中可知，有将近 75% 的人停留在知道一点及以下层次，说明受访游客对于云南文化旅游的了解程度较低，大部分人并不清楚什么是云南的文化旅游；同时，说明云南文旅市场发展需要加大文化旅游信息宣传，让更多游客了解文化旅游，提高了解程度。

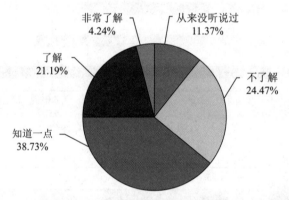

图 3-12　云南文化旅游了解程度情况

关于文化旅游的了解意愿，得到如下数据（见图 3-13）：选择从来不会的 15 人（占比 2.89%），没留意的 28 人（占比 5.39%），看情况的 127 人（占比 24.48%），偶尔会的 168 人（占比 32.37%），每次都会的 181 人（占比 34.87%）。从统计数据看，有将近 67% 的游客在出游前会主动了解当地的相关文化，大部分游客对于文化旅游存在潜在的了解动机，这对于云南文化旅游的融合发展提供了一定的基础。

关于旅游目的地的文化底蕴态度方面的调查，数据如下（见图 3-14）：选择忽视的 34 人（占比 6.55%），不太看重的 98 人（占比 18.88%），没感觉的 130 人（占比 25.05%），比较看重的 201 人（占比 38.73%），很看重的 56 人

（占比 10.79%）。从统计结果来看，有接近 50% 的人对旅游目的地的文化底蕴较为看重，说明游客对于出游目的地的文化是较为重视的，目的地的文化底蕴好坏影响着游客的出游选择。

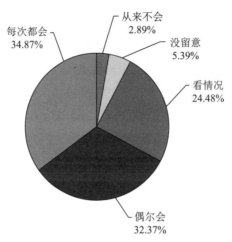

图 3-13　云南文化旅游了解意愿情况

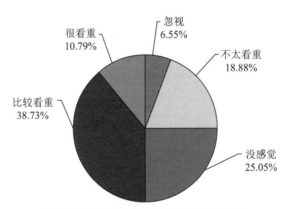

图 3-14　云南旅游目的地文化底蕴态度

关于云南文化旅游吸引力的调查，统计数据如下（见图 3-15）：选择没有吸引的 10 人（占比 1.93%），有点吸引的 25 人（占比 4.82%），一般的 82 人（占比 15.80%），吸引的 203 人（占比 39.11%），很吸引的 199 人（占比 38.34%）。从调查结果来看，有将近 78% 的游客认为云南文化旅游的吸引力较大，说明云南文化旅游发展潜力巨大，市场认可度极高。

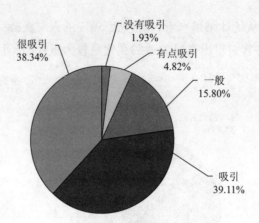

图 3-15　云南文化旅游吸引力

在关于云南文化旅游的意义方面，调查数据如下（见图 3-16）：选择了解历史文化、风土人情的 428 人，放松身心、单纯旅游的 361 人，其他的 81 人。从调查结果看，大部分人对云南文化旅游的意义认可度最高的仍然是了解历史文化、风土人情方面，其次才是放松身心、单纯旅游的意义，说明云南文化旅游的发展需要进一步创新历史文化创新与传播，增加本土民族文化、风土人情的魅力。

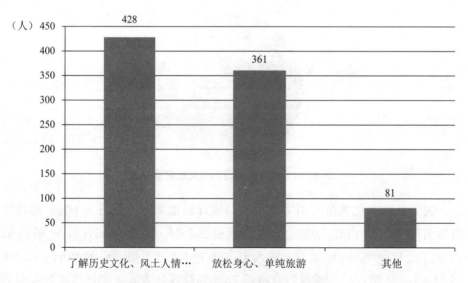

图 3-16　云南文化旅游的意义（多选）

②云南文旅产品认知统计分析。本次对于云南文旅产品认知方面的调查，着重在云南文旅产品的购买意愿、感兴趣的云南文旅资源以及熟悉的云南文旅资源三个方面。

关于云南文旅产品的购买意愿，调查数据如下（见图 3-17）：选择从来不会的 37 人（占比 7.13%），没留意的 53 人（占比 10.21%），看情况的 220 人（占比 42.39%），偶尔会的 146 人（占比 28.13%），每次都会的 63 人（占比 12.14%）。从调查结果来看，只有仅仅 40% 左右的游客会选择购买云南文旅产品，大部分游客处于观望甚至不够买的意愿，说明云南文旅产品的开发力度还是不足的，不能刺激大部分游客的购买欲望。

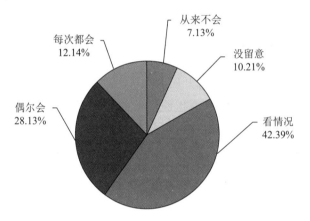

图 3-17　云南文旅产品购买意愿情况

关于游客感兴趣的云南文旅资源，统计数据如下（见图 3-18）：民族风情与节庆活动 4.62 分，古镇古城与传统村落 4.05 分，历史文化和遗迹遗产 3.81 分，观光康体休闲 2.14 分，主题园区与休闲街区 1.77 分，红色与抗战文化 1.61 分。从得分情况看，民族风情与节庆活动、古镇古城与传统村落、历史文化和遗迹遗产三者得分较高，说明这三个方面是云南文旅资源最为突出的优势资源，而其他方面显示出较低的得分，侧面展示了云南在观光康体休闲、主题园区与休闲街区、红色与抗战文化三方面的资源吸引力不足。

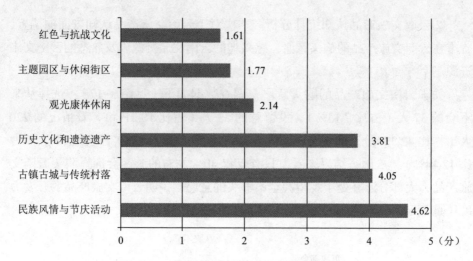

图 3-18 游客感兴趣的云南文旅资源得分情况

对游客熟悉的云南文旅资源开展调查，得到如下数据（见图 3-19）：茶马古道 6.58 分、普洱茶 5.77 分、滇越铁路 4.36 分、滇西抗战 3.49 分、哀牢山—无量山 3.03 分、高黎贡山 2.63 分、六大茶山 2.26 分、乌蒙山 2.25 分。从得分情况看，茶马古道、普洱茶、滇越铁路得分位居前三，说明云南文旅资源对外知名度较高的是这三个目的地，云南文旅市场应该基于三地的优势，推进云南文旅市场发展。

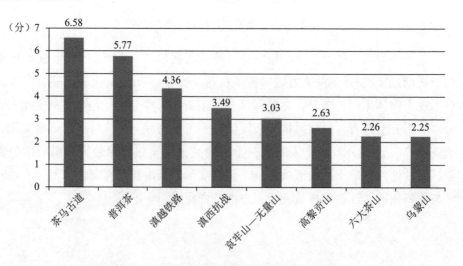

图 3-19 游客熟悉的云南文旅资源得分情况

2. 云南文旅市场问卷调查 SPSS 分析

（1）因子分析法。因子分析法是研究矩阵内部相关比较密切的几个变量，将其归在一类中，每一类变量成为一个因子，将数量庞大的变量综合为几个因子来表示，因子间互不关联，并且能够最大限度地保留原始变量信息，从而以较少的几个因子反映所有变量的信息。按照因子的方差贡献率区别每个因子的影响力，即因子的重要程度，我们发现，在研究云南文旅市场时，由于问卷题目较多、变量太多，因此分析的复杂程度很高，而因子分析法可以起到降维分析、挖掘变量间的共性、简化指标的作用，从而为我们对云南文旅市场的进一步分析提供了帮助。

本次数据模型处理，将采用主成分分析法提取公因子，通过函数矩阵的线性转换将相关变量变成另一组不相关变量，从而得到不同的主成分因子，这些主成分因子按照各自方差贡献率的大小反映对原始数据的多少，基于主成分分析法的方法把不同的主成分进行命名归纳总结，从而构建云南文化旅游市场需求特征因素的多层次综合评价体系。

本次问卷共构建了 7 个指标去评价云南文旅市场状况，利用李克特 5 级量化分析法进行赋分，得到表 3-1，便于我们对问卷数据进行 SPSS 分析。

表 3-1　云南文旅融合状况评价指标

指标	评价内容	指标	评价内容
X1	您喜欢跟团文化旅游吗	X5	您认为将当地的文化融入景点当中，对您是否有吸引力
X2	您是否了解现代文化旅游	X6	您会在景区购买文化纪念品和特产吗
X3	您觉得现在人们对旅游目的地文化底蕴的态度是怎样的	X7	您认为云南文化资源对您是否有吸引力
X4	您去旅游地之前会特地了解一下当地的相关文化吗		

运用 SPSS19.0 软件，将本次构建的 7 个指标导入分析，分析结果如下：由表 3-2 可以看出，首先，Bartlett 的球形度检验值为 716.858，在自由度为 21 的条件下和 0.000 的水平上达到显著水平，说明本次问卷构建的 7 个因子之间存在公因子，适合进行因子分析，KMO 值为 0.807，大于 0.7，说明本次因子

分析的效果很好。其次，为了提高本次因子分析结果的准确性，在进行主成分分析时，设置的原则是特征值大于 0.75 的原则，共提取了 3 个公因子，3 个公因子解释方差累计 94.37%，即 3 个公因子解释了总体变异的 94.37%。同时采用了 α 度量进行数据的可靠性分析，整体的可靠性 α 系数为 0.925，3 个萃取的公因子信赖度大于 0.9，说明数据的可靠性很高。

表 3-2   KMO 和 Bartlett 的检验表

KMO 和 Bartlett 的检验		
取样足够度的 Kaiser-Meyer-Olkin 度量		0.807
Bartlett 的球形度检验	近似卡方	716.858
	df	21
	Sig.	0.000

从 SPSS 因子分析结果可以看出（见表 3-3），提取 3 个主成分因子的信赖度均大于 0.9，因此将 7 个问题量化分析后，可以得出云南文旅市场的 3 个特点：高需求性、高意愿性和高吸引性。7 个因子归属 3 个公因子，说明这 3 个因子描述了云南文旅融合状况的特点。

表 3-3   云南文旅市场调查项目游客感知评价因子分析

新萃取因子	问题项目	因子载荷值	特征值	方差贡献率	信赖度
高需求性	您喜欢跟团文化旅游吗	0.894	3.824	60.35%	0.911
	您是否了解现代文化旅游	0.873	—	—	—
高意愿性	您觉得现在人们对旅游目的地文化底蕴的态度是怎样的	0.845	2.156	18.57%	0.921
	您去旅游地之前会特地了解一下当地的相关文化吗	0.791	—	—	—
	您会在景区购买文化纪念品和特产吗	0.822	—	—	—
高吸引性	您认为将当地的文化融入景点当中，对您是否有吸引力	0.927	2.043	15.45%	0.917
	您认为云南文化资源对您是否有吸引力	0.946	—	—	—
累计贡献度	94.73%				
总信度	0.925				

（2）交叉分析。

①性别与文化旅游了解度的交叉分析。对受访者的性别与文化旅游了解度开展 SPSS 交叉分析，得到了表 3-4 的分析情况，数据显示：对文化旅游了解度因性别差异影响的差异率分别为 2.99%、5.66%、5.88%、2.69%、5.85%，这种差异在 3 分以上的层次（知道一点以上）较为明显，而男性平均分比女性高，说明受访男性整体对文化旅游的了解度较女性高。

表 3-4　性别与文化旅游了解度交叉分析数据情况

X\Y	从来没听说	不了解	知道一点	了解	非常了解	小计	平均分
A. 男	21 （13.46%）	32 （20.51%）	54 （34.62%）	36 （23.08%）	13 （8.33%）	156	2.92
B. 女	38 （10.47%）	95 （26.17%）	147 （40.50%）	74 （20.38%）	9 （2.48%）	363	2.78

②学历与文化旅游了解度及了解意愿的交叉分析。在对学历与文化旅游了解度的交叉分析后，得到了表 3-5 的统计结果，数据显示：学历差异对文化旅游了解度的差异率分别是 34.48%、15.09%、6.51%、37.42%、8.70%。差异率最大的在"从来没听说"和"了解"这两个选项上，差异均出现在高学历与低学历之间；同时，硕士研究生及以上平均分最高，达 3.26 分，平均分随学历增加而提高，说明学历与文化旅游的了解度呈正相关关系。

表 3-5　学历与文化旅游了解度交叉分析数据情况

X\Y	从来没听说	不了解	知道一点	了解	非常了解	小计	平均分
A. 初中及以下	4 （40.00%）	2 （20.00%）	4 （40.00%）	0 （0.00%）	0 （0.00%）	10	2.00
B. 高中、中专	4 （17.39%）	7 （30.43%）	9 （39.13%）	1 （4.35%）	2 （8.70%）	23	2.57
C. 大学本科或专科	42 （13.00%）	93 （28.79%）	132 （40.87%）	48 （14.86%）	8 （2.48%）	323	2.65
D. 硕士研究生及以上	9 （5.52%）	25 （15.34%）	56 （34.36%）	61 （37.42%）	12 （7.36%）	163	3.26

同时，对学历与文化旅游了解意愿进行交叉分析，数据如下（见表 3-6），数据显示：学历差异对文化率了解意愿的差异率分别为：9.39%、6.32%、

21.27%、28.26%、27.20%。差异率最大的在"偶尔会"和"每次都会"两个选项上，平均分得分随学历增加而提高，说明学历对文化旅游了解意愿呈正相关关系，高学历的人群了解意愿明显高于低学历人群。

表3-6　学历与文化旅游了解意愿交叉分析情况

X\Y	从来不会	没留意	看情况	偶尔会	每次都会	小计	平均分
A. 初中及以下	1（10.00%）	1（10.00%）	1（10.00%）	5（50.00%）	2（20.00%）	10	3.60
B. 高中、中专	2（8.70%）	1（4.35%）	6（26.09%）	5（21.74%）	9（39.12%）	23	3.78
C. 大学本科或专科	11（3.41%）	20（6.19%）	101（31.27%）	98（30.34%）	93（28.79%）	323	3.75
D. 硕士研究生及以上	1（0.61%）	6（3.68%）	19（11.66%）	60（36.81%）	77（47.24%）	163	4.26

③年龄与文化旅游了解意愿的交叉分析。关于年龄与文化旅游了解意愿的交叉分析，统计数据如下（见表3-7），数据显示，年龄差异对文化旅游了解意愿的差异率分别为7.69%、4.79%、17.85%、21.31%、35.69%。差异率最大的出现在"偶尔会"和"每次都会"两个选项上，各平均得分随年龄增加而增加，说明年龄与文化旅游了解意愿呈正相关关系，年龄越大，了解意愿越强。

表3-7　年龄与文化旅游了解意愿的交叉分析情况

X\Y	从来不会	没留意	看情况	偶尔会	每次都会	小计	平均分
A. 18 岁及以下	2（7.69%）	1（3.85%）	8（30.77%）	8（30.77%）	7（26.92%）	26	3.65
B. 19~25 岁	7（2.66%）	17（6.46%）	82（31.18%）	95（36.13%）	62（23.57%）	263	3.71
C. 26~35 岁	4（4.49%）	4（4.49%）	15（16.86%）	32（35.96%）	34（38.20%）	89	3.99
D. 36~45 岁	2（2.47%）	5（6.17%）	14（17.28%）	12（14.82%）	48（59.26%）	81	4.22
E. 45 岁以上	0（0.00%）	1（1.67%）	8（13.33%）	21（35.00%）	30（50.00%）	60	4.33

（三）云南文旅市场需求大数据抓取分析

1. 抓取的原则

在正式采集开始前，通过对主题为"云南"的字段进行测试，发现在信息抓取时，存在大量错误、重复、偏题的信息，因此在采集内容后，应该设置正则规则，对采集到的信息进行修正与剔除。

具体正则规则如下：

（1）空格、错误主题处理。针对采集的主题关键词，出现如"西部地区""云南"等情况进行修正。

（2）重复内容处理。对于采集内容中主题不一，但是内容一致的内容进行合并，删除多余的信息。

（3）内容不对应处理。针对采集到的内容与主题不一致的信息，通过Excel进行筛查后进行剔除。

2. 抓取的方案设计

（1）抓取的内容。本书目的是了解云南文旅市场发展状况，因而对于官方公布的云南文旅市场发展数据，将其作为首要抓取的数据；其次，需要了解云南文旅产品的市场情况，需要采集云南文旅产品的价格、消费情况等；同时，由于官方公布的数据差异性，结合网络文本分析法的需要，需要采集网络上的游记，通过对游记的分析了解相关市场发展状况。

（2）抓取的网站。在了解云南文旅市场发展状况时，首先需要了解官方数据，因而需要抓取云南省统计局、云南文化和旅游厅里的统计数据；其次，根据目前OTA网站的发展状况，我们选择了携程网、飞猪、马蜂窝、驴妈妈、去哪儿网、同程旅游等网站进行我们对云南文旅产品的数据抓取工作；同时，在这些OTA网站上，存在大量的网络游记，网络游记是游客在旅游过程中对自身体验的文字描述，对于反映文旅市场状况具有科学性，因而选择在这些网站上抓取此类内容。

3. 云南文旅热门路线数据抓取分析

为了更好地了解市场需求情况，从六大OTA网站上面抓取了排名前八位的云南文旅热门目的地的情况并汇总（见表3-8）。

表 3-8　云南热门文旅目的地排名

排名	携程网	飞猪	马蜂窝	驴妈妈旅游网	去哪儿网	同程网
1	丽江	丽江	丽江	昆明	丽江	丽江
2	昆明	昆明	昆明	香格里拉	昆明	昆明
3	大理	大理	大理	丽江	大理	大理
4	西双版纳	迪庆	泸沽湖	西双版纳	西双版纳	西双版纳
5	香格里拉	西双版纳	香格里拉	玉龙雪山	迪庆	香格里拉
6	腾冲	保山	西双版纳	大理	香格里拉	保山
7	迪庆	腾冲	腾冲	腾冲	腾冲	腾冲
8	保山	普洱	双廊	瑞丽	红河	迪庆

从排名情况来看，重合度较多的是丽江、昆明、大理、西双版纳、香格里拉、腾冲五个地区，说明这五个城区为游客避不开的热门选择。这些地区都属于云南省西部地区，说明西线较为受游客热捧。

从云南文旅热门目的地情况看，结合云南文旅线路，可以看出，西北线：昆明—大理—丽江—香格里拉—泸沽湖；西线：昆明—保山—腾冲—芒市—瑞丽—缅甸；西南线：昆明—玉溪—普洱—西双版纳，这三条西线为热门线路。

4. 云南文旅市场产品数据抓取分析

本次云南文旅热门产品的数据抓取主要来自马蜂窝 123 条，同程旅游 504 条，携程旅游 489 条。通过对这三个网站抓取的共 1116 条游记数据，利用 Excel 进行表格数据分类处理后，得到如下数据分析：

（1）云南文旅人均消费情况。在对三大 OTA 网站抓取的游记数据统计分析后，得到云南文旅人均消费情况（见图 3-20），从表中对比发现，云南文旅人均消费最高的是同程网上的游客，其次是携程，最低是马蜂窝。根据 2017 年中国旅游发展论坛数据统计，全国人均每次旅游消费达 870 元。而云南文旅人均每次消费在三个 OTA 网站均为 4000 元以上，产生这样差距的原因，可能是云南接待的游客均为一二线城市的人群，消费能力较高，花费欲望较大；而全国人均每次消费受极端值影响较大，并不能准确描述大部分人的消费情况，因而出现了这样的差距，但也从侧面说明了云南文旅 OTA 网站消费吸引力较大。

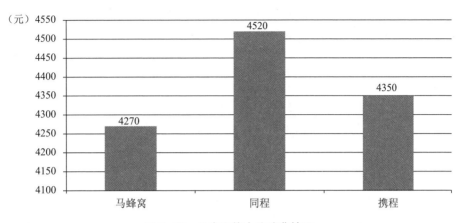

图 3-20 云南文旅人均消费情况

（2）云南文旅人均停留天数分析。在筛选排除错误、无效数据的游记后，得到三大 OTA 网站人均停留天数：携程 5.6 天、同程 3.9 天、马蜂窝 6.8 天（见图 3-21）。数据说明，选择云南旅游的游客停留天数为 4~7 天，偏向于中长型的旅游期，这与国庆、中秋、春季等节日假期时间长度吻合，符合游客选择节假期出行的动机；停留天数在 7 天左右，停留时间较长，对云南文旅市场当地的旅游收入贡献越大。

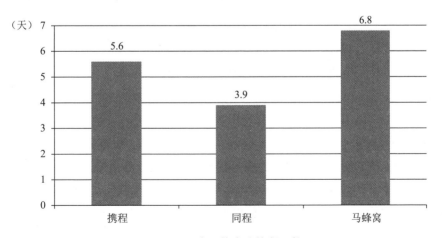

图 3-21 云南文旅人均停留天数

（3）云南文旅产品价格分析。在这三个 OTA 网站上，能获取到云南文旅产品信息的基本上是网站推出的某一区域旅游包团价，大部分游客选择自行到达目的地，再选择当地的旅游包团产品。而此类产品的消费作为游客主要购买的产品之一，基于这种情况，通过了解不同地区此类产品的价格，便可知道云南文旅产品价格及选购的具体情况，得到了如下分析。

由于部分旅游产品属于精品旅游产品，价格在 1000 元以上，并不是主流产品，因而把采集到的数据里带"精品"的字段去掉，根据三个 OTA 网站采集到的旅游产品价格大致情况，同时设置了 $100 < x < 400$ 元的筛选条件，避免数据受极端值的影响，确保本次数据处理分析是网站上主要旅游产品的价格情况分析，具有科学性和参考性。根据筛选出主要产品的原则，从数据中划分出昆明、丽江、大理、西双版纳、普者黑五个关键词进行分析，得到均价情况为：丽江相关产品 383 元、普者黑相关产品 296 元、大理相关产品 243 元、西双版纳相关产品 225 元、昆明相关产品 214 元（见图 3-22）。

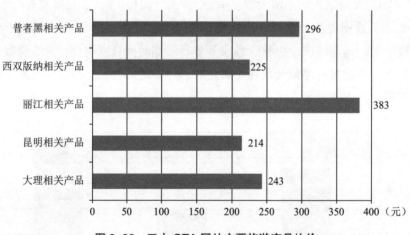

图 3-22　三大 OTA 网站主要旅游产品均价

从采集到的所有文旅产品价格标题中，按照出现频率最高的原则，筛选了各个地区最热门的文旅产品，得到表 3-9 的情况，反映了大理、昆明、丽江、西双版纳和普者黑五个地区的热门旅游线路及产品，从中可以清晰看出云南文旅产品的市场偏好情况。

表 3-9　云南热门文旅产品情况

旅游产品	热门产品
大理相关产品	大理、洱海、环游写真
昆明相关产品	昆明石林、九乡、滇池、西山、民族村
丽江相关产品	丽江、玉龙雪山、蓝月谷、香格里拉、泸沽湖、虎跳峡、普达措
西双版纳相关产品	热带植物园、傣族园、茶马古道、野象谷
普者黑相关产品	普者黑、仙人洞、青龙山、天鹅湖、苗族生活圈

5. 利用 ROSTCM 软件进行抓取文本分析

本次云南文旅市场需求数据抓取主要来自网络游记，其中马蜂窝 123 篇、同程旅游 504 篇。通过对这两个网站抓取的共 627 篇游记数据汇总成 Excel 文本后，设置时间段为 2017—2019 年，同时按照浏览量大于 10000 次的原则筛选出共 28 篇游记，平均每篇约 2800 字，共 78405 字；500 条评论，共 26126 字，平均每条评论约 52 字。汇总成 ".txt" 文本的格式，导入 ROSTCM 进行分析，着重分析词频、情感、旅游要素等方面。

（1）分词和词频分析。将整理好的 ".txt" 格式的文本导入 ROSTCM 后，进行分词和词频分析的工作。分词设置的准确与否决定着文本内容处理的效果，在把一些标点、表情、英文单词、代词、量词补充在分词过滤表中，然后参考部分文本内容，根据旅游六要素（食、住、行、游、购、娱）以及前文分析的热门旅游产品关键词建立自定义词群表，作为排列词汇、统计对象的依据，最终选取了 21 个高频词汇作为云南文旅市场形象的感知分析的词汇。

从表 3-10 的情况来看，词频出现在 1000 次以上的依次是 "丽江、大理、昆明、酒店"，其中 "丽江、昆明、大理" 三个是旅游目的地词汇，"酒店" 是旅游设施词汇，说明云南文旅市场知名度较高的是 "丽江、昆明、大理" 三地，因而在游记中出现的频率较高；而 "酒店" 位居第四，说明人们非常注重住的感受。而词频在 200~1000 次的依次是 "美景、西双版纳、住宿、环境、好吃、交通"，其中 "西双版纳" 是旅游目的地，在中频出现也反映了其一定的知名度；而 "美景、好吃" 是游客具体感受词汇，反映了游客注重在云南旅游的观赏性和味觉体验；而 "住宿、环境、交通" 的出现，再次印证了游客旅游过程中重要的两个环节——住和行，也是游客对云南文旅市场的评价标准之一。词频在 100~200 次的依次是"舒服、服务、美味、设施"。词频在 100 次以下的是"满意、感动、普者黑、迷人、性价比、态度、触动"。从词频整体分布来看，高频词汇中并没有出现之前设定的娱、购的词汇，说明云南文旅市场在娱、购两方面工作做得还不够；同时，西双版纳、普者黑的知名度还欠缺，也是云南文旅市场发展的薄弱环节，需要加大宣传推广力度。

表 3-10   云南文旅市场形象高频词汇

词汇	频数	词汇	频数	词汇	频数
丽江	3429	环境	280	满意	70
大理	2367	好吃	264	感动	69
昆明	1530	交通	259	普者黑	61
酒店	1010	舒服	143	迷人	61
美景	350	服务	122	性价比	46
西双版纳	344	美味	110	态度	43
住宿	324	设施	108	触动	13

（2）情感分析。将整理好的 OTA 网站评论导入 ROSTCM 中，进行情感分析。情感分析主要是通过游客对旅游目的地的感受分析，通过软件对不同情绪的关键词进行汇总，获得人们不同情绪的评价状况。通过软件分析，得到了表 3-11 的云南文旅市场情感分析统计结果。

表 3-11   云南文旅市场情感分析统计结果

情感类型	情绪字段	百分比
积极情绪	378 条	75.60%
中性情绪	56 条	11.20%
消极情绪	66 条	13.20%
积极情绪具体统计数据：		
一般（0~10）	124 条	24.80%
中度（10~20）	135 条	27.00%
高度（20 以上）	119 条	23.80%

续表

情感类型	情绪字段	百分比
消极情绪具体统计数据：		
一般（0~10）	36 条	7.20%
中度（10~20）	23 条	4.60%
高度（20 以上）	7 条	1.40%

从表 3-11 的云南文旅市场情感分析统计结果中，可以看出，游客对云南文旅目的地积极评价指数较高，共 378 条字段，占比达 75.60%，其中，积极情绪具体统计各程度间比例差距不大，中度略有优势；消极情绪字段共 66 条，占比 13.20%，消极情绪具体统计程度主要在中度以下。积极情绪字段主要体现在"环境优美、空气好、干净、美味、性价比高、服务好、态度超级好"等词汇上，其中对云南文旅目的地的生态环境、酒店住宿等评价较高。而消极情绪字段主要体现在"价格太贵、景区管理不好、景区服务太差、乱收费、强制消费"等字段，可以看出云南文旅目的地的景区管理工作做得还不够，各种文旅产品价格设置上不合理，导游素质不高等问题。针对情绪字段反映的问题，云南应切实规范行业准则和景区管理规定，提高满意度。

（3）文化旅游要素分析。

①餐饮。在汇总信息中，游客对云南餐饮的缺点评价主要集中在以下三个方面。首先，菜品种地域性太强。很多游客评论在一个地区比较好吃的只有一两种地方特色菜，没有其他更好的选择。如："在宣威，也就火腿做得比较好吃，其他的菜不怎样。蒙自的米线好吃是好吃，但总不能天天吃米线吧。这里都是凉拌菜多，实在吃不下去了。"其次，菜品烹饪方式单一。很多游客评论云南很多菜的原材料是很纯天然的，但是烹饪方式过于简单，导致菜的味道不尽如人意。如："蘑菇只能用来煮汤吗？煮汤不过分，但里面竟然还有沙子！烤鸭就只能蘸酱和辣椒粉吃吗？吃起来好没味道啊！这些菜都那么多油的吗？不能换一种清淡的煮法吗？云南菜做得真的很一般，味道还过得去吧。"最后，菜品包容性太差。很多游客评论有些地区餐饮普遍菜系都带有重口味，比如："我最讨厌吃折耳根这种东西了。怎么都是辣的，我平时爱吃甜的。蘸水怎么不能自己调制啊？"

②住宿。文本的住宿内容主要来自网站关于酒店住宿的评论，文本信息较大，评价积极的游客较多，如："园林风格，住得很舒适。酒店的服务很贴心，感觉有在家一样的体验。环境不错，性价比超级高。很干净，房间能看到外面的风景，而且房间空气好。"但也有部分消极评价，如："我怀疑房间的被单没怎么洗。还以为是出名的民宿酒店就设施好了，没想到热水没有，电热毯也是坏的。房间的隔音效果太差了，隔壁说话都听得见。"

③交通。对于在民宿、酒店附近的交通评价，大部分评论是积极的，比较认可民宿、酒店附近的交通，认为交通很便利。对于在景区的交通，游客反映的问题主要是景区游览车班次太少，景区打不到车。例如，"这么久都没游览车来，都等半天了。我这么点游览时间，等游览车一小时了。想从景区去车站的，发现打不到车，只能选择当地的那种私家车了"等评论。

④游览。文本中对游览的评价，以积极评论为主，积极评论的内容主要是对景区景色的赞美和对生态环境的肯定，消极评论主要是对景区基础配套设施不完善、景区环境污染、开发不足等问题。例如，"泸沽湖的景色是真的超级好，在这里我能感受到大自然的呼吸""玉龙雪山上面的雪景的确超赞，让没见过雪景的南方人过足了眼瘾""近看洱海的水质真差啊""为什么景区的厕所只有这么几个，还隔着那么远，很不方便""这里景区的路怎么没有了，还没建设好吗"等。

⑤购物。汇总的文本中关于购物并没有出现在高频词汇表中，因而游记中关于云南购物的评论较少，只提到鲜花饼、民族服饰、工艺品、茶叶、珠宝等。可见云南文旅目的地的购物方面的规划欠缺，有待进一步规划建设高质量的购物目的地。但也发现有一些消极评论，例如，"这里卖珠宝的水很深啊，很多东西根本不值那个价格""这里的购物点，说实话，跟我家那边农贸市场、菜市场一个样""这些工艺品怎么卖这么贵啊"等。

⑥娱乐。同样在汇总的文本中关于娱乐并没有相关词汇出现在高频词表中，游客感知的评论里主要集中在"泡温泉、游古城和景区"三个方面。其中"泡温泉"主要的感知为收取多少费用的场所，而游古城和景区里的娱乐设施感知比较积极。如"古城里有很多夜市的音乐酒吧，别有风味""古城里有很多好玩的小游戏，太有趣了""景区里有小朋友玩的娱乐设施，让小朋友开心了很久"等。

（四）云南文旅市场调查结论及对策建议

1. 细分市场关键词：老中青、男性、学历较高

对受访者相关因子开展的交叉分析规律可见，受访男性、学历、年龄与文化旅游的了解度、了解意愿都呈正相关关系，因此，应积极引导文旅企业，加大开发以男性、老中青、学历较高等特征为主的细分客源市场，兼顾女性、亲子等热门市场，他们在文化旅游方面的需求往往较大，也更容易接受文化旅游新产品。

2. 市场价格定位关键词：工薪阶层

对受访者关于消费价格方面的调查发现，文旅市场主体还是收入在 1 万元以下的群体，因此，应加大物美价廉的中低档文创产品开发，适度开发高档层次的文创产品，以满足不同类型的人群消费需求。

3. 文旅市场特征：高需求性、高意愿性、高吸引性

从因子分析结果可以看出，喜欢文化旅游的人群占受访游客的比例极高，文化旅游日益受游客的喜爱，云南文旅市场开发潜力较大；受访者对于文化旅游的了解意愿很高，对购买文旅产品也有较高的意愿，这种高意愿性正是目前云南文旅市场必须紧紧抓住的特性，应大力开发优质文旅产品，扩大云南文旅知名度；云南文化旅游资源对游客的吸引力是很大的，应加大各地文化旅游资源的开发力度和深度，做强做大文化旅游主题的全域旅游，打造一批文化旅游精品品牌，进一步展现云南文化旅游特色。

4. 资源偏好：人文和自然结合的景区

应在保护自然资源的同时，进一步挖掘以少数民族文化旅游资源为主、人文历史遗迹资源为辅的特色资源；应紧紧围绕民族风情与节庆活动、古镇古城与传统村落、历史文化和遗迹遗产这三个方面，大力挖掘少数民族文化旅游资源，通过各种融资引资渠道加大资金投入建设力度，提升文旅资源的核心竞争力。

5. 购买意愿：一般

大部分游客对于是否购买云南文旅产品持观望态度的较多，购买意愿并不强，说明吸引力是不够的，云南文旅产品还未达到文旅市场的预期。因此，应从宽度和深度两位一体去延长文旅产业链，创新开发更多源于当地文化的、新颖的、实用的、高附加值的优质文旅产品，满足游客多样化的需求；从产品偏好调查中可见，受访者更熟知茶马古道、普洱茶、滇越铁路这三个知名度较高的文化旅游目的地及相关线路，因此，应加快供给侧转型升级，围绕这三个重点目的地的建设，打造文化旅游示范区，以点带面地进行全域文旅融合建设，展现文旅魅力，持续吸引游客赴滇旅游。

6. 营销宣传：力度不足

从调查发现，受访游客对云南文化旅游的了解并不多，说明宣传工作是远远不够的，因此，需要进一步开拓云南文旅市场，改变传统的宣传方式，积极利用基于网络的新媒体、自媒体等宣传渠道建设和维护；同时提升服务品质，开展口碑宣传，达到扩大云南文化旅游影响力的目的，增加潜在游客对云南文化旅游的了解。

7. 云南文旅产业结构：不合理

从抓取到的关于六大要素方面的数据可见，应进行供给侧改革。具体来说，在景区方面，仍停留在游览观光，产品开发力度不够，景区小且分布不集中，仅靠收取高额的门票实现景区效益；在餐饮和住宿方面，缺乏知名的品牌，游客对部分温泉酒店给予了肯定，但对一些地方的民宿来说，消极评价较多，地方民宿品牌建设工作不足；在娱乐和购物方面，游客关于这两方面的评价较少，说明娱乐和购物的发展力度是不够的，并没有给游客留下印象。为此，云南文旅市场要健康持续发展，须开展"补短板"工作，景区门票经济突显，应延长产业链，针对不同景区，聘请专业人才设计特色的文旅产品，开发知名品牌，以更多样化、更高质量的文旅产品刺激游客消费，带动景区发展；加大在娱乐和购物方面的投资建设力度，落实主题乐园、品牌演出和品牌文化活动的建设推广；针对餐饮和住宿等存在的一些普遍问题，加大管理力度，适度发展一些国内外品牌餐饮和住宿，以适应不同地区游客的多样化需求；全面落实云南文旅项目的落地和发展，做好宣传工作，让游客在旅游过程中享受到娱乐服务；加大对购物业的建设和规范，大力推广云南文旅产品，让游客买得实惠、放心。

8. 云南文旅景区相关设施：不完善

从抓取到的关于设施方面的数据可见，应加大投入景区相关服务及配套设施建设。具体来说，很多文旅景区仍存在"标识不完善、厕所不足、游览车不足"等问题；很多景区由于地处偏僻，所在城市并没有直达景区的客运车，景区"最后一公里"还未完全实现；在景区内部，旺季时常常出现游客长时间等游览车及缆车的情况，游览车严重不足，尤其在海拔较高的景区，由于大风等原因导致游客极度不满长时间等待。为此，应全面检查各地景区的具体情况，重点落实"打通最后一公里"的政策，完善各景区周边的交通配置；针对景区内部，应该成立景区资源联合管理组，统筹完善景区各项资源和设施，如游览设备、标签指引、厕所等，合理规划景区基础设施的分布位置，科学合理满足游客游览过程中的合理需求。

9. 文旅从业人才：缺乏、素质偏低

从抓取到的关于服务评价方面的数据可见，关于导游的评价不多，但基本上以负面的评论为主。有游客反映导游强制消费，景区里的导游需要额外收钱才进行讲解工作，缺乏职业的培训等。为此，首先，在人才培养方面，应加大和各高校的合作，培养适合文旅市场的高素质人才。其次，在人才引进方面，可以定期派遣专业人才专家到各目的地进行集中培训，提高文旅从业人员的专业素质和能力。最后，可以在旅游法规"罚"的同时，制定从业人员激励机制，对专业和素质高的工作人员进行奖励，激励从业人员提升其文化修养及服务水平，全面提高行业的专业素养。

三、云南省文旅融合取得的成效

（一）对文化与旅游融合发展的认识不断深入，形成共识

云南省政府一直比较重视文化产业和旅游产业的融合。在《云南省旅游文化产业发展规划（2016—2020年）》和《云南省旅游文化产业发展规划实施方案（2016—2020年）》中提到了云南省文化旅游产业发展的目标和要求，指出力争到2020年全省接待旅游总人数逾6亿人次，旅游文化总收入逾1万亿元，努力把云南建设成为国家文旅融合发展示范区，实现建成旅游文化强省的总目标。2017年2月20日，在云南全球推介活动中，云南省省长阮成发发表讲话时提出，作为全国民族团结进步示范区之一，我们将依托丰富多元的文化宝库，吸收世界先进文化精髓，加速文化和旅游融合发展，推动云南文化和

旅游走向世界。云南省文旅厅党组书记、厅长和丽贵在"扎实推进2019年文化和旅游融合发展"的讲话中表示，文化和旅游的融合，要以理念融合、职能融合、产业融合、市场融合、服务融合、对外交流融合为重点，推动文化和旅游工作各领域、多方位、全链条深度融合。由此可看出，云南省对文化与旅游融合发展的认识不断深入，已经形成了多方面共识。

（二）有效整合资源，文化与旅游产业快速发展

云南省文化产业和旅游产业的互动发展需要找到最佳结合点，由"自发式"转为积极主动地去整合这些资源和品牌，最终达到文化产业和旅游产业的快速发展。2018年10月31日，云南省文化和旅游厅的组建整合了原云南省文化厅及云南省旅游发展委员会的工作职责，从职能上进行了文旅资源整合。央企和云南省属文化企业通过股权重组，实现资源互补，在做强做大地方文化企业方面值得肯定。华侨城集团重组云南文投集团，通过资金和资源支持，云南文投集团正在逐步做大做强。作为资源整合的重磅，云南省推出了"一部手机游云南"，在全面推进智慧旅游，重整旅游资源，重构旅游体系，重塑旅游形象，打造全国首个全域智慧旅游平台方面卓有成效，基本实现了"一机在手、说走就走、全程无忧"目标。

据云南省文旅厅统计，2018年云南共接待海内外游客6.88亿人次，同比增长20%；实现旅游业总收入8991亿元，同比增长30%。2018年海外到云南旅游人数在700万人次以上，同比增长5%，全省旅游业总体增长速度超过全国的平均水平。2019年国庆黄金周期间，云南省共接待游客2712.3万人次，同比增长21.1%。其中，接待过夜游游客497.1万人次，同比增长1.1%；接待一日游游客2215.2万人次，同比增长26.8%。全省共实现旅游收入215.9亿元，同比增长22.1%。旅游人次以及旅游收入的增长印证了文旅融合的快速发展。

（三）文化与旅游产业的融合发展形成了一批文化旅游精品名牌

云南省以文旅融合为契机，以旅游市场为导向，以根植于独特的民族历史文化为特色，开发出了系列旅游和文化相结合的精品名牌。主题公园类有云南民族村、"世界恐龙谷"、世博园等；演艺类有《云南映象》《丽水金沙》《蝴蝶之梦》《印象丽江》等；古城古镇特色村类有大理古城、丽江古城、建水古

城、和顺古镇、黑井古镇、束河古镇、新华村、团山等；重要历史事件遗存或纪念地有云南陆军讲武堂旧址、护国路纪念碑、扎西会议旧址、云大至公堂、"一二·一"四烈士墓等；品牌景区类有香格里拉生态旅游区、腾冲火山热海、红河元阳梯田；节庆类有傣族的泼水节、彝族的火把节、罗平的菜花节、禄丰的恐龙节、腾冲的火山节等；文化品牌类有石林《阿诗玛》、大理《云南映象》、三江并流、茶马古道、大理南诏文化等。这些旅游精品名牌为云南文化和旅游产业融合互动发展提供了可资借鉴的发展经验，以巨大的文化包容性向游客展示了云南旅游的独特魅力，丰富了旅游内容和内涵。

四、云南省文旅融合存在的问题

（一）体制机制不顺，发展思路不清

过去旅游产业隶属旅游行业范畴，归属旅发委管理，而文化产业又分别属于文产办及文化厅等多个部门，产业管理奉行条块分割与行业壁垒并存的体制，使得旅游开发与文化产业在资金投入、空间布局、组织优化、技术与人力资源开发、环境保护以及土地利用等方面缺乏统筹协调，成为文化旅游融合发展的制度障碍。虽然 2018 年从国家到各省市文化与旅游在机构上整合，成立了文旅部和文旅厅，但真正做到机制体制尤其是人员上的一盘棋还需要一定的时间和力度。

（二）产业融合结构单一，市场化程度不高

当前云南文旅产业互动发展总体上依然是走"资源依赖型"道路，尤其对以知识和创意为核心构成的文化产业，属于单纯的"资源依赖型"，很难形成可持续发展的核心竞争力。文化产业与旅游产业的互动发展最终体现在企业的社会效益和经济效益上，云南目前缺乏产业发展的龙头企业，项目储备不够，产业园区集聚效应不明显，直接影响两大产业融合发展。

（三）创意人才少，行业竞争力不强

在推动文化产业与旅游产业互动发展的诸因素中，人才是最根本、最核

心、最重要的因素。目前，云南省缺乏高素质复合型的文化旅游产业发展的各类专业人才、管理人才、经营人才、创意人才和中介人才，同时还存在本土人才合理使用和外来人才有效引进的机制不畅问题，文化旅游人才要素市场不健全，制约了文化产业与旅游产业的良性互动发展。

（四）乡村文化旅游市场主体缺位、竞争力弱，市场主体培育面临制度障碍

由于乡村旅游发展时间较短，在发展主体和经营管理方面，无论乡镇政府还是农村居民，对旅游景点的开发整合、资源利用缺乏全面完整认识，加上乡村经济较落后、居民生活水平偏低，乡村旅游开发过多依赖农业资源、景观资源，没有深挖本地特色，只做浅表性开发，缺乏内涵，地域特色不突出，一些地区在发展乡村旅游的过程中始终不能摆脱"同质化"竞争的思维怪圈，走的依然是"复制粘贴"单一发展模式。这种发展模式和路径选取，不能将自身的资源禀赋与特色优势发挥出来，"千村一面""千篇一律"比比皆是。

（五）文旅融合缺乏项目支撑和创意设计

项目是文旅产业发展的抓手和最终落脚点，有些实践运作中文旅项目投入大，回报周期长，很多策划者只是为了追求短期经济利益，并没有深入了解策划或规划的项目与景区主题及文化内涵，导致项目不能展现当地文化资源内涵；或为规避风险，照搬照抄；或盲目追求创新变得吃力不讨好，严重脱离实际情况，破坏了环境和氛围，无法调动起游客的旅游兴致。而且，在实践中文化旅游部门各自策划，政府拨款资金来源渠道不一，导致不能集中力量发展。

第四章　国内外文旅融合经验借鉴

在云南推进文化和旅游融合过程中，需要学习国内外先进经验，从中获取有益的启示，创新发展思路，从而更好促进云南文化和旅游深度融合。

一、国外文旅融合经验

国外发达国家的文化和旅游融合已发展数十年，美国、英国、意大利、日本等国是当今世界文化和旅游融合的典型代表，这些国家的经验值得研究借鉴。

（一）美国"文化创意＋旅游"的跨界整合模式

美国是文创产业市场运作最为成功的国家，文化出口占世界第一。丰富的创意创新和高科技手段的运用是美国文创产业最大的特色。作为文化产业强国的美国最早实现了将文化产业与旅游业、金融业、制造业等的跨界整合，形成了跨行业、跨国际的巨大产业链，到相应的文化产业运营机构旅游也成为美国旅游的重要内容，比如参观博物馆、看百老汇的演出、听音乐会等。

1. 文化主题乐园模式

在美国，文化与旅游融合最典型的案例就是文化创意主题乐园，覆盖电影、动漫、游戏、互联网、衍生品等，涉及文化、休闲、娱乐与旅游领域。主题乐园这种融合的产业形态突出了旅游功能，与相关商品连成一条息息相关的消费链条。美国主题乐园在文化创意创新上具有以下特点：

以文化创意为核心竞争力，打造品牌效应。美国主题公园多以文化创意为核心竞争力，以创意来吸引消费群体，产生多次消费，提高重游率。如美国迪士尼主题公园和环球影城主题公园，都是以文化创意为核心竞争力的内容生产运营品牌，项目围绕卡通人物，运用米老鼠、唐老鸭、变形金刚等众多深入人心的影视形象，通过建立品牌关联，重建影视场景，形成文化氛围，把游客带入到电影里的人物角色中，产生身临其境的感觉。

以顾客需求为导向，不断创新文化旅游项目。主题公园作为旅游产品是有生命周期的，因此主题公园需要随着社会发展和观众需求不断创新发展，增添新元素、新项目、新内容，使游客保持新鲜感和神秘感。迪士尼每年都从旧的硬件设施中淘汰掉 1/3 项目，同时建设 1/3 的新概念项目，还把文化、民俗融入到娱乐里面，丰富游玩形式和内容。

以高科技为依托，设计新兴文化体验项目。项目体验是吸引游客的一种方式。随着 AR（Augmented Reality，增强现实）和 VR（Virtual Reality，虚拟现实）等新兴技术的发展，主题公园着力利用高科技重现电影和游戏中的场景，同时探索将家庭消费游戏体验带入主题公园的沉浸式共享景点中。迪士尼还研发了"迪士尼魔术王国"游戏，这些游戏带来了公园之外的体验，激发了游客重游兴趣，促使重游率大大提高。

2. 好莱坞电影模式

美国本身是一个没有深厚文化根基的国家，文化资源的开发非常有限，但美国的文化产业非常注重对科技的投入和应用，加上对本国文化乃至世界文化元素的大胆创新、改造，创造了无数极具吸引力的经典作品。例如，借鉴英国文化元素的《泰坦尼克号》、借鉴中国文化元素的《功夫熊猫》等，造就了好莱坞电影产业神话，也使好莱坞成为世界著名旅游景点。

美国电影协会（MPAA）目前的 6 个成员（华纳兄弟影业、派拉蒙影业、20 世纪福克斯影业、索尼影业、迪士尼影业、环球影业），成功演绎了美国电影产业与旅游文化产业的跨界整合。耳熟能详的电影巨作，经典的人物与卡通形象，构建了线下（offline）电影院娱乐空间与线上（online）网络娱乐空间的结合。[①]

3. 百老汇演艺模式

美国百老汇大街是美国戏剧业的心脏地带，是国际上享有盛誉的演艺产业

---

① 张建，吴文智.文化产业驱动旅游经济的模式与国际经验［J］.旅游学刊，2015，30（8）：4-6.

中心，也是纽约知名的旅游目的地，现已成为美国现代歌舞艺术和娱乐业的象征。百老汇模式的成功主要基于以下原因：

戏剧产业形成集群效应，吸引大量客流。百老汇集群化的演艺街区不仅带来了行业的繁荣，也成了城市的地标。集群化的剧场分布烘托出浓厚的夜间演出气氛，每天这里的剧院都会上演经典的歌剧、音乐剧等，深受游客欢迎。从世界各地奔赴纽约的游客，常常把"去百老汇看一场音乐剧"列为必去项目。

百老汇商业剧目从制作到运营都已经形成了完整的产业链。不论剧本的创意、策划、投资、舞美设计还是演出组织、演员培训、票房营销、剧目推送、剧目副产品设计都对应一个专业的机构，这些机构不仅为剧目提供了专业的制作、营销服务，而且为剧目的版权提供了法律支持。环环相扣的专业化剧目制作及运营机制无疑保证了剧目的品质感、知名度和创作版权。另外，百老汇不断扩展和延伸产业链，还促进了文化产业与旅游、休闲、娱乐、高新技术、互联网、建筑等各大产业的跨界整合，摆脱单一的营利模式，形成多元化、多层次复合的营利模式，通过跨界整合实现效益最大化，比如商业巡演、将现场演出作品转化为电视节目或电影、将现场演出的经验延伸到现场娱乐业包括演唱会以及大型体育赛事等相关领域。

百老汇演艺产业的成功，也与其高科技的应用与大量资金投入有着不可分割的关系。结合高科技的舞台机械、灯光音响及其他舞台专用设备的应用，大制作可以创造出新颖独特、华丽壮观的舞台布景和气势磅礴、震撼人心的舞台效果，和剧情融为一体，展现出极具诱惑的魅力，吸引观众观看演出。[1]

（二）英国"历史文化＋旅游"的借力互补模式

英国是一个有深厚文化积淀的国家，其中博物馆文化、王室文化、艺术文化、乡村文化是文化产业和旅游产业融合所依托的重要资源，也形成了众多相对应的文化旅游项目。英国文化与旅游产业融合的特点，是将历史文化元素作为旅游资源开发从而整体提升旅游产业品质，也使文化产业借助旅游发展产生经济效益，两者相互借力互补。

---

① 樊姝．纽约文化创意产业集聚区发展经验及对北京的启示［D］．北京：北京服装学院，2013.

1. 博物馆文化旅游

英国有超过 2500 家博物馆和美术馆，构成英国 80% 的旅游景点，参观博物馆和画廊也是 85% 的境外游客来英国旅游的主要目的之一。英国依托丰富的历史文化资源，将博物馆文化和旅游有机融合起来，提高游客的文化体验，具体有以下措施：

强化政策保障，加大资金投入。英国政府采取政策与资金支持，大力促进博物馆文化和旅游融合。一是国立博物馆和美术馆实行免费开放政策，吸引国内外游客参观博物馆，游客消费每年产生近 10 亿英镑旅游收入。二是每年通过政府专项资金支持博物馆的正常运营和文化产业投入。例如，每年仅拨给自然历史博物馆的经费就高达 900 万英镑。三是颁布《旅游行动方案》等促进博物馆和旅游业合作，大力补贴和投资旅游业对博物馆旧馆维修、增加设施，促进博物馆和旅游业深度合作。

借助名人故居，活化文化资源。"活化"，即赋予文化遗产以新用途，使文化遗产获得新生命，服务于现代社会经济。英国历史名人众多，政府充分挖掘其内在的文化价值，把文化资源转换成旅游产品，开发博物馆和文化娱乐项目，产生旅游效益。莎士比亚是英国文艺复兴时期杰出的戏剧家和诗人，英国政府依托"莎士比亚"这一历史人物建成莎士比亚博物馆、皇家歌剧院、研究中心。售卖莎士比亚作品相关旅游纪念品，在故居旁建商场，使游客在欣赏文化的同时享受到旅游的乐趣，在旅游时也能受到文化艺术的熏陶。

依托文物藏品，设计文化创意产品。1998 年英国出台了《英国创意产业路径文件》，明确提出大力发展"文化创意产业"。大英博物馆在文化创意产品开发上的做法值得借鉴，依托丰富馆藏文物，开展多种手段售卖文化产品。第一，对热点藏品一站式开发。如以罗塞塔石碑为原型，开发了 60 多种不同的衍生产品，种类丰富，涉及衣食住行，如资料书、复制品摆件、服装、文具、首饰、充电宝等，真正将历史文化转化为具有实用价值、艺术价值的旅游商品。第二，博物馆内世界级文物藏品众多，将地方特色文化与馆藏藏品相结合设计文化创意卖品。比如将带有英国特色的 IP 与本馆馆藏 IP 相结合开发出大众喜闻乐见的文创产品，如将小黄鸭与馆藏文物相结合推出了卖萌小黄鸭。第三，配合复活节、圣诞节等节庆、节日开发文创产品，设计节日主题产品，营造节日氛围。①

2. 王室文化旅游

"王室"和"女王"是英国传统文化的形象代表，王室文化成为英国旅游的一大亮点。英国王室是世界上目前仅存的数个王室之一，对于早已久违王室统治的外国游客，具有很大吸引力。因此王室的社会功能虽然在退化，但它的旅游价值却在提高。英国王室领地对外开放的地方越来越多，老王宫、伦敦塔、温莎古堡和肯辛顿宫常年对外开放，白金汉宫在女王休假的8月至9月对游客开放。2017年查尔斯王子居住的圣詹姆斯宫内的王太后故居也对外开放了。除此之外，白金汉宫每天的换岗仪式和一年一度的女王生日阅兵等都是非常吸引游客的项目。在王室文化旅游中，游客参观有规定的线路，王宫内的解说供配有多种语言的随身听，也可选择专职导游讲解，讲解内容使用王室统一版本，避免导游错误讲解误导游客。王室礼品店出售旅游纪念品、文化创意商品，将王室历史文化转化为适应游客需求的文化产品，英国主要街道、旅游区也都有体现王室文化的各类创意产品售卖。②

3. 艺术文化旅游

艺术文化是英国旅游的传统热点，英国有大量历史悠久的戏剧、音乐、舞蹈演出。伦敦是国际艺术之都，共有剧院约100个，每年到伦敦的游客仅在艺术文化方面的消费就超过了60亿英镑。文艺演出在给游客带来视觉享受的同时，也传播了英国文化，拓展了英国文化艺术旅游市场。另外，英国每年有650多个大小艺术节，其中爱丁堡艺术节是世界上最悠久、规模最大的艺术节，现在已成为国际艺术盛会，参与人数规模仅次于奥运会。威尔士图书节也是享誉欧洲的文化活动。伦敦市内近年发展起来的诺丁山艺术节、泰晤士河艺术节等也在逐步扩大规模。这些以本地风情为特色的民间艺术节，活动项目包括音乐、戏剧、舞蹈、杂技、艺术、电影、文学、论坛、户外活动以及家庭盛会，展现了英国丰富多彩的民俗文化，吸引着世界各地游客，使其感受到浓郁的文化氛围，并得到艺术熏陶。

---

① 李华伟.文化和旅游融合的国际经验启示［J］.洛阳师范学院学报，2019，38（7）：18-21，32.
② 夏建国.西方旅游文化建设及其对我国旅游业的启示［J］.广州大学学报（社会科学版），2005（6）：65-68.

4. 乡村文化旅游

英国的乡村旅游很有特色，妥善保留的城堡建筑、传统民居和遗址等为英国的乡村旅游增色不少。中世纪的古堡、古镇、神殿遗迹、密涅瓦神像、许愿池和各种礼器文物彰显着英国乡村旅游深厚的历史文化内涵。英国人浓重的乡村生活情节使乡村园艺、DIY、下午茶、相关出版业等发展成为巨大的产业，经过英国人精心保护和修饰的村庄很有乡村文化韵味，乡间漫游与徒步旅行备受追捧。为增加乡村旅游的趣味性，还推出了一些专门文化旅游项目，比如童话乡村游，有"彼得兔"陪游客喝茶聊天，带领游客探寻乡间童话故事的发生地。对乡村历史文化元素的充分开发利用使英国的乡村旅游具有浓厚的文化色彩，体验乡村成为英国旅游的重要组成部分。[①]

（三）意大利"文化遗产 + 旅游"的保护发展模式

意大利的文化旅游融合采用的是通过文化遗产保护和开发来促进旅游经济发展的模式。在 2018 年世界遗产数量排名中，意大利以 54 个世界遗产排名第一。丰富的文化遗产是带动意大利旅游发展的基础，促进旅游成为国家经济支柱产业，使意大利成为世界旅游大国。意大利文化和旅游融合发展的突出特点是高度重视文化遗产保护与可持续利用成为意大利旅游政策与战略的核心，具体包括以下内容。

1. 文化遗产采用垂直化管理，旅游部门主责营销

意大利文化遗产与活动部是全面负责文化事务的国家机构，下设出土文物、艺术品、古建筑等 18 个保护局，直接管理全国各地的重要遗产。由中央政府在全国建立统一的文化遗产保护开发网络，直接委任地方代表并垂直领导。国家旅游局是旅游工作的最高管理部门，负责国家形象宣传和旅游推广，同时与文化遗产与活动部保持紧密合作。通过这种方式，意大利努力实现文化遗产的保护以及商业开发过程中的旅游活动与文化环境的协调。

2. 完善法律法规，实施"文物监督人"制度

意大利关于文化遗产保护的相关法律较为完善。除了宪法中明确规定对文化遗产的保护外，还制定了《资助文化产业优惠法》《文化遗产与景观法典》

---

① 詹诗. 旅游与文化产业融合发展样式研究［D］. 贵阳：贵州大学，2015.

等一系列法律法规。"文物监督人"是意大利文化遗产保护的特色之处。"文物监督人"隶属于文化遗产与活动部建筑历史环境监督局，他们通常拥有大学教授、著名建筑师、考古学家等专业背景，负责监督文化遗产的保护、修复和使用，为政府的文化遗产旅游开发等提供咨询建议。

3. 谨慎开发，重视历史遗产的"整体性保护"

意大利对文化遗产的开发非常谨慎，一直秉持"除非绝对必要，文物建筑宁可只加固而不修缮，宁可只修缮而不修复"的原则。提出"把人和建筑同时保护"，即不仅要保护具体的历史建筑遗产，而且要保护与之相连的当地居民文化传统和生活方式；不仅对单体进行保护，而且对古建筑成片保护。古罗马城被完整地保护下来就是一个典型例子。这些规定保护了大量古城古村的历史风貌，"原汁原味"成为吸引大量游客前来体验意大利文化遗产的重要因素。

4. 控制游客数量，应对过度旅游

意大利文化遗产旅游盛名在外，也面临因游客过多而导致的容量超载、遗产破坏和环境恶化等问题。如著名的水城威尼斯，每年接待 2200 万游客，而内城居民仅剩 5.5 万人；就连圣吉米亚诺小镇，旺季的游客接待量也远超其接待能力。意大利政府目前已在威尼斯、卡普里、五渔村等热门旅游地采取限制购票、网上预约、淡季引流等手段控制旅游人数，减少过度旅游对文化遗迹带来的损害。[①]

（四）日本"动漫＋旅游"的全产业链融合模式

日本是亚洲文化创意产业最发达的国家。日本的文创产业是以动漫产业为核心，属于出口型的外向经济，是世界最大的动漫制作和输出国，全球播放的动漫作品 60% 来自日本，同时日本的游戏产业约占世界 50% 的市场份额。动漫旅游是日本文化产业与旅游融合发展最具代表性的一种样式，也成为日本旅游业吸引游客的一道独特风景，其成功的原因如下。

1. 政府的大力扶持

自从 1996 年日本实施文化立国战略后，大力扶持动漫和游戏产业。日本政府非常重视动漫在全民中的了解度，重视动漫产业和旅游产业融合的推广和

---

① 宋瑞.意大利文旅融合发展的经验与挑战［N］.中国文化报，2019-05-18（005）.

宣传。政府出资建立了博物馆和美术馆供世界各国的游客参观，亲身体验动漫的制作过程，增加亲近感，激发创作和欣赏的兴趣。此外，还定期举办动漫作品的展览活动，设立动漫创作的奖项。由政府引导和牵线，相关产业的各个公司共同合作，使处于动漫旅游产业链上的各个环节都参与投资，共同承担风险。一个项目的成功会带来各个产业、相关公司的共同发展。

2. 动漫旅游产业形成了完备的产业链

日本动漫旅游产业形成了完备的产业链，也有自身独特的商业运作模式。动漫产业链，分工细致、明确，如漫画故事、原生形象、漫画工作室、动画工作室、版权代理事务所、印刷出版企业、图书发行企业、电视台、杂志社、动漫衍生品生产、销售渠道等机构分工合作。不仅如此，日本的动漫和旅游融合后产生的相关产业，如影视传媒、玩具、游戏软件、服装、餐饮都已经形成了稳固的、运行高效的产业链。往往在动漫还未投入制作前，相关的衍生产品已经投放市场进行预热，当动漫在国际电视电影以及网络等平台免费投放并获得巨大反响后，带动整个产业链的相关企业获利，完整、高效的产业链使相关利益者都获得了丰厚的利润。

3. 动漫和旅游的全产业链高度融合

动漫的整条产业链都体现出了和旅游的融合，如作为源头的动漫创作注重采用写实风格来设计场景，成为旅游者（动漫爱好者）心目中的圣地；地方政府将发展动漫产业纳入其总体规划之中，积极建设基础设施，甚至直接利用动漫形象作为地方代言人；服务机构开发旅游项目，提供种类齐全的动漫展馆和各式周边产品；最后旅游者（动漫爱好者）积极参与，构成客源市场、出游目的地和支持系统的良性循环。动漫和旅游的融合也深入到旅游产业链的各个环节，大家所熟知的动漫形象被应用到旅游产业中。动漫展馆、动漫产业园区、动漫主题乐园、动漫商业街成为热门旅游景点，动漫与电影、游戏、线下数千家的娱乐连锁场所联动；动漫元素在游客集中的景区、餐厅、酒店、咖啡厅、交通工具、游乐设施、街景中皆有体现，为旅游增添了乐趣和文化氛围，拉近了景区与游客的距离。动漫产业给旅游产业提供素材的同时，带来了动漫作品的知名度和广泛的消费群。旅游产业以动漫产业的成果为依托，能够更迅速、高效地开拓市场，打造优势品牌。

日本的游戏产业也遵循类似动漫发展的模式，形成了包括索尼 PS、任天堂等主机游戏、掌机游戏产业与手机游戏、网络游戏整合发展的跨屏幕、跨终端的休闲娱乐模式，形成日本动漫产业与休闲娱乐产业相互融合的独特模式。大批动漫、游戏创作者，成就了如《圣斗士星矢》《灌篮高手》《数码宝贝》《最终幻想》等数百个畅销全球的经典作品。围绕这些作品的衍生品覆盖了生活用品、玩具、食品、服装等产品，吸引着爱好动漫的游客前来消费。[①]

（五）韩国"影视文化 + 旅游"的并行互动模式

20世纪90年代，韩国遭受金融危机，经济发展处于困境，韩国政府意识到产业转型的重要性，于是通过确立"文化立国"政策，推动文化产业的迅速发展，并依托影视成功将文化输出到世界，打造出一条影视文化旅游道路。

韩国文化与旅游融合的最大特点是影视文化与旅游的互动，韩国利用电影、电视剧、综艺节目对本土文化的渲染，通过文化产品输出，带动对韩国自然山水、人文风情、历史文化、烹饪菜肴、医疗教育等领域的快速传播，形成巨大的旅游吸引力，带动了观光旅游、文化旅游、美食旅游与医疗美容等国际旅游。影视作品中传达的服饰、美妆、饮食等信息为韩国的相关企业带来了大批海外消费者，影视外景地也成为备受旅游者追捧的人气目的地，一些由韩剧衍生而来的文化园、酒店等也应运而生，比如可以体验韩国传统宫廷料理的"大长今村"。韩国文化产品的输出对旅游海外市场的开拓和营销起到了重要作用，旅游发展充分利用了本国文化产业取得的市场效应，而文化产业也依托旅游发展实现了经济价值，形成了文化产业与旅游经济的并行互动发展模式。[②]

二、国内文旅融合经验

我国文化和旅游融合实践时间较短，融合模式尚未完全成熟，但也出现了一些文旅融合的先进范例，值得研究借鉴。

（一）长三角地区依托经济优势促进文旅融合

长三角位于"一带一路"与长江经济带的重要交会地带，不仅是我国经

---

① 詹诗 . 旅游与文化产业融合发展样式研究［D］. 贵州：贵州大学，2015.
② 同①。

济、科技综合实力最强的地区，也是中国文化产业最发达的地区。文旅融合正在迎来发展黄金期，正逐步成为城市和区域经济发展新引擎。

长三角地区文旅融合的成功之处在，依托经济优势，在科技创新、投资开发、IP打造、运营管理方面走在全国前列，出现了一批具有文化创意、体现新兴科技的主题娱乐项目、文旅演艺项目、夜游经济项目，迎合新市场与新机遇，促进文化旅游融合带动区域经济的联动发展。

2018年由上海、连云港、常州、丽水、湖州、温州六个城市共同组建的"长三角文旅产业联盟"成立。联盟依托于上海高科技文化装备协会，主要为长三角地区文旅融合服务，将传统景区的特色文化、民间技艺、非物质文化遗产等与高科技装备结合，比如全息球幕剧场、文物数字化展示和解说技术、多媒体交互实景山水秀、沉浸式数字交互等，以丰富多样的数字化多媒体形式呈现，将传统景区以全新面貌推向国际旅游市场。文旅融合中注重科技含量与文化内涵兼具，充分体现了中国当前科技与文旅产业结合的新技术、新体验、新模式。

（二）环渤海、珠三角地区依托区位优势促进文旅融合

环渤海地区拥有良好的社会经济基础、相对完善的政策法规，文旅融合的特点是依托良好的区位条件，在节庆会展方面表现突出。以北京为中心，天津、廊坊、烟台、大连、青岛等城市为重点，形成了环渤海城市会展经济带，引进和打造了一批国际性节庆会展，培育了一批国内著名节庆会展，也形成了一批独具特色的区域性节庆会展，逐步形成了多层次、多样化的节庆会展产业。环渤海地区会展业以发展早、规模大、数量多；专业化、国际化程度高；门类齐全；知名品牌展会集中；辐射广等特点被广泛关注，尤其是国家京津一体化发展战略的提出以及全球最大会展综合体——国家会展中心在天津的开工建设更将使环渤海地区成为我国新的经济发展引擎。

东南地区形成了以珠三角为中心、辐射周边的会展经济圈，广东、福建会展场馆及面积位居全国前十，除了历史悠久的广交会外，高新技术交易会、电子信息博览会等展会的影响力也逐渐扩大；福建省充分发挥和突出"海峡展"

的优势和特色，推动两岸会展业的深度交流合作。①

（三）东北地区依托气候优势促进文旅融合

东北地区因特殊的气候条件，孕育了独特的冰雪文化，利用冰雪文化促进文旅融合成为东北文旅产业发展的最大特点。比如吉林省以"冰雪世界，精彩吉林为主题"，打造冬季旅游特色项目，开展丰富多彩的旅游节庆活动，以带动旅游消费热潮。哈尔滨冰雪节的知名度不断提升逐步将哈尔滨打造成为世界冰雪文化旅游名城，并带动哈尔滨"音乐之城"建设和会展业发展。

2018 年习近平总书记亲临东北视察并为东北振兴掌舵领航，强调"要发展寒地冰雪经济""做好冰雪文章"，做大做强冰雪文旅产业。融合传统冰雪文化，对接现代冰雪文化，培育冰雪文化创意，丰富冰雪文化内涵，提升冰雪关联产品文化体验价值，促进冰雪文化的传播和冰雪文化旅游品牌塑造。近年来东北地区陆续推出了一批反映冰雪景观、冰雪文化、人文风情的优秀旅游演艺作品，建设了一批冰雪文化主题展馆，承办了多次冰雪文化峰会、冰雪产业博览会、冰雪旅游节，推出了雪地赛马、冬猎冬捕、冰雪赛事等冰雪娱乐产品，冰雪文化产业与旅游产业深度融合，形成独具特色的东北文旅融合之路。

（四）西北地区依托政策优势促进文旅融合

2014 年"一带一路"倡议的提出，为西北地区文化和旅游产业的融合带来了良好的机遇。西北地区文旅融合主要依托丝绸之路文化、历史文化、黄河文化。在政府大力扶持下，西北推出了一批文旅融合产品。丝绸之路文化旅游以甘肃、新疆为代表，甘肃省形成了丝绸之路全景游等特色文化旅游产品，旅游演艺推出《丝路花雨》等精品剧目。新疆打造了丝绸之路世界文化遗产旅游线路产品，包括新疆首批世界文化遗产的六个遗产地：高昌故城、交河故城、北庭故城遗址、克孜尔尕哈烽燧遗址、克孜尔石窟、苏巴什佛寺遗址；推进了丝绸之路经济带旅游集散中心建设。

历史文化旅游以陕西为代表，陕西省以丰富的文物古迹、文化遗址、古代建筑石刻等历史文化资源为基础，充分利用各类博物馆、纪念馆，形成了以

文物博览业带动旅游业，以旅游业促进文物保护开发的良好格局；推出了一批旅游演艺产品如《仿唐朝乐舞》《长恨歌》《霓裳羽衣舞》《关中八景》《延安颂》等。

黄河文化旅游以宁夏、甘肃为代表，宁夏依托沿黄经济区"黄河金岸"的项目工程，提出了设立黄河金岸文化旅游综合试验区，建立黄河金岸文化旅游带与黄河文化展示线。甘肃兰州近些年成功举办了"黄河文化旅游节"等系列节庆活动，创建百里黄河风情文化旅游精品线，打造"黄河之都"文化旅游品牌。

（五）西南地区依托民族文化优势促进文旅融合

西南地区拥有丰富多彩的民族文化资源，文旅融合的特点是旅游以民族文化为核心，各省都有自己的文化特色。云南在促进民族文化旅游发展方面做出了积极探索，比如出台了建设民族文化强省、"旅游二次创业"等政策建议，有效引导了文化旅游业的发展，并通过旅游业的发展整合文化资源，带动文化与旅游产业的融合升级；四川在开发地域特色文化方面优势突出，熊猫之乡、三国文化圣地、古蜀文明之府、都江堰等文化品牌在国内外均有较大影响力；贵州省、广西壮族自治区依托民族文化资源，主打民族村寨旅游发展道路。

民族节庆方面，西南地区形成了一批具有鲜明主题的公众性庆典活动，如云南傣族泼水节、彝族火把节，贵州"六月六"系列民族节庆，四川阿坝国际熊猫节；西藏传召大法会、放生节，重庆铜梁龙灯闹新春系列活动，广西桂林山水文化旅游节等，对提高区域知名度、塑造文化旅游品牌具有重要促进作用。

民族文化演艺方面，西南地区凭借深厚民族文化内涵，创作出一批旅游演艺精品，以定点演出和巡回演出的方式，在国内外积极开展文化交流，其中以《印象·刘三姐》《云南映象》《藏谜》为代表，广西大型山水实景演出《印象·刘三姐》成功上演后，"印象系列＋景区"的演艺营销模式在全国得到推广。

民族民间手工艺方面，西南地区依托民族文化资源，形成了众多生产型的民族民间手工艺景区，比如广西百色靖西市旧州村发展绣球产业，成为第三批国家级文化产业示范基地；贵州以产业推进的方式发展旅游商品，自2006年以来连续举办了 10 届"多彩贵州"旅游商品"两赛一会"(旅游商品设计大赛、能工巧匠选拔大赛，旅游商品展销大会)，带动相当数量的农民和民间手工艺者从事旅游商品生产制作，催生了黔艺宝等一批专业的旅游商品生产企业，涌现出银饰村、蜡染村等旅游商品专业村镇；云南省民族民间工艺品文化内涵丰富，地域特色突出，在政府扶持下民族民间工艺被打造成为云南十大文化产业之一，2008 年以来云南举办了 10 届昆明泛亚国际民族民间工艺品博览会，取得了较好的经济效益和社会效益，提升了云南民族民间工艺的知名度。

三、国内外文旅融合经验对云南的启示

通过对国内外文旅融合经验的梳理和研究，从中获取帮助，启发思路，结合云南自身的实际情况，认真学习借鉴国内外经验，促进云南文化和旅游的有效融合发展。

(一) 政府的扶持是文旅融合的重要保障

美、英、日等国以及国内部分省市的文旅产业融合之所以能获得巨大成功，均离不开政府的支持和积极推动。这些国家和地区都非常重视文创产业和旅游产业的发展，以此作为国家的战略产业，以把文旅产业打造成为国民经济的支柱产业为目标。政府在立法、产业布局、财政税收、筹资融资、人才培养等方面都采取了积极而卓有成效的措施，建立高效、多层面的协调机制和制度安排，从政策上调控文化和旅游发展，为文旅产业的融合营造了良好的环境，直接或间接地提供了人、财、物等支撑，大力推动了文旅产业的融合发展。政府是文旅融合的第一推手。

(二) 打造核心优势产业是文旅融合的必备条件

每个国家和地区都有其独特的资源，有自身的优势产业，文旅融合必须根据本地区的资源禀赋和现有条件对整个文旅产业进行科学合理的规划设计，有所侧重地选择优势产业融合打造核心产业。根据国内外的文旅产业融合经验，文旅产业的成功离不开本地区优势产业的融合发展，像美国旅游产业与高科技的融合发展，英国旅游产业与历史文化资源的融合发展，日本旅游产业与动漫

产业的融合发展，我国东北地区旅游产业和冰雪产业的融合发展，西南地区旅游产业和民族文化产业的融合发展都形成了别具一格的特色核心文旅产业。

（三）延伸产业链创造高附加值是文旅融合的关键

迪士尼乐园与迪士尼周边商品作为迪士尼文旅产业链上的重要环节，日本动漫和旅游的全产业链融合，美国将文化产业与旅游、金融、制造等跨界整合形成跨行业、跨国际的巨大产业链，都是延伸产业链创造附加产值的成功典范。纵观国内外发达国家和地区文旅产业融合的商业运作模式，共同点就是产业链比较完备。横向看，不是单一的文旅产品的研发、生产和销售，还提供相关的体验服务以及一系列相关衍生品的开发、生产和销售；纵向看，不是单一的行业发展，而是以核心文旅行业为主，围绕核心文旅行业带动相关行业的融合发展。整个文旅产业达到横向和纵向的延伸，可以说是跨行业的立体、多元、复合式经营，大大满足了现代人们物质生活和精神文化消费的多元需求，创造了高附加产值。

（四）文化创意是文旅融合的重要推手

创意化的设计可以将原有传统文化、民俗文化、地域文化中的内涵和价值充分挖掘出来，并使创新文化与原生文化融合在一起，形成独特的品牌形象，带动旅游质量提升，促进文化和旅游的深层次融合。英国的博物馆活化文化资源，打造了集文化欣赏、旅游观光、购物于一体的名人故居，使文化资源焕然一新，展现出新的价值。迪士尼乐园每一部动漫电影拍摄后，主题乐园会增加新的娱乐设施和项目。而且每年都会淘汰 1/3 的硬件设备，新建 1/3 的新概念项目，不断给游客创造新的体验。因此，文化和旅游融合应注重创意设计，创新原有文化，以文化为核心打造旅游主题品牌，以主题品牌为载体提升竞争力。在文化旅游活动策划、景点设计、文化体验项目、纪念品开发等领域，要以消费者需求为导向，发挥创意的作用，不断创造出适应市场动态变化的文化旅游产品。云南文旅游产业融合过程中，创意元素较少，很多产品出现雷同或者模仿现象，云南丰富的文化资源尚未很好地升华为迎合市场需求的创意形式，影响和制约了云南文旅产业的融合发展。

（五）科技创新是提升文旅融合的重要手段

注重科技运用是国内外文化和旅游融合的重要经验。在云计算、物联网、大数据等现代信息技术广泛应用的背景下，文旅产品正朝着数字化体验转变，并借助互联网思维打通线上线下两个场景。文化和旅游融合离不开科技的力量，科技可以对文化进行技术改造和创新，打造出真实的互动体验，提高游客体验质量。例如，美国文化主题公园注重 VR 技术，重现动画电影场景，把游客变为电影世界主角，满足了游客精神需求，呈现了多样化的文化旅游空间。英国约维克维京中心，利用高科技复原了维京人的生活场景包括家居生活、市场买卖、渔猎耕种甚至上厕所，配以高度仿真的声音和气味作为背景，使游客身临其境。所以在文化和旅游融合过程中应加大创新力度，重视高科技在文化和旅游产业中的运用，借力"互联网＋旅游"，带给游客感官、行为、思维和情感体验，实现文化旅游产业链的延伸。目前云南科技发展基础较薄弱、发展水平有限，除了要不断提升云南科技发展水平外，还要通过加强与国内国际高科技企业的合作，加大高科技在文旅产业中的运用。

（六）地域文化特色是文旅融合的亮点

各国各地区富有鲜明特色的地域文化是重要的旅游吸引要素，是文旅融合的重要元素。通过创意手段将地域文化资源转换为文化旅游产品，能使游客在游览中感受到深刻的文化体验。比如英国对王室文化的旅游开发，西南地区对民族村寨、民族演艺的旅游开发，西北地区对黄河文化的旅游开发，都具有极大旅游吸引力，让游客能体验到浓郁的地域人文风情。注重地方文脉、突出文化底蕴，突出地域文化特色和差异性，塑造地域文化旅游品牌，才能使旅游地在众多的旅游目的地中脱颖而出。

第五章　加快文旅融合的方法和路径

一、加快文旅融合的方法

（一）理念融合：政策融合、队伍建设

1. 政策融合

按照"宜融则融，能融尽融，以文促旅，以旅彰文"的工作思路，充分认识加快发展文化旅游产业对全省经济社会发展和全面建成小康社会的重要性和紧迫性，协调一致地加快云南省民族文化强省和旅游经济强省的建设。不断整合全省文化旅游资源优势，积极探寻文化产业与旅游产业项目开发的结合点、切入点。

把文化产业和旅游产业的互动发展纳入全省经济社会发展总体规划。"十四五"规划即将开始编制，要以此为契机，提前准备、及早谋划，开展充分、深入的调查研究，总结已有经验，研究融合发展新思路，建议文旅厅委托具备文化与旅游研究基础和丰富经验的文化旅游研究机构为牵头单位，整合全省文化旅游智库，坚持规划先行，以规划指导建设、引导发展，对文化和旅游产业发展一并考虑、一同规划，做到优势互补、资源共享，实现双赢，改变目前各地在文化和旅游产品开发上各搞一套，缺乏统一规划和监控的现状。建议各地各部门结合本地区、本部门的实际，做好两个产业共同发展的规划和各项实施方案。加强文化和旅游领域政策、法规、规划、标准的清理、对接、修订等工作，确保相互兼容、不留空白、不余死角。积极推进资源、平台、工程、项目、活动等融合，坚持从实际出发，该清理的清理、该合并的合并。

2. 队伍建设

以文化旅游人才的合理使用和综合能力提升为着力点，积极实施"人才强旅"战略。借鉴江苏等地的做法，将云南省旅游发展研究院更名为云南省文化和旅游发展研究院，作为政府文旅产业发展智库，发布云南文旅产业发展蓝皮书，发布云南各州市文旅产业发展指数，促进各州市积极推进文旅产业快速发展。建立文化旅游产业智库平台。每年遴选一定数量的优秀文化旅游产业人才纳入"云岭文化名家"培养工程，评选表彰文化旅游产业领军人物和各门类大师若干名。推进全国特色文化旅游产业研究（云南）基地、云南省文化旅游产业创意设计人才培训基地、云南省文化旅游产业经营管理人才培训基地建设，制定文化旅游产业经营管理人才培训规划，建立健全在职人员业务培训和继续教育制度。实施高层次人才培养计划，培养一批熟悉文化旅游市场规律、懂文化旅游、善经营产业的现代文化旅游企业领军人才。完善分配和激励机制，鼓励优秀拔尖人才脱颖而出。有计划、有重点地从海内外引入文化旅游产业发展急需的各类人才。加强高等院校文化旅游产业人才培养和相关学科建设。资助一批重点研究课题，鼓励有条件的高等院校开展文化旅游产业重大理论和实践问题研究，建成以文化旅游产业作为积聚人才、发现人才、培养人才的重要基地。

（二）机制融合：制度建设、社会参与

国内外文旅产业发展实践表明，必须在立足当地文旅资源的基础上通过制度创新，激发市场活力，吸引社会参与，多种形式促进文旅融合。

1. 制度创新

鼓励各州市深度挖掘文旅特色资源，重点打造"一州（市）一品牌、一州（市）一民族、一州（市）一节庆、一州（市）一演艺、一州（市）一影视、一州（市）一菜品、一县（区）一特色"，形成"州市六个一、县区一特色"云南文旅融合新格局。继续开展云南省文旅县区、文旅街区（乡村）、文旅企业、文旅产业园区申报、评比、命名制度，推出文旅精品。出台"云南省非遗传承人工作室"申报、评选、命名制度，提高国家级非遗传承人、国家级工艺美术大师等国家级人才的待遇，充分发挥他们的传承、带动作用。

2.鼓励社会参与

积极探索社会资本参与文旅融合的途径和方式。多渠道提供"文旅+"城乡、"文旅+"产业、"文旅+"科教、"文旅+"生活融合等方面的产品。"文旅+"城乡融合，要贯彻"城市即景区，景区即城市"的发展理念，促进文旅与城市融合发展，发挥农业旅游统筹城乡经济一体化的作用；"文旅+"产业融合，即发展工业旅游、文化创意旅游等新兴业态；"文旅+"科教融合，要充分利用 AR（增强现实）、VR（虚拟现实）技术发展沉浸式旅游和研学旅游；"文旅+"生活融合，强调从人的需求出发，实现文旅与居民日常购物、健康需求、养老、休闲度假等生活方式的融合。

（三）创新融合：品牌战略、重大工程带动战略

1.品牌战略

实施品牌战略要先从老品牌找创新点，通过创新的方式使老品牌焕发新的生命力，创造新的品牌效应。云南应抓住"一带一路"倡议、长江经济带、乡村振兴和自贸区建设等重大战略机遇，打造新的品牌爆点，实现文化旅游的创新融合。通过创新的方式使老品牌焕发新的生命力是实施品牌创新战略的主要方式。

（1）打造滇西抗战文化旅游品牌。滇西抗战遗址是第二次世界大战国际反法西斯战场重要的标志性遗迹，是云南得天独厚的文化旅游资源。强化顶层设计，高标准规划、高质量修复，积极申报"滇缅公路世界文化遗产"项目，推动文化和旅游融合，打造滇西抗战文化旅游精品，提升云南文化旅游产品供给的质量和水平，增强云南文化旅游品牌的国际影响力。

（2）打造茶马古道文化旅游品牌。云南茶马古道作为国家"一带一路"倡议中南方丝绸之路的重要组成部分，已引起国家有关部门的高度重视，其品牌效应已经初步显现，云南可顺势而为，通过创新建设思路、申遗内容、产品内涵、文创产品开发方式、营销手段和开发保护机制，打造贯穿茶马古道沿线9个州市和22个县区的文化旅游精品走廊，与大滇西旅游环线相呼应，形成"一环一廊"的文旅新格局，促进全省文化旅游产业可持续发展。

（3）在"七彩云南　旅游天堂"的基础上，启动云南文旅宣传口号征集、确定工作，塑造云南文化旅游新形象，并开展整体营销。

设立省级文化旅游宣传营销专项经费，建立旅游宣传促销奖励机制，实行整体宣传营销战略，树立统一的云南文化旅游宣传营销形象。发挥云南省旅游业具备完整营销网络和营销策略的优势，建立和完善部门联合、企业为主、上下联动的宣传营销机制，成立"云南文化旅游市场推广促进协会"，加大文化旅游宣传营销力度。加强与国际文化旅游组织、旅游客源地的旅游部门、主要旅行商、新闻媒体和中介机构的合作与交流，依托各种机构和中介组织，建立和发展文化旅游营销联盟。建立部门协作、政企合作、行业合作、区域合作的宣传推广机制。省级宣传媒体拿出一定时段（版面）为推进文化旅游融合发展做好宣传造势。文化部门大力开发面向市民和游客的文艺作品，在各类文化展会中加大文化旅游产品和项目展示，旅游部门要在市场推广中宣传云南文化特色，将特色文化产品纳入国内外旅游项目推广计划，运用新兴媒体、大数据和创意策划创新宣传营销方式，根据不同客源地、不同年龄段、不同收入群体的游客偏好，精准投放广告信息，精细开发和培育市场，引导文化旅游企业围绕旅游景区、度假区、旅游目的地创作影视、动漫、图书、演出等文艺作品，实现文化与旅游相得益彰。在"七彩云南　旅游天堂"的基础上，启动云南文旅宣传口号征集、结合网络流量明星与流行文化元素，探索文旅项目在网络大电影、网络综艺节目中的场景植入模式，探索旅游达人在线直播文旅体验感受的模式，探索文旅在社交网络中的事件传播宣传，通过互联网化、影视化的方式，将云南打造成为"网红"旅游目的地。

2. 依托乡村振兴国家重大战略，打造云南乡村文化旅游样板

乡村振兴是国家解决"三农"问题、实现城乡一体化的重要抓手。文旅主管部门应该在繁多的政策中清晰地抓住主线，把分散的、成功的经验放在一个新的平台上提炼出新的战略工程，真正打造出乡村振兴的云南文化旅游样板。

云南应鼓励各州市根据当地资源禀赋和乡村实际，采取形式多样的乡村文化旅游开发模式。借鉴省外成功经验，结合自身实际，真正打造出乡村振兴的云南文化旅游样板。

（1）"公司主导、村民入股"统一运营模式。这种模式下，依靠运营公司对村子进行统一开发、运营、管理和推广。村民将自家的田地、农家乐、餐馆等入股运营公司，和公司利益紧密绑定，从而拧成一股绳，形成运营上的合力。该模式一方面解决了乡村旅游的服务标准、项目建设、品牌推广等问题，另一方面还带动了村民的共同富裕。

典型案例：山东省淄博市中郝峪村。中郝峪村曾是一个贫困村，并且没有老宅子，也没有独特的山水资源。2003 年，为了脱贫，一些村民自发搞起农家乐。后来，随着农家乐数量的增加，一些恶性竞争、欺诈客户情况出现，于是村里在 2011 年成立了幽幽谷旅游开发公司。

为了提高村民的积极性，在公司里，村两委只占 21% 的股份，剩下的都由村民以自己的房产、果园、劳动力等各种资产来入股。村民们除了经营收入以外，每年还会获得公司的分红。

在经营上，公司统一负责村子的项目开发、运营和宣传。公司运营所有项目，按照承包方式分给业户，业户只负责搞好接待、服务工作，不得擅自接待客人。同时，所有项目价格全部由公司统一制定，所有单向收费都由公司统一收取。依靠这个统一化运营模式，这个曾经的贫困村如今每年经营收入将近 3000 万元。①

（2）引入外来资金的古村镇开发模式。对于一些历史人文资源丰富的古村镇，引入外来资金进行包装打造，并统一运营，无疑是一个发展乡村旅游的"快速通道"。

典型案例：山东省临沂竹泉村。竹泉村地处山东省沂南县北部，是中国北方少见的古式村落。后来由青岛龙腾集团投资 1.56 亿元进行整体打造。经过几年开发，这里已成为一处以生态观光、休闲度假、商务会议为核心，集观光、休闲、住宿、餐饮、会议、度假、娱乐于一体的综合性旅游度假区，也是山东省第一个系统开发的古村落度假区。

在开发古村落的基础上，竹泉村还大量挖掘本土文化、美食、民俗传统等，极大地丰富了乡村旅游对于文化休闲体验的需求。如今，竹泉度假村已成为国家 4A 级旅游景区，2015 年接待游客 80 余万人次，实现直接旅游收入 8000 万元。②

（3）以爆点带动品牌的"轻启动"模式。对于一些资源相对贫瘠地区，通过区域美食、传统手工艺品等的挖掘，凭规模优势和特色打造出爆点，也不失

---

① 孙忠心.乡村旅游制度创业机理研究［D］.济南：山东大学，2018.
② 乡村产业振兴的十种模式［J］.中国合作经济，2019（8）：37-51.

为一条可行道路。

典型案例：陕西袁家村。袁家村距离西安市 78 公里，有一定的区位优势。为了打造乡村旅游，他们决定挖掘陕西特色美食，发展民俗民风体验一条街。为了打造最原汁原味的地方美食，他们挖掘民间的厨师，挑选本土的原料，坚决不要大酒店和厨师培训学校出来的厨师。

最初由于缺乏名气，做出来的美食没人消费，袁家村村委会决定，这些民间厨师只管做，村里给发工资。厨师们做出来的东西，首先是在整个民俗街流通，多出的东西发给村民，再送给西安乃至陕西省相关部门和企业。后来，随着这里的名气不断扩大，许多店铺门前都排起了长队。

在美食的基础上，袁家村还不断发展酒吧、民俗体验、民宿等一系列配套设施，以求增强游客的体验度，并延长乡村旅游的产业链。如今，袁家村日营业额超过 200 万元，年收入超 10 亿元，仅餐饮产值就超过一个中型城市。

（4）一口价全包的套餐式体验模式。相比袁家村这种开放模式，还有一种截然相反的封闭模式：他们依托自己的优势资源，将全村封闭起来，用户只需一张门票，即能享受全部服务。如果说袁家村熙熙攘攘的人流是一种繁荣的美，那么封闭式乡村，通过高门票限制人流，凸显的则是古村镇宁静的美。

典型案例：乌村。乌村紧邻著名的乌镇西栅历史街区，是背靠京杭大运河的古村落，总面积 450 亩，具有得天独厚的自然资源和景区依托。乌村颠覆了中国乡村游的传统模式，采用一价全包的套餐式体验模式——集食、住、行、游、购、娱活动为一体的一站式的乡村休闲度假项目，一次即可打包吃住行和 30 多项免费体验项目。不能否认，乌村的成功离不开乌镇导入的巨大人流，但反过来，乌村也为整个大景区提供了原生态的乡村民俗文化体验。

乌村给我们的启示是：毗邻传统大景区的乡村旅游点，完全可以以差异化的产品定位，做景区的配套支撑甚至是对等互补，从而凸显自己的价值，从中分得一杯羹。[①]

（5）依托大城市，以民宿带动乡村旅游。作为乡村旅游的高级形态，民宿是个特别的存在。一些地方依托大城市的巨大人流和消费能力，以"从上而下"的方式，以民宿为爆点树立乡村旅游品牌，取得了巨大成功。

---

① 乡村产业振兴的十种模式［J］.中国合作经济，2019（8）：37-51.

典型案例：莫干山。莫干山位于美丽富饶的沪、宁、杭金三角的中心，自古以来就是许多名流避暑消遣的地方，并留下了难以计数的历史典故。后来，一些外国人在莫干山开办农家乐，将中国传统的旧家具、雕花木梁、旧石磙等与西方文化相融合，深受长三角高端消费群体以及入境游游客的欢迎。2007年以后，"洋家乐"就成为莫干山的关键词。

在莫干山的示范效应下，浙江桐庐等其他地市，包括全国各地，都掀起一股民宿热，并成为带动当地乡村旅游发展的突破口。[①]

（四）非物质文化遗产与旅游融合：开发型融合、体验型融合

非物质文化遗产（intangible cultural heritage）指被各群体、团体、有时为个人所视为其文化遗产的各种实践、表演、表现形式、知识体系和技能及其有关的工具、实物、工艺品和文化场所。各个群体和团体随着其所处环境、与自然界的相互关系和历史条件的不断变化使这种代代相传的非物质文化遗产得到创新，同时也使他们自己具有一种认同感和历史感，从而促进了文化多样性，并激发了人类的创造力。文旅融合，激发非物质文化遗产传承发展新动力，为非物质文化遗产传承发展及其成果共享创造新机遇。

1. 非物质文化遗产与旅游融合的政策依据

2018 年 3 月 9 日，《国务院办公厅关于促进全域旅游发展的指导意见》（国办发〔2018〕15 号）印发。该文件指出，旅游是发展经济、增加就业和满足人民日益增长的美好生活需要的有效手段，旅游业是提高人民生活水平的重要产业，要推动旅游与科技、教育、文化、卫生、体育融合发展，科学利用传统村落、文物遗迹及博物馆、纪念馆、美术馆、艺术馆、世界文化遗产、非物质文化遗产展示馆等文化场所开展文化、文物旅游，推动剧场、演艺、游乐、动漫等产业与旅游业融合开展文化体验旅游，提升旅游产品品质，深入挖掘历史文化、地域特色文化、民族民俗文化、传统农耕文化等，实施中国传统工艺振兴计划，提升传统工艺产品品质和旅游产品文化含量。

2018 年 6 月 8 日，雒树刚在全国非物质文化遗产保护工作先进集体先进个人和第五批国家级非遗代表性项目代表性传承人座谈活动上的讲话中指出，

---

① 乡村产业振兴的十种模式［J］. 中国合作经济，2019（8）：37-51.

文化和旅游密不可分，文化是旅游的灵魂，旅游是文化的载体。文化和旅游合体既强强联合又相辅相成，文化和旅游部的成立将为文化事业、文化产业、旅游业的发展带来重大机遇。非遗是文化多样性的重要体现，很多人正是因为文化的多样与差异，因为着迷于各地多姿多彩的非物质文化遗产，才有了旅游的需求。很多旅游产品实际都是文化旅游，深度游都是文化游。我们讲风景名胜，风景不一定是名胜，有了文化才是名胜。山不在高，有仙则名；水不在深，有龙则灵，这就是与文化结合的魅力。旅游的发展也为非遗的传播拓宽了渠道、插上了"翅膀"。我们要深入贯彻中央的决策部署，牢牢把握文化和旅游融合的方向和要求，贯彻新发展理念，进一步加强对非遗资源的挖掘阐发，通过提高传承实践水平，为旅游业注入更加优质、更富吸引力的文化内容。要充分发挥旅游业的独特优势，为非遗保护传承和发展振兴注入新的更大的内生动力。

2018年11月15日，文化和旅游部等17部门印发的《关于促进乡村旅游可持续发展的指导意见》（文旅资源发〔2018〕98号）提出："在保护的基础上，有效利用文物古迹、传统村落、民族村寨、传统建筑、农业遗迹、灌溉工程遗产、农业文化遗产、非物质文化遗产等，融入乡村旅游产品开发。"

2018年12月10日发布的《国家级文化生态保护区管理办法》，明确提出："国家级文化生态保护区建设管理机构应当依托区域内独具特色的文化生态资源，开展文化观光游、文化体验游、文化休闲游等多种形式的旅游活动。"

2018年6月6日，《人民日报》刊发文化和旅游部副部长项兆伦的署名文章《非遗保护要见人见物见生活》。文章对这一理念如此阐释："非物质文化遗产是我国优秀传统文化的重要组成部分，它就在我们的生活中。非遗的当代实践，是优秀传统文化与现实生活相融合，实现创造性转化和创新性发展的过程。""这些年的非遗保护工作确立了一个重要理念：见人见物见生活。非遗是一个文化现象的整体。非遗不只是一件件体现文化传统的产品或作品，它更是可见、可参与的生活。非遗传承是不断融入人们智慧、才艺和创造力的生动实践。""要支持非遗回归社区，回归生活，让非遗在千家万户的日常生活中得到体现和传承，成为当下的生活方式。"

2. 非物质文化遗产与旅游融合的方式

大量实践证明，非遗与旅游相辅相成，非遗与旅游过去有着紧密的联系，现在的联系更加紧密，未来的联系还会进一步加深。只有以保护为前提，以可持续方式管理旅游业，避免商业性滥用，确保文化遗产的活性、社会功能和文化含义不会因旅游业受到威胁，才能使非遗在文旅融合中长足发展。

（1）开发型融合。作为文化旅游大省，云南积淀了众多底蕴丰厚的非物质文化遗产。目前云南省共有四级非遗代表性项目 7631 项，其中，国家级 105 项、省级 450 项、州（市）级 2103 项、县（市、区）级 4973 项，"傣族剪纸"和"藏族史诗《格萨尔》"项目入选联合国教科文组织《人类非物质文化遗产代表作名录》；共认定四级非遗代表性传承人 11055 人，其中，国家级 125 人、省级 960 人、州（市）级 2649 人、县（市、区）级 7321 人。2019 年 1 月，云南省印发的《2019 年全省"旅游革命"九大工程实施方案》提出，云南将培育打造一批适应旅游市场需求的文化旅游产品，丰富旅游产品供给，提升旅游供给品质和文化内涵，传播和弘扬全省民族文化和历史文化，这恰恰让云南丰富的非遗资源大有可为。

只有在对文化遗产充分尊重、传承其本的基础上，分析市场需求，进行合理、巧妙的设计，才是对文化遗产的保护和发展，才能生发出持久的产业后劲，达到社会效益和经济效益的双赢。

①建立非遗创意设计园区。云南应当建设非遗创意产业园，园内以非遗技艺展示体验、非遗文化传习、非遗主题民宿等为形式，使它成为非遗文化平台，集"创新商业中心""非遗体验教育""多元文化交流""极致文产集群""非遗娱乐空间""创意产业研发""文脉创展联动"等多元丰富的载体优势于一体，不仅在区位价值、交通便捷、人口规模、商务环境等方面独具优势，而且重点聚焦文娱、商贸两大细分产业领域，构建金融、商贸、知识产权、教研、保税、演艺、联盟、文创八大核心功能服务平台，为非遗文化传承及创新生产，提供了一个全新的"自生长型"服务平台。

②打造非遗文创产品。文化和旅游部相关负责人表示，要以提高文创产品质量、用好旅游市场渠道为抓手，通过优质文创产品开发提升旅游内涵、促进旅游消费，通过旅游市场畅通文创产品销售渠道、扩大文创产品影响力，实现双促双赢。

因此，应当大力开发既保留传统技艺，又贴近生活的非遗文创产品。例如，我们完全可以将传说故事开发成打火机、杯子、T 恤、帽子、明信片、便笺、钥匙链等独具特色的旅游商品。在许多有美食传说的旅游地，我们还可以将这些传说故事开发成旅游菜品饮料、小食品等。传统音乐和传统舞蹈等，特别是以展现肢体美为基本特征的少数民族歌舞受到了高度重视，成为一笔重要的旅游资源，产生了很好的经济效益。除此之外，还有传统工艺美术类遗产、传统生产知识类遗产、传统生活知识类遗产、传统仪式类遗产、传统节日类遗产等，对旅游都有贡献。传统工艺美术主要是特指那些具有重要审美价值和实用功能的工艺美术类遗产，如我们在旅游地见到的石雕、玉雕、木雕、竹雕、泥人、泥老虎、泥狗狗等，都属于这类产品。传统工艺美术类遗产对旅游的贡献主要体现在以下两个方面：一是这些作品本身就是很好的旅游商品，可以满足旅游六要素中有关"购"的需求；二是这些作品生产过程本身，也是很好的旅游资源，完全可以作为一个全新的旅游产品开发出来，如云南鹤庆的银铺等，都可以作为旅游景点加以开发。目前，对老字号、老作坊的开发还远远不够。下一步的任务，就是集中精力对历史文化名城、名镇中的老字号、老作坊等文化资源加以整合，为这些地区旅游业的发展提供更为强劲的动力。

传统生产知识是指与农、林、牧、副、渔等生产活动有关的生产知识和经验。由于中国地大物博、民族众多，加之纬度跨度较大，所以各地的生产类型也呈现出明显差异。目前传统生产知识对于旅游的介入，基本上还处于初级阶段。传统生产知识类遗产是指与衣食住行有关的生活知识与技能，传统医药学知识也是这类遗产的重要组成部分。

③云南非遗文旅产品的提升策略。

首先，注重市场需求。产品要集中展示非遗文化元素的创意性、文艺性、时代性，以获得消费者的认可。同时，尊重百姓的生活习惯和情感诉求，充分考虑非遗文化与传播载体的有效呈现方式，力争做到非遗文化元家与创意产品的自然融合。

其次，找准非遗文化与产品的结合点。云南具有丰富多彩的非遗文化项目，可以从具有代表性的非遗文化元素中选择有利于呈现的、有利于表达百姓情感诉求的创意元素进行设计定位。既要考虑消费者的情感需求，又要考虑非遗产品承载的文化内涵和时代特征，使非遗文化与产品有机结合，设计出符合年轻人审美需求文旅产品。

最后，做好新媒体营销。在互联网发展日新月异的当下，优秀的创意产品必须有完善的运营渠道，可以通过信息的裂变式传播刺激和拉动产品销售，如借助互联网平台，利用抖音、直播等新营销方式进行快速传播，进而提高云南非遗文创产品的知名度。

（2）体验型融合。主要通过开发如节庆活动、演艺和体验类旅游活动，通过市场手段让游客参与其中体验非物质文化遗产。对非物质文化遗产进行体验型开发主要是对民间舞蹈、民间音乐和民俗等活动进行开发，形成综合性的旅游体验类活动。

①打造云南"直过民族"活态博物馆。围绕云南独有的九个"直过民族"丰富的民宿节庆、演艺等可通过整村活态化保护的方式进行开发，让游客在体验中深入了解"直过民族"独特的生产生活方式和民族习俗，使体验"直过民族"文化形成云南新的文旅亮色。

②打造"民族娃娃"系列产品。挖掘云南25个民族独特的文化特色，打造独特的"民族娃娃"形象和"民族娃娃"生产生活场景，通过当代人们喜闻乐见的方式如动画作品、主题乐园、衍生消费品等方式将云南民族文化呈现给游客。

打造"民族娃娃"的系列产品，即以云南省丰富的民族文化资源以及自然资源为核心优势，进行生产、交换、分配和消费"民族娃娃"产品以及与"民族娃娃"有关联的其他文化产品和服务的集合。"民族娃娃"文化产业涵盖了艺术、传媒、旅游等多种行业。其中，文化艺术资源是产业的内核和源泉，为"民族娃娃"文化产业的发展提供了大量的素材和养料。"民族娃娃"产业化将打造集玩偶制作、动画创作、主题乐园经营等多种文化产品形态综合发展的产业新格局。

（五）物质文化遗产与旅游融合：活化型融合、保护型融合

2005年12月，国务院发布的《关于加强文化遗产保护的通知》（以下简称《通知》）这一法律文件中对"文化遗产"的概念作了最明确、最权威的解释。《通知》指出："文化遗产包括物质文化遗产和非物质文化遗产。其中，物质文化遗产是具有历史、艺术和科学价值的文物，包括古遗址、古墓葬、古建筑、石窟寺、石刻、壁画、近代现代重要史迹及代表性建筑等不可移动文物，历史上各时代的重要实物、艺术品、文献、手稿、图书资料等可移动文物；以

及在建筑式样、分布均匀或与环境景色结合方面具有突出普遍价值的历史文化名城（街区、村镇）。"随着各国保护文化遗产的意识觉醒与遗产保护实践的增加，国内外遗产学者将视野从遗产单体（点）放宽至文化线路（线）。

　　长期以来，我国对于物质文化遗产的保护往往采取"隔离"型保护模式，单纯以防止遗产资源受到损害为目的。但近年来我们逐渐意识到传统的保护模式忽略了物质文化遗产来源于过往的生活以及与当下社会经济生活双向正向作用。在文旅融合的大背景下，"物质文化遗产＋旅游"使文化资源"踏"出隔离区，在新的历史条件下重新发挥出其蕴含的历史、社会、科学等方面的价值，不仅为旅游提升了文化内涵，而且让社会各界更了解我国庞大的物质文化遗产，给予更多的关注与自发的保护。针对不同的物质文化遗产，将融合模式分为活化型融合和保护型融合两种。

1. 活化型融合

　　活化型融合是对现有物质文化遗产进行延续利用与活化改造来发展旅游的一种模式。根据活化型融合的内涵和形式，又分为以下几种类型。

　　（1）"传承型"活化融合。对于价值突出、保存完整、不易被损坏、服务于日常生活的物质文化遗产，从遗产本身状况出发，将其自然的外在物质形态与完整的历史文化信息真实地传承下来，延续其全部或部分使用功能，保持最大限度的客观真实性。

　　国内外成功案例：苏州古典园林。其历史可上溯至公元前6世纪春秋时期吴王的园囿，现保存完整的有60多处，部分园林于1997年和2000年被列入《世界遗产名录》。苏州古典园林宅园合一，赏、游、居兼备，独具匠心的建筑设计将人与自然完美融合，反映了我国古时江南一带高度发达的经济与文化。至今，苏州古典园林依然可供游客观赏休憩，在游客移步换景的过程中向其展示着"多方胜景、咫尺山林"的独特魅力。印度泰姬陵作为建筑珍宝，印度政府通过一系列保护措施使其至今仍然保持着原样，超高的艺术价值与背后的动人故事数百年来持续吸引着无数游客来此欣赏建筑艺术以及纪念皇帝沙贾汗和他的爱妃。

　　云南实践：在国家重点文物保护单位名录中，云南省共有132处，目前90%以上的重点文物保护单位采用此种模式；以保护为主，最大限度地保持或者是恢复其原貌，如古寺古碑、有重大历史意义的旧址（陆军讲武堂、西南联大旧址）。丽江为了使古城遗址活化，出现了18个原汁原味的丽江文化院落，其中有名人故居、旧时学堂、寺庙、基督教堂等。宗教场所、书院一类的院落至今仍然保留着其使用功能。其余院落在保留了原貌的基础上，依据院落自身蕴含的故事为背景改造成了展示厅、陈列室等。

（2）"建构型"活化融合。对于价值突出、保存状况一般、易被损坏、多出现于博物馆等配有防护装置的文化场所或旅游景区的物质文化遗产，对其物质形态进行适当的修复还原，同时，借助VR、三维全景、3D打印等数字技术建构当时的时空背景、重大事件、物质实体等使游客获得沉浸式体验。

国内外成功案例：挪威国家艺术博物馆就利用3D打印技术复原了一把欧洲"民族大迁徙"时代的佩剑，参观者不仅可以观看玻璃展柜中的真剑，而且可以亲自佩带复刻剑。复刻剑逼近真实的触感、外观、重量在满足了参观者好奇心的同时，又能给予参观者穿越时空、身临其境的体验。在国内，故宫博物馆推出的"清明上河图3.0"高科技互动艺术展演融合了8K超高清数字互动技术、4D动感影像等技术，将静止的《清明上河图》变得"流动"，模糊的细节变得清晰，构筑出真人与虚拟交织在画中的沉浸体验。

云南实践：主要是针对一些世界自然遗产、世界地质公园等类型的景区，如三江并流保护区，可以在重要节点城市（丽江、六库、香格里拉）等地打造一个集自然保护、自然教育、地质旅游于一体三江并流数字展示馆。再如澄江化石地博物馆，其建成后将成为连接世界自然遗产国家地质公园和国际旅游景点主题乐园的关键通道，集收藏、研究、展示、教育为一体，突出展示亚洲唯一的、被国际科学界誉为"古生物圣地"的澄江动物化石群独特性；同时澄江县还积极与高等院校合作，以澄江化石为基础，融合绝版木刻、玉溪窑和铜、陶、刺绣等民族民间传统工艺，以时尚的眼光、艺术的品位，创作设计了6个系列共49个品种的化石文化创意产品，把澄江化石微小的个体形象，变成身边触手可及的文化符号。

（3）"改造型"活化融合。适用于价值相对一般、保存较好的物质文化遗产。该类物质文化遗产无法作为纯粹的、具有强烈吸引力的旅游吸引物，可结合本体情况和现实需要开辟成为外来游客体验物质文化遗产的旅游服务配套设施或文化性场所，如民宿、咖啡厅、旅游产品商铺、博物馆、地标书店等以延续其服务社会的能力与自身生命力。

国内外成功案例：2017 年被列为世界文化遗产的鼓浪屿国际历史社区就结合本土文化、华侨文化与游客需要，根据岛上的建筑特点、环境条件对部分历史建筑进行改造，如女传教士楼成为富有社区文化特色的喜林阁家庭旅馆、汇丰银行公馆成为观赏鼓浪屿和鹭江景色的咖啡馆、八卦楼作为风琴博物馆等。意大利的马泰拉是世界上最古老的城市之一，拥有约 300 座可居住洞穴和 150 座石头教堂，政府将居住在洞穴中的居民迁到新城区。政府、欧盟、联合国教科文组织的联手在保持石窟遗址面貌的前提下重新为其建设了雨水蓄积、生活用水等系统，同时将部分石窟改造成酒店、餐厅、咖啡馆等。

云南实践：昆明老街这一自清明时期就熙熙攘攘的街区，历经 1000 多年的沧桑变迁，街区内存留了 112 处清末和民国时期的文物建筑及各种风貌建筑，是昆明市仅剩的成片保持完整的历史风貌街区。自 2007 年起开启老街片区风貌恢复与建筑修缮工作，坚持使用原材料、原工艺，最大限度地还原原样式、原结构。同时，延续了老街传统文化风貌中最典型的市井商业文化，保留住了部分价值较高的老商户，引进新商户，将历史与商业完美融合。

（4）"创意型"活化融合。通过结合现代创意技术，深度挖掘物质遗产的文化价值，开发出将历史与现代审美完美融合、能凸显物质遗产文化且具有传播力的创意旅游周边产品，打破游客对"旅游周边＝粗制滥造"的固有印象，借助旅游文创周边达到游客"身还远，心已近"和"身已远，心未离"的效果。

国内成功案例：故宫文创则是最好的佐证，具备"元素性、故事性、传承性"的产品充分体现了皇家生活的点滴，拉近了故宫"高冷藏品"与平民百姓间的距离，增加了游客的满意度与重游意愿，同时激发了更多普通民众对故宫的好奇与喜爱从而成为潜在游客。

云南实践：昆明市 M60 文化创意园的前身是云南纺织集团昆明蓄电池厂，是一个见证了曾经工业辉煌的老旧厂房。M60 致力于打造一个极具云南民族特色的互动、体验文创园区，旨在保护和传承云南传统民族文化、传统民间手工技艺以及云南的非物质文化遗产资源。园区内 80% 的业态都与文创相关，召集了一大批陶艺、剪纸、刺绣、民族服饰、古琴、木刻、扎染、银器等非遗传承人及匠人。从陈旧厂房到文创新地标，既延续了厂房的生命又成了云南旅游文化传播的窗口和云南文创产业基地。

（5）活化型融合的重点——打造乌蒙山红色文化旅游区。深入挖掘乌蒙山红色旅游的文化内涵，开发以培育爱国主义、革命传统教育和增强文化自信为宗旨的旅游产品。充分发挥文艺作品、新闻等的传播作用，借助传统与新媒体进行大力宣传红军长征精神，吸引退伍老兵、各界爱国人士等的目光。广泛动员各级部门和社会各界共同参与，围绕红色遗迹、长征精神的旅游产品开发等不同方面进行探究和挖掘，使乌蒙山成为红色旅游文化精品，推动乌蒙山红色旅游高质量发展。

一是构建以昆明市的禄劝彝族苗族自治县、寻甸回族彝族自治县，昭通市的镇雄县、彝良县、威信县，曲靖市的会泽县为核心区的乌蒙山红军文化旅游区。二是打造乌蒙磅礴红色旅游线，让红色旅游成为弘扬民族精神的文化工程。三是创新表达形式，打造富有良好体验感的乌蒙山红色文化旅游。四是树立乌蒙红色文化旅游全域发展观，营造浓郁红色文化氛围。五是处理好开发与保护的关系，在与自然和谐的基础上共同打造乌蒙山红色旅游新高地。

2. 保护型融合

以文化线路和特色文化为保护对象，通过对文化的保护和旅的开发利用实现文旅融合。通过对线路和特色文化的开发促进区域旅游合作。

（1）文化线路的保护融合。目前，云南境内有两条知名文化线路：茶马古道和滇越铁路。前者缘起唐宋时期的"茶马互市"。在高寒地带的藏族人需要靠喝茶分解摄入的过多动物脂肪，在内地的民间役使、军队需要大量的骡马。然而，地处高寒地带的藏区不产茶，川滇及内地产茶；内地的骡马供不应求，藏、川、滇的骡马、毛皮等丰盛。于是，"茶马互市"应运而生，各式货物在横断山区的高山深谷南来北往，并随着社会经济的发展日趋繁荣，形成延续至今的茶马古道。它主要有三条线路：青藏线、川藏线、滇藏线。其中涉及云南境的滇藏线南起滇茶主产区西双版纳、普洱，中间经过大理、丽江、香格里拉进藏，直达拉萨或者从西藏转向印度、尼泊尔。该线路不仅是一条贸易通道，而且是滇、藏古代文明传播和交流的重要通道，具有极高的历史价值。后者起点为云南昆明，终点为越南海防。云南境内线路下段由河口经过蒙自市碧色寨至开远，中段由开远沿南盘江北上，经过华宁县盘溪至宜良，上段由宜良经呈贡抵昆明。修建于法国入侵云南，试图通过修建铁路掠夺云南丰富的矿产资源的背景之下。基于云南省内的现实情况，对文化线路进行保护型融合可从以下方面入手：

①联合申报。成功申报世界文化遗产无疑是提升旅游资源级别的一条有效路径。文化线路跨界连省、连国的自然属性可促使地区联合申报世界文化遗产，打破遗产单体难以入选名录的困境。2013年年底，云南、四川、西藏三省区申报中国茶马古道世界文化遗产首次联席会议上呼吁尽快形成三省区利益相关的共同行动纲领。切实加强三省区联动，不断推进中国茶马古道申报世界文化线路遗产进程。通过合作申遗，三省区对茶马古道进行联动开发，可以更好地保护茶马古道丰富独特的历史文化遗产，将极大地促进区域内旅游、文化、生态产业的发展，最终构建成一条世界级的黄金旅游线路，打造成全球著名的旅游品牌。同时，联合申报还能为原本默默无闻的部分遗产属地（如四川）争取主动地位，推动属地遗产相关部门给予遗产更多的关注、保护和开发，摆脱形象屏蔽，提高知名度，增强旅游吸引力。

②保持共生。文化线路来源于不同国家和地区间的交流和对话，线路中必定蕴含着不同民族文化的碰撞，也蕴含着不同时期文化的对冲等。保持共生，即维持矛盾对立下共存共赢的状态。当一种文化吞噬另一种文化，会导致文化线路丧失多元性，趋于同质化，从而文化线路也失去了存在的必要。滇越铁路上的特级车站——碧色寨，曾是该线路上的重要枢纽，国外商人蜂拥而至，修建了一批有着浓厚法式风情的建筑。当第一列火车驶入碧色寨时，西方文化也随之进入这个相对原始的彝族村落。至今，碧色寨中"法国黄"建筑与少数民族依然存在，两个国度不同的文化在同一片土地上和谐共生，成了吸引游客的一大亮点。

③整体保护。文化线路上任何单体文化遗产的身份和地位都难以覆盖整体线路对文化多样性的展示和其整体文化价值，只有通过对文化线路进行整体保护才具有整体旅游开发的价值，将线路中某个单体独立出来进行保护是对珍贵文化财富群的巨大浪费。整体保护相较于单体保护，保护客体的范围大大增加意味着保护行动主体也会更复杂，不仅需要文化线路沿线各政府的主导、企业的参与，更需要民众助力，因为民众是保护历史记忆与进行文化传承的活的载体。在复杂庞大的主体中树立起"整体保护"的理念，有助于规避各种问题，大到个别政府不作为；保护经费不足，专业人员匮乏；小到沿线古镇居民不遵循原有建筑风格翻修房屋，破坏古镇风貌等。

④整体开发。整体开发要求文化线路沿线各遗产保护、旅游开发部门协作在线路大主题的指导下进行线路的整体旅游规划开发，有助于对线路的宏观把控。在这种合作模式下，线路上不至于出现背离原生文化的主题来打破游客的沉浸式体验。同时，还能在前期解决掉旅游发展中可能出现的产权、保护范围界定等问题。2010 年我国文化遗产保护领域首次就茶马古道保护推出的纲领性文件《茶马古道文化遗产保护普洱共识》中决定：建立茶马古道沿线政府间协调机制，确立统一的保护战略、行动原则，协商解决茶马古道保护与管理中的重大问题。改变茶马古道"保护管理无人过问，开发利用各自为政"的局面。

⑤分层管理。过去管理遗产单体的方法难以适用于文化线路这一遗产联合体，所以根据文化线路的规模（大、中、小型）及跨界情况，分层设立管理单位。

（2）打造特色文化旅游区促进文化旅游实现保护型融合。

①打造高黎贡山生态文化旅游区。高黎贡山共有高等植物 5726 种、特有植物有 434 种、有脊椎动物 928 种。此外，高黎贡山两侧分布有汉、傣、傈僳、景颇、怒等共 12 种世居民族约 70.58 万人，是佛教、基督教、伊斯兰教、道教、儒家文化等多种宗教及原始崇拜之地，因此高黎贡山又被誉为"文化之山""人类的双面书架""世界物种基因库""自然博物馆""世界雉鹊类的乐园""大地的缝合线""中国白眉长臂猿之乡"等。打造高黎贡山生态文化旅游区既可以强化保山市和怒江州的合作，又可保护高黎贡山独特的生态文化，形成云南文旅融合的新亮点。

②打造哀牢山—无量山民族文化旅游区。独具特色的民族文化旅游也越来越具吸引力。云南省少数民族众多，"哀牢山—无量山"（以下简称"两山"）区域的民族文化旅游资源丰富多样，特色鲜明，挖掘其资源优势并进行保护性开发，将有利于"两山"的经济、政治、文化、社会、生态文明等"五位一体"建设，推动民族地区的发展，实现脱贫攻坚战的战略目标。

（六）当代文化与旅游的融合：创意型融合、重组型融合、延伸型融合

当代文化与旅游的融合涉及电影、表演艺术、设计、时尚、新媒体等。其融合模式有创意型融合、重组型融合、延伸型融合。

1. 创意型融合

指通过创意设计将文化与旅游结合起来，形成新的文化创意产业，促进旅游业发展。通过利用技术、人才或技能来创造有意义的无形文化产品、创意内容或者经验，将生产者、消费者和地方联系起来。挖掘云南文学作品、影视、演艺等因素，打造文化旅游 IP。现阶段云南省创意型融合旅游产品应重点打造旅游演艺、夜游经济、虚拟旅游和低空旅游。

旅游演艺是一种面向本地居民和异地游客，通过依托一定文化或自然资源，以本地演出或者异地巡演方式，在旅游目的地或旅游城市展现的综合性表演活动。云南省发展旅游演艺需要民族文化与科技并举，深入研究云南地方民风民俗、历史背景、文化资源等，提炼地方特有文化元素，设计旅游演艺文化主题，丰富旅游演艺文化内涵，借助 VR、AR 等现代科技手段，优化作品表现形式，为游客提供具有文化深度和视觉震撼感的演艺作品。综合运用旅行社线路、强势媒体广告投放、节庆活动、热门影视综艺、新媒体营销等多种手段，提高旅游演艺知名度与认可度。

夜游经济并不是单纯地依靠灯光点亮城市，最重要的是要达到延长旅游产业链，从而使游客与商家达到双赢。云南省发展夜游经济应由政府主导，通过精心策划将重点城市重点区域夜晚点亮，体现城市文化的同时增加旅游消费、夜间消费，从而促进城市经济发展。因此可充分利用昆明夜间环境格局特征，逐步形成以"夜景、夜演、夜宴、夜购、夜娱、夜宿"为主要内容的夜间旅游产品体系，如鼓励夜间集市发展，提升综合体休闲娱乐功能，依托各民族独特的餐饮文化、烹饪技艺和方法，如彝族风味、白族风味、傣族风味等特色美食，开展"夜食昆明"，亮点城市、打造灯光艺术，深挖文旅资源，打造夜间文化盛宴和夜间演艺品牌。注重引入云南特色的彝族火把节、傣族泼水节、景颇族目瑙纵歌节等少数民族节事元素，进行夜游市场细分，实现夜景、夜演、夜宴、夜购、夜娱、夜宿各夜游业态的相互联动。同时政府还应充分意识到将昆明市区及周边重要线路的公共交通服务延长一定的时间，这将会对外地甚至本市市民夜间出游起到很大程度的促进作用。

云南省可以借一部手机游平台逐步推广虚拟旅游。虚拟旅游是充分利用网络信息技术，模拟现实旅游景观，令人足不出户即可身临其境，饱览天下奇景名胜。首先在景点开发方面，可以预先设计出多组适用的虚拟实景方案，并投放网络，由旅游者自主选择他们所感兴趣和喜爱的虚拟景点。景区负责人可根据旅游者的投票与建议，选定最终实施方案及预算实施经费，以最低的风险获得最大的效益。其次建立虚拟旅游线路选择系统，使旅游者能够在概览全景的前提下自主选择旅游线路。景区应开发提供多种类型、符合不同层次旅游者需求的游览线路，并在虚拟景点标注距离长度及预计游览时间，为旅游者的个性线路选择提供参考。最后虚拟旅游系统可设置导游讲解员、沿街商贩、住宿旅店老板、游客等系统虚拟角色和在线客服，增强旅游者虚拟旅游体验的现实感与带入感。旅游者花费极少的费用雇用虚拟导游，虚拟导游将按照电脑预定程序，进行简单的沿途讲解。

低空旅游，指的是能够借助通用航空器，在高度 1000 米下开展的休闲、观光、娱乐及商务等各种形式的旅游活动。云南各地要充分挖掘并发挥区域内的森林、山川、湖泊、建筑、生态等特色旅游资源优势，特别是在自然环境复杂、交通不便利、地域范围广阔、景点相对分散的旅游区域，采用直升机、水上飞机、热气球、滑翔伞、动力伞、雪橇飞机、固定翼初级飞机等低空飞行器开发空中游览、航空运动、飞行体验等多种形式的低空飞行旅游产品，构建"空中观光＋静态观摩＋飞行体验＋教育培训＋休闲娱乐"的低空旅游产品体系。同时由于低空旅游的依托资源多为不可再生的景观资源，因此在项目开发过程中要秉承可持续发展的理念，正确把握开发限度，高效保证安全运行，避免低水平重复建设与不必要的资源浪费，最大限度地保护自然生态环境与景观完整，防止发生破坏自然生态环境和自然景观、干扰正常的景区游览和群众生产生活等情况。

2. 重组型融合

重组型融合指打破原有的旅游和文化产业界限，将旅游产业和文化产业重组构成新的产业链。云南省应创新文旅商品生产形式，鼓励跨界合作、合作共赢，实现文旅资源的重组型融合。现阶段云南省创意型融合旅游产品应重点打造研学旅游、博物馆旅游等。

研学旅行是教育活动和旅游体验相结合产生的一种"寓教于游"的新兴游学形式。云南省政府作为宏观的调动者，应出台政策鼓励建立专门的"云南省研学旅游网站"，积极开展网络营销、微博和微信及微视频营销，加大对研学旅游的宣传力度，加大对宣传的资金投入，将宣传的线路尽可能详细、细致地展现，在视觉上、内容上、经历上和学员反馈上做好全方位的包装与呈现。旅游企业可以联合校园网、教育机构设立"研学旅游问询及产品咨询中心"，以提高研学旅游产品的曝光率。与此同时，政府需要配套相应的资金扶持、税收减免、免费培训交流等优惠政策，鼓励研学旅游机构提供高质量的研学旅行产品，并对消费者实行包价优惠等政策，鼓励受众参与研学旅行。

博物馆旅游是以博物馆为载体的旅游活动方式。云南省各州市甚至县城都建设了具有地方特色的博物馆，如昆明市云南铁路博物馆、楚雄元谋人博物馆、玉龙雪山冰川博物馆、大理摄影博物馆等，发展博物馆旅游应将互联网、物联网、大数据、虚拟现实、人工智能等科技手段充分融入博物馆标识系统、解说系统、保护与开发当中，丰富博物馆的陈列展示、服务管理、开发利用方式。云南省各地的博物馆应立足自身实际，结合市场需求，将少数民族文化元素充分融入博物馆纪念品和创意产品当中，打造极具博物馆自身特色的超级文化 IP，从而提升云南省博物馆的知名度和品牌影响力。同时云南各地的博物馆应积极开展各类文物、民俗、绘画、音乐等专业展览，适合借助丰富的藏品开展各类学术研讨会、学术座谈会、学术辩论会、历史专题报告会、文化旅游高峰论坛、文化旅游资源推介会等类型不同的会议论坛，邀请国内外知名的历史学家、艺术家、旅游学者、高校教师、相关社会团体组织成员等人员参加，加快形成"以展带会、以会促游"的展览（展示）、会议（论坛）、旅游（考察）相融合的发展模式，让云南博物馆旅游的产业链"长"起来。还可以在博物馆外围展馆建筑科学配置夜间景观灯，通过"夜间激光秀（灯光秀）""博物馆奇妙夜""博物馆狂欢夜""民俗歌舞展"等形式多样的夜间活动，让夜间漆黑的博物馆"亮"起来、"靓"起来，为游客观众打造别致体验的夜间"视听盛宴"。

3. 延伸型融合

延伸型融合指旅游业与文化产业互相延伸从而实现文化与旅游的交叉融合。现阶段云南省创意型融合旅游产品应重点打造红色旅游、康养旅游、房车旅游。

红色旅游主要是以中国共产党领导人民在革命和战争时期建树丰功伟绩所形成的纪念地、标志物为载体，以其所承载的革命历史、革命事迹和革命精神为内涵，组织接待旅游者开展缅怀学习、参观游览的主题性旅游活动。云南省红色旅游资源丰富，应重点打造威信（扎西）、寻甸柯渡、会泽水城、禄劝皎平渡、玉龙石鼓渡、元谋龙街渡、镇雄乌蒙回旋战、宣威来宾虎头山、香格里拉金江镇、昆明市"一二·一"四烈士墓、乌蒙山、祥云王家庄、彝良英雄故里、麻栗坡英雄老山圣地等红色文化旅游区，将红色文化旅游与爱国主义教育融合。在旅游观光基础上，通过红色文化旅游让游客"游中学""学中悟""悟中传承"使游客在身心放松的同时感受红色文化丰富的内涵，有效传承革命精神。将红色文化旅游与 VR 科技融合，围绕云南各地红色历史文化特色，建设游客 VR 体验区，最大限度地让游客在旅游过程中增加参与性、体验性。

康养旅游是通过养颜健体、营养膳食、修心养性、关爱环境等各种手段，使人在身体、心智和精神上都达到自然和谐的优良状态的各种旅游活动的总和。云南省应重点发展森林康养和中医药疗养旅游产品。森林康养旅游产品开发方面，云南省拥有得天独厚的气候条件，是天然的氧吧。应打造包括林地康养旅游、林中康养旅游以及空中森林游乐项目在内的立体化的森林康养模式。打造林地康养旅游产品，可以细化为林地漫步、森林负离子浴、游憩驿站、禅境木屋、山林营地等具体旅游项目；林中康养旅游产品应侧重于人文环境资源的开发，打造森林音乐厅、野趣体能训练营、绿荫荡舟等增益心智、强健体魄的项目；空中森林康养项目的主要功能在于带给游客挑战自我、突破自我的超越感体验，可以打造森林天路、高空树屋、森林溜索等项目。在中医药疗养旅游产品的开发方面，云南中医药、民族医药、生物保健等资源众多，在开发中医药健康旅游资源时，必须立足市场和特色，针对消费者个性化需求，进行市场的细分，开发适合不同受众的旅游产品。如针对老年人群体，开发慢性病养生保健旅游，适度结合太极拳、气功、药酒等项目；针对女性群体，突出中医减肥、药浴、美容整形等特色。同时还应大力推进中医药健康旅游与文化创意产业、养生康复产业、美容保健产业等相关产业的融合发展。注重开发中医药文化互动体验项目，让消费者充分体验中医体质辨识、针灸、推拿等治疗手段，品尝食疗药膳和中药保健茶，欣赏中药饮片炮制过程，从而提升消费者对中医药文化内涵的认识，增强中医药健康旅游的吸引力和影响力。

房车旅游是一种以房车为载体的新型旅游方式。云南省要大力推进房车营地建设，注重热点线路分布，选择人文风情、节庆特色、风光资源较好的目的地作为房车营地建设的示范区域，打造房车旅游精品线路。云南房车旅游需要房车租赁企业就房车游客群体进行专业、系统和耐心的服务，并通过线上线下活动加强房车知识和房车旅游咨询普及，加深客源群体对房车旅游的正确认知。此外，云南省还应依托全省 10 个国家级口岸和近 20 个省级口岸，通过中缅公路、昆洛公路、昆河公路，发挥优越的区位条件优势，抓住面向东南亚、南亚的跨国自驾游、边境风情自驾游新的发展机遇。

二、加快文旅融合的路径

（一）理顺体制机制，促进文旅产业深度融合

在充分发挥云南旖旎的自然风光优势的基础上，加大对人文旅游资源的开发，突出云南多民族文化的特色，努力提升云南旅游的文化内涵和文化品位，大力开发具有云南鲜明文化特色的旅游文化产品，不断增强云南文化旅游产业的吸引力，努力开创文化与旅游互促、互补、互兴的发展新格局。整合各方力量，打破部门分割、条块管理的格局，广泛调动各方面积极性，形成合力，共同做大做强文化旅游产业。建立相关政府职能部门之间、政府与企业之间的联动机制，及时协调解决两个产业协同发展中的重大问题，重点在两个产业的发展规划、产业投资项目、扶持政策、宣传推广和人才培养等方面进行协调，使之相互促进、彼此协调、综合配套。

（二）强化文旅领域供给侧结构性改革，营造促进新型市场主体成长的环境

深化文旅领域供给侧结构性改革，改变文化旅游生产者主体与消费者主体发展不均衡，特别是生产者市场化程度相对滞后的问题，培育能够自主经营，特别是能根据消费者需求提供产品的新型市场主体，推出文化旅游精品。坚持尊重文化和旅游的发展规律及客观差异，找准文化和旅游融合发展的切入点，因地制宜，注重文旅融合的效果；坚持市场导向、项目带动，以人民对文化和旅游的美好生活需要为导向，积极推进文旅产业市场化进程，培育壮大文旅企业，以项目带动文旅融合，增强市场核心吸引力和竞争力；坚持创新推动、特色化发展，挖掘文化内涵，促进旅游业由观光型、门票经济型向休闲度假、健

康养生等综合型转变，打造特色鲜明的文旅新产品和新业态，按照文旅产业资本密集型、资源密集型、文化密集型、人力密集型、创意密集型"五密"特征，实现各类资源的整合；① 建立一批文化主题鲜明、文化要素完善的特色旅游目的地，支持开发集文化创意、度假休闲、康体养生等主题于一体的文化旅游综合体，推出专题文化旅游线路和项目等，实现文旅产品整合；用好"文化+""旅游+""互联网+"等模式，实现开发方式的创新整合。

（三）破解城乡二元体制，培育乡村文化旅游主体

2019年"中央一号"文件指出：大力发展乡村休闲旅游产业，把振兴乡村放到实现中国梦的首要地位。云南省是我国生态最优美、文化最多彩、物种最丰富的区域之一。近年来，云南省依托各具特色的民族文化，结合乡村振兴战略的实施，开发了许多少数民族特色村寨、特色小镇、特色古村落，极大促进了边疆少数民族地区经济社会的发展。截至2018年，云南省共建成450个旅游特色村和民族特色村寨，乡村旅游蓬勃发展，像是大理周城村、腾冲和顺古镇、丽江束河古镇、普洱那柯里、临沧翁丁村等热门景点，来当地参观游览的旅客络绎不绝。②

但值得注意的是，云南旅游业的发展很不均衡，旅游产业结构单一，没有创新性，使得不同地区旅游的质量差别比较大，特色未能凸显。而旅游产品不足、交通不发达等问题也严重制约着乡村旅游业的发展，很多民族乡村的贫困现象仍未得到有效缓解，老百姓享受经济增长的成果较少，乡村经济、社会、文化发展进程缓慢。旅游业对农村经济快速发展和农村居民收入的提升具有不可替代的作用，只有将乡村文化的建设、保护和传承与乡村旅游产业化发展紧密结合起来，才能有效地实现乡村文旅融合发展的综合效益。因此，需要进一步深化农村体制改革，特别是完善各种旅游资源性制度，破除城乡二元结构体制，培育乡村文化旅游主体，这样才能在一定程度上带动农民增收、促进农村发展，最终实现城乡一体化发展。

---

① 明庆忠.文旅供给侧结构性改革：新需求、新问题、新应对 [N].中国民族报，2019-07-26（005）.

② 江仕敏.七彩田园风光正好——云南休闲农业及乡村旅游产业观察 [J].创造，2018（8）：56-59.

1. 实施合理有效的乡村旅游规划

乡村旅游依靠的是农村自身的田园风光和乡村文化、民族风俗等自然及人文资源，并在其基础上开发相关的田园风光游、农业体验游、休闲度假游、古村落民居体验游等。许多地区乡村旅游开发中存在着较为突出的注重经济利益而忽视乡村旅游文化建设的问题，由于缺乏整体规划和引导，造成许多乡村旅游低水平重复建设、浅层次开发，在短期经济效益的驱使下，不重视对乡村旅游文化特色内涵的准确把握和深度挖掘，对乡村传统文化进行过度包装、过度开发，使独具特色的乡土地域文化被商品化、庸俗化，一些与当地乡村风貌格格不入的建筑更是破坏了乡村景观的整体性，对当地原生态的自然风景和文化资源造成非常消极的影响。

针对这些现象和问题，政府要加强规划管理，统筹城乡旅游规划，以全域旅游的理念为指导，制订符合地方实际的规划方案。在对乡村文化旅游资源进行全面评估和市场调研的基础上开发出差异化的产品，走特色化路线，避免盲目无序开发，造成资源浪费。并且完善基础设施建设，从交通设施、网络设施、垃圾处理等方面加大改善，提高现有乡村旅游供给的农村效率。把乡村旅游规划与农村生态环境相结合，使旅游文化产业发展的同时能够更好地保护农村生态环境，实现农业资源可循环利用。另外，各级政府机构要加强对乡村旅游开发者的监控管理，既要设定严格的市场准入标准，又要对正在运行中的文旅项目进行实时检查，实施优胜劣汰，保证乡村旅游产品的质量。

2. 尊重农民的主体性地位

农民既是乡村文化的参与者和传承者，更是乡村文化的创造者。他们对于乡村的风俗习惯、生活方式、文化价值、遗产古迹有着更为强烈的情感认同。因此，在乡村旅游文化产业融合发展的过程中，应该以农民为核心，尊重农民在乡村旅游文化建设中的主体地位，在鼓励和支持农民在旅游经营和开发中弘扬自身文化特色的同时，充分调动和发挥当地农民保护乡村文化的积极性和自觉性。[①]

比如位于云南省红河哈尼族彝族自治州弥勒市西三镇的可邑村，近年来非

---

① 刘艾莉.休闲农业和乡村旅游发展存在的问题及对策——以河南省为例［J］.乡村科技，2020（20）：30-32.

常火爆，每天接待游客 2000~3000 人。那里有着宁静的山村、古朴的民风、好客的村民、精美的壁画，让人流连忘返。可邑村的村民都能歌善舞，而且还将上古时期刀耕火种、钻木取火、树叶避体、围火取暖等一些元素通过歌舞的形式表现出来，形成著名的彝族歌舞《阿细跳月》。当地的房屋也非常有特色，墙面都是统一的暖黄色，有的绘上了他们平常劳作的画面，或者阿细族所崇拜的图腾，有的墙上挂满了丰收的玉米棒及红辣椒，民族气息非常浓厚。作为云南省近年来发展乡村文化旅游的成功样本，可邑村依托当地原始的生态环境、古朴的民族风情，培育出生态游、民俗游、农业体验等，以当地农民为主体，带动农村发展农民增收，很多家庭年收入超过 2 万元，走出了一条乡村旅游脱贫之路，证明了乡村文旅融合发展在乡村振兴战略实施过程中大有可为。

3. 重视发挥各类型经营主体的作用，形成乡村旅游文化建设的合力

在乡村文化旅游融合发展的过程中，要大力培育像乡村旅游合作社这样的新型经营主体。云南景区应该按区域来发展，整个过程只靠单打独斗的当地居民来做的话，可能很难获益，所以要发挥集体经济的作用，通过一种组织形式作为载体，搭载企业与农民共同经营。比如成立公司或者合作社，每个村成立旅游合作社，每家每户都是合作社社员，企业出资，制定相应的发展规划，产生的经济效益按照比例进行分红，以此调动农民积极性，发挥集体经济效益。

解决这些问题不仅需要更大的勇气，而且需要更多的智慧，特别是要调动政府、社会、市场与民众等各方力量，群策群力才能破解体制性瓶颈，培育各类经营市场主体，形成建设合力。

推动乡村文化旅游主体变革，不断激发乡村文化旅游主体新潜能。积极放宽市场准入，鼓励国企、民企、跨界进入者、融合性新企业、本地管理者等多元化市场主体进入乡村文化旅游市场。深入挖掘本土乡村文化旅游特色，以弘扬本土文化为己任，用现代化的经营理念去解读独特的乡村文化，展现乡村文化旅游的魅力，努力塑造一批乡村文化旅游经典品牌，不断丰富和优化旅游产品供给，持续释放乡村文化旅游经济活力。

在开发和经营乡村文化旅游的过程中，鼓励、支持、引导乡村文化旅游民营企业的发展，并通过财政、税收、货币等手段，为民营企业投资旅游产业发展提供充沛的资金保障。鼓励跨界者将原行业在资金、技术、产业等方面的优势引入乡村文化旅游产业，通过文化创意、理念创新、资源转化等多种方式创新供给，鼓励文化企业和旅游企业相互投资，相互融合创新。鼓励各类型乡村文化旅游主体通过投资、并购等多种方式做大做强，吸纳社会资金投入到乡村旅游文化建设中，培育大型旅游集团，不断增强旅游市场上的竞争力，最大限度地提高乡村旅游资源配置效率，增强品牌竞争力。

（四）加大文旅人才培养力度，增强文旅产业行业竞争力

云南省作为我国旅游大省，依托于得天独厚的自然资源及民俗文化资源，旅游行业发展迅猛。在旅游市场蓬勃发展，收入不断增加的同时，对行业人才的需求量也越来越大。特别是在新时代背景下，旅游进入"文化与旅游融合，诗与远方并存"的时代，文化和旅游融合的繁荣发展对行业人才培养和供给提出了更高的要求，不仅仅从数量上满足行业对人才的需求，更必须从质量上把好关。

文化和旅游业高质量融合发展归根结底取决于人才，人才培养是其中关键动力和根本保障。云南省在大力推进文旅融合发展的同时，更需要重视人才的建设，培养出既懂文化又懂旅游，既有融合理念又有创新思维的高素质复合型人才，而人才的发展建设离不开良好的政策、法律、行业环境、教育环境和社会环境的支持。因此，在结合云南省旅游行业人才队伍现状的基础上，从政府、企业和教育三个层面对文旅融合时代人才的培养和建设提出了以下几点可行对策。

1. 政府层面

我国在人才队伍的培养和建设方面主要采用政府主导型，政府在人才培养政策和法律法规的监督体系中担当主要执行者，在优化行业环境及完善机构建设中担负首要责任，对文旅人才的教育、培养、引进和管理等方面担任重要角色。

首先，完善政府职能，加强文旅人才的政策法规建设。统筹规划云南文旅人才建设的整体发展战略，提高人力资源配置效率，完善政府管理职能，实现行业结构调整和业务板块优化；加大文旅人才投资力度，对重点领域人才的培养和任用提供政策支持，对高校、职业院校和培训机构提供资金支持；实施多元化的监督手段，建立社会广泛参与的监督方式，提升人才使用效率。

其次，协调政府、文旅企业、高校、职业院校和行业组织在人才培养中

的角色关系，推进人才培养过程中的"校企合作""官—产—学合作"等协同发展。

再次，规范旅游人才竞争秩序，针对部分行业进入门槛设定标准，提高文旅人才专业化、市场化水平。

最后，健全文旅人才就业信息发布制度，解决毕业生与用人单位就业信息不对称的问题，引导市场对人才的供需平衡，鼓励国际型、专业型文旅人才的引进。促进各类企事业单位通过市场自主择人，各类文旅人才自主择业，切实落实人才的福利保障等扶持政策。

2. 企业层面

针对目前云南省文旅人才队伍初级、中级人才充足，高级人才极度缺乏加之企业过于追求效益的增长和规模的扩大，而忽略了从业人员素质的提高等问题。首先，注重高素质文旅人才的引进。企业应积极引进青年文旅人才、海外高层次专业人才、专业技术人才及高级导游人才等，丰富员工结构。同时，将员工薪酬与学历、职称、技能、绩效等挂钩，完善薪酬制度体系以吸引人才。

其次，加强员工培训，提升员工整体素质。教育与培训是企业人才培养的主要途径，企业应加大对培训的投入，健全培训体系和保障机制，将培训与员工绩效相挂钩。通过内部培训与外部培训的方式，提高从业者的服务技能、业务素质和管理能力。企业可以培养专业的文旅讲师或者聘请专家学者定期进行专题讲座，或者与高校、专职院校、培训机构合作，培养一批综合素质强的理论与实践相结合的复合型人才，搭建一个更高的校企合作平台，鼓励员工不断地交流学习，不断提升自己的业务素质和管理能力。

最后，完善用人机制，留住文旅行业人才。为招聘和留住优秀的人才，企业可以通过多种方式与途径实施员工的职业生涯发展，包括提供内部劳动力市场信息、实施工作轮换、设立职业资源中心及潜能评价中心、接班人计划等，提供良好的晋升机制，为员工的职业发展通道搭建阶梯。另外，还可以实施优秀人才奖励制度，凡是在各个岗位有突出贡献或者提出有价值的合理化建议的优秀人才，都应给予相应的奖励。

3. 教育层面

新时期云南省文化与旅游业融合发展面临着良好的机遇，这就需要一大批专业化且具有国际视野的高素质复合型人才。作为高校和职业院校的旅游与文化产业管理专业，主要任务就是为社会培养合格的人才，满足行业需求。许多院校此类毕业生面临就业困难，而用人单位却又不容易找到满意的人才，经常抱怨学生专业素质较差、实践能力不强，导致企业培训成本高，这些问题都值得学校对现行教育进行反思。作为校方，面对新形势、新特点，应创新人才培养模式，深化教育改革，培养出符合时代需要的复合型人才，为文旅业的加速发展提供核心力量。

首先，深化教学改革，优化课程设置。一方面，各院校应围绕培养目标深化教学改革，充分重视理论与实践相结合的文旅人才培养模式。在课程设置上，加强对旅游与文化类专业课程的教学和实践实训课程的比重，不仅要为学生打下扎实的理论基础，更需要在实践过程中培养学生各方面的实操技能。另一方面，运用校企合作模式，以市场需求为导向，提供学生在企业实习的机会，并针对不同层次的学生安排不同的岗位，使学生在毕业前就能进入社会，适应文旅行业的工作。从长远看，校企合作模式有助于改善学生就业困难这一问题，同时还可以帮助企业获得源源不断的人才，使双方都能够达到可持续发展的目的。

其次，加强教育基础设施建设。云南省很多高校、职业院校都缺少与文旅专业相关的校内实践实训教学基地和教学硬件设施，学生在上实践实训课时由于场地限制和设备不足导致无法按规定完成专业技能的训练学习，并且这些课程对学生的吸引力也大大减弱。由于资金投入不够、场地受限等方面的原因造成实践教学质量大打折扣，与企业要求无法衔接。因此，不断加大学校文旅实践实训基地的建设、促进教育基础设施的完善对于提高教学质量、完善对文旅人才的教育具有长远意义。

最后，加强师资队伍建设。要想造就新时代的文旅专业人才，就必须打造优质的师资队伍。高校应依据师资现状和专业建设的需要，在引进国际化、专业化人才的同时，制定教师的培养规划。支持教师参与学历进修、学术研讨、课题研究等工作。不断提升教师队伍的学历层次和专业化水平，改善职称结构。同时鼓励教师参与专业培训，了解行业最新动态，全面提高教师的实践能力，以便更好地服务教学工作。

（五）实施"互联网+""文旅+"战略，实现跨界融合创新，推出高品质文旅产品

推进文旅产业与一二三产业融合发展，与大健康、农业等产业，金融、科技、生态、城市建设等要素深度融合，培育经济新的增长点、提升文化软实力和产业竞争力。依托云南独特的气候和生物多样性等优势，推动文旅产业与养生养老相结合，开发一批康体养生项目和生态休闲度假基地，鼓励发展居住养生、游乐养生、文化养生、医疗养生、美食养生、运动养生、生态养生等，不断丰富养生体验的内容和形式，围绕云南"健康生活目的地"的发展定位，打造从养生养老地产、养生产品及设施到养生服务体系的候鸟式养生产业链，抢占中国大健康发展领域的制高点；深入挖掘云南高原农业资源，将农耕文化观光体验、民情民俗、民间艺术、传统手工、传统村落融入农业生产，整合旅游观光、文化、创意、艺术与农业资源，加大农村生产、生活、生态资源的创新利用，推进文化旅游小镇、休闲农庄、智慧农业、农业文化遗产和民俗节庆等独特内容与科技、文化创意结合，加强农业景观、农业节庆、农业主题公园、农产品创意设计，建设融创意农业、生态景观、乡土风情、休闲度假、文化娱乐、科普教育和农事体验于一体的新型创意农业旅游体系；研发特色产业型、生态观光型、文化提升型、休闲体验型等创意产品，加强农产品创意设计，强强联合，创新文旅产品，并利用互联网技术创新营销，打造网红产品；加快下一代互联网、大数据、物联网、空间地理信息等技术在文旅产业发展领域的应用，推广"文旅+互联网"模式。推进文旅产业对创新技术的应用，争取使文旅产品生产和服务手段的技术含量显著提高；推动演艺、娱乐、文博等设施设备数字化；发展特效电影、实景演出、全息展览，提升文化生产效率和服务体验。嫁接文旅产业与电商、物流体系，构建物联网化的文化要素平台，促进信息交换和产品流通。

（六）引导社会资本投资文旅项目

统筹文化产业和旅游产业项目扶持资金，把重大项目建设作为融合发展的重要抓手，按照"提升实施一批、论证一批、规划一批、储备一批"要求，建立文旅产业重点项目、特色项目库，建立和完善项目联动推进机制，及时协调解决项目建设中遇到的困难和问题，强化全程跟踪协调服务。

积极参加国家和区域性重大文旅产业招商引资活动；结合当前文旅产业发展导向与发展重点，绘制主导产业清晰、产业链清晰、招商目标清晰的产业招商地图，开展"一对一"招商和"点对点"对接；采用"文化旅游＋投资基金""文化旅游＋产业园区"等合力运作模式，着力招引一批产业带动强、投资体量大、代表产业发展方向的优质大项目，促进产业能级的大提升；深入系统研究文旅产业投资的新特点、投资新领域，积极承接东部产业转移，以长三角、珠三角、环渤海区域为招商重点，加大招商力度，创新招商模式，促成招商引资企业注册和税收"双落地"。

（七）创新营销方式

互联网时代的本质是创造连接，即人与人的连接、人与事物的连接。随着互联网时代的发展，网民的自主意识不断增强，从单方面被动接受大量信息到积极主动发布信息，从而推动了短视频、直播等自媒体潮流。2016 年 9 月上线的"抖音"成为各大景区景点营销的利器，也成为继微博、微信之后营销发展的下一个趋势。"抖音"这一多元化的短视频制作与传播网络平台，凭借制作简单、门槛低、传播范围广、趣味性强、参与度高、浏览速度快等特点，逐渐受到用户和平台的青睐，尤其是"90 后""00 后""新一代"年轻人的喜爱，比起文字和图片，他们更容易接受短视频这种娱乐化的呈现方式。而未来这批"新一代"群体将成为旅游新兴消费市场的主力军，迎合年轻消费者的喜好是未来营销发展的必然趋势。

1. 抖音营销的优势与作用

抖音用户善于发掘城市的特色，从游客的视角切入，将一些独特的自然景观、人文风情、活动场景等采用轻松有趣的方式进行传播，有别于传统的城市旅游宣传片渲染的宏伟场景。通过 15 秒的个性化剪辑以及魔性背景音乐给大众带来了海量的优质原创内容和绝佳的感官体验。如今，各大平台都看准了短视频的发展前景，投入了更多的资金来支持短视频团队的发展。而云南作为文化旅游大省，拥有壮美多姿的自然风光，众多的名胜古迹，古朴浓郁的民族风情和令人敬仰的革命纪念地，更应将自媒体平台与旅游结合起来，借助短视频的宣传与推广，吸引潜在消费者。通过这一新型营销模式，大力推进云南省文旅产业的融合与发展。

2018 年抖音发布了"美好生活计划"（由"DOU"计划、"美好挑战"计划、社会责任计划三部分构成）。其中，与旅行有关的"DOU Travel"计划就是通过挖掘所在地的文化价值、旅游价值，利用富有城市标签的创意短视频吸引用户，从而推动当地旅游业的发展。首个与抖音合作的城市是西安，西安市旅发委与抖音短视频达成合作，双方计划基于抖音的全系产品，通过文化城市助推、定制城市主题挑战、抖音达人深度体验、抖音版城市短片来对西安进行全方位的包装推广，用短视频来向全球传播优秀传统文化和美好城市文化。[①] 计划实施后西安不仅成为"网红城市"（截至 2018 年年底，与西安相关的短视频累计点赞 12.1 亿次，西安大雁塔灯光秀成 2018 年西安最火短视频，累计播放 9404 万次），而线下游客量增加的幅度也非常可观，很多用户甚至因为看了抖音上的视频而专程去了趟西安。西安市旅发委与抖音的成功合作也为云南省旅游营销方式的创新提供了一定的借鉴与指导作用。

2019 年 4 月，由云南省迪庆州文化旅游局牵头，梅里雪山、普达措国家公园、虎跳峡、巴拉格宗等众多知名旅游景区联合在抖音短视频平台发起的"世界的香格里拉"全国抖音挑战赛。鼓励全国抖音用户走进藏区、感受藏区，发掘更多匿迹于藏区深处的精品文化元素并传播出去，从而全面引爆迪庆城市价值。可以预见，依托抖音短视频平台的超级流量传播优势，云南西北高原雪山深处的神秘之地香格里拉，将成为下一个全国"网红"地。更重要的是，凭借抖音短视频平台庞大的用户受众，迪庆在向世界展示自身丰富文化旅游资源及城市美好生活的同时，也将再度提升云南迪庆的国际知名度及城市影响力。

2. 以客户需求为导向的短视频营销

短视频营销不只局限于抖音这一个平台，在秒拍、一直播、小咖秀等平台上也可以制作推广与旅游相关的视频内容。短视频的出现丰富了新媒体原声广告的形式，是未来营销发展的一个主要趋势。这种从图片文字营销到视频营销的转型，增加了信息的承载量，因为视频画面的传播一定超过同类图文的信息量，而对消费者来说，在印象的留存上也更高一筹。

落实到旅游方面的短视频营销，也不仅仅是制作当地的美食美景视频，更

---

① 张文登. 短视频平台城市文化形象建构策略研究［D］. 杭州：浙江大学，2019.

可以结合大数据分析，寻找出具有不同价值观、不同心理偏好特征的客户群，锁定目标市场，将客户可能会感兴趣的内容推送给他们，甚至可以做到有针对性地对各类客户群采用不同的推广策略。利用大数据深度挖掘顾客需求，实现"精准营销"，当用户到达某一目的地时，将当地好玩的信息及时推送给用户，这些都是未来旅游营销发展的方向。

3. 打造网红文旅产品的持续吸引力

依靠网络热度和各种营销手段只能够做到短时期内抓住用户的眼球，争取到与用户见面的机会，而坚持后续开发才能留住游客甚至发挥口碑效应吸引更多的游客。因此，对于云南省当下文化旅游产业发展新阶段的战略定位，不应再单纯追求旅游人数的急剧增长，而是要全方位满足消费者的需求，带来更优质的旅游体验。

一方面要充分发挥和有效利用创新营销带来的"网红"效应，要以全域旅游为导向，进行文化旅游品牌形象设计、产品及要素包装以及目的地整体氛围的塑造，把休闲旅游、遗产旅游、红色旅游等主题结合起来，打造文化旅游网红品牌；另一方面更要不断完善旅游目的地配套设施，不断提升服务品质，加强监管，提供全面的信息服务，实现游客打分、推荐等互动式操作，将"网红"带来的流量转化为持续发展的动力。

下篇

实践案例篇

第六章　打造滇西抗战文化旅游
精品研究

2019 年 8 月，国务院办公厅印发《关于进一步激发文化和旅游消费潜力的意见》，要求顺应文化和旅游消费提质转型升级新趋势，促使各地进一步丰富文化和旅游产品的供给方式。滇西抗战遗址遗迹是云南得天独厚的文化旅游资源，具有重要的国际影响力，打造滇西抗战文化旅游精品，有助于提升云南文化旅游产品供给的质量和水平，满足消费者对文化旅游产品的新需求。

一、打造滇西抗战文化旅游精品的重要意义

第一，打造滇西抗战文化旅游精品具有重要的国家意义和世界意义。滇西抗战遗址具有国际级的影响力，其中，松山战役遗址、畹町桥、滇缅公路、驼峰航线等均是第二次世界大战国际反法西斯战场重要的标志性遗迹，是中国远征军后裔凭吊先烈的重要场所。打造滇西抗战文化旅游精品有助于进一步弘扬爱国主义和国际主义精神，吸引抗战老兵、盟军老兵、东南亚华侨机工及其后裔的关注，吸引全世界人们聚焦滇西抗战文化，进一步推动云南文化旅游走向世界。

第二，打造滇西抗战文化旅游精品是推进云南成为面向南亚东南亚文旅辐射中心的重要举措。滇缅公路在东南亚地区具有较强的影响力和知名度。打造滇西抗战文化旅游精品，进一步挖掘滇西抗战的历史价值及其当代意义，发挥云南与东南亚国家"民心相通、道路畅通"的优势，在文旅领域加强合作、扩大影响，可以进一步推进云南面向南亚东南亚文旅辐射中心的建设落到实处。

第三，打造滇西抗战文化旅游精品是从供给侧丰富文化旅游产品内容和延长价值链的重要方式。利用滇西抗战丰富的遗址遗迹资源，科学开发遗迹旅游、研学旅游、博物馆旅游、沉浸式体验旅游等旅游业态，可以丰富文化旅游产品的内容，结合现代声光电技术和高质量规划、高水平创意，围绕"吃、住、行、游、购、娱"旅游产品价值链开发抗战文化旅游系列产品，可以提升云南文化旅游产品供给的质量和水平。

第四，打造滇西抗战文化旅游精品是加快云南文化旅游融合的重要抓手。推进抗战文化与旅游有机结合，强化基础设施建设，推动形成以滇缅公路为核心线路，覆盖著名抗战遗址遗迹，连接保山、怒江、德宏、大理、昆明五个州市的抗战文化旅游区，有助于形成区域联动发展、客源互送、资源共享的抗战文化旅游协调发展机制，将资源优势转化为区域发展优势。

第五，打造滇西抗战文化旅游精品是大滇西旅游环线的重要组成部分。打造滇西抗战文化旅游精品可作为大滇西旅游环线的重要组成部分，使大滇西旅游环线区域的社会效应和滇西抗战文化的国际效应相互叠加，共同推进，把大滇西旅游环线和滇西抗战文化旅游区打造成为云南文化旅游精品。

二、打造滇西抗战文化旅游精品具有厚重的历史文化基础

滇西抗战遗址遗迹主要分布在保山市、德宏州、怒江州、大理州和昆明市，分布广、类型多，遗存遗址遗物文物价值高，为打造滇西抗战文化旅游精品奠定了重要的历史文化基础。

第一，保山全市范围内共有不可移动抗战遗址遗迹 98 项，其中隆阳区 35 项、施甸县 26 项、腾冲市 21 项、龙陵县 13 项、昌宁县 3 项。可移动抗战文物收藏单位 9 家，文物数量为 3784 件（套）。根据分布和性质的不同，保山滇西抗战文物资源大致可分为 7 个类型：一是滇缅、中印公路交通遗存。主要有隆阳瓦窑功果桥、龙陵腊勐惠通桥和腾冲猴桥尖高山中印公路旧址等。二是中国远征军驻军遗址遗迹。主要有隆阳板桥马王屯（远征军长官部旧址）、光尊寺（远征军大反攻作战会议会址）、金鸡文昌宫（保山军民抗敌动员大会会址）、瓦房上寨第 20 集团军总部旧址等。三是中国远征军怒江江防阵地遗址。重要遗址分别位于隆阳瓦马孙足河口、芒宽勐古渡口、百花渡口等地的数十处

远征军江防工事群和位于施甸等子大山头的远征军炮兵阵地等。四是日军侵华罪证设施遗址。主要包括董家沟日军慰安所旧址、东卡日军碉堡、松山大垭口日军慰安所旧址等。五是地方民众敌后抗日活动旧址。典型遗址有界头三元宫（远征军游击队驻地旧址）、龙陵象达张家坡头龙潞游击队司令部兼抗日县政府驻地旧址等。六是中国远征军大反攻作战遗址。重要遗址有高黎贡山灰坡—北斋公房垭口抗日战场、高黎贡山大塘子—南斋公房垭口抗日战场、龙陵松山抗日战场、腾冲城区及周边地区抗日战场等。七是战后纪念设施。重要的设施有保山易罗池滇西抗战纪念碑、保山华侨中学罹难同学纪念墓、隆阳板桥光尊寺远征中学校址，腾冲城区抗日国殇墓园、198 师抗日阵亡将士纪念塔、界头石墙归化寺抗日战士冢，龙陵城区龙陵抗战纪念馆、龙陵抗战纪念碑和松山103 师抗战阵亡将士公墓碑等。①

　　第二，德宏畹町是边关名镇，红色旅游资源富集，具有鲜明的地域特色。"二战"时期，全国抗战物资近一半经畹町运往前线，为反法西斯战争东方战场取得胜利做出了重大贡献。畹町是南洋华侨机工回国抗战历史的亲历者、见证者、纪念者，建设有南洋华侨机工回国抗战纪念馆。1956 年 12 月 15 日，周恩来总理与缅甸吴巴瑞总理从畹町桥步行入境，这是周总理外交生涯中唯一一次步行回国，此次外交活动，打破了西方国家对新中国的国际封锁，具有十分重要的纪念意义。

　　第三，怒江州片马怒江驼峰航线纪念馆是国内目前唯一陈列驼峰坠机残骸珍贵文物，并辅之以翔实图片资料全面反映中美两国人民共同抗击日本法西斯、纪念在驼峰航线上英勇牺牲的中美飞行员这段惨烈历史的展览馆。坠落在泸水境内高黎贡山山脉的 C-53 运输机，是目前遗留在地面上最完整的飞机残骸。

　　第四，大理祥云县云南驿在抗战期间是中缅战区的重要军事基地和物资中转站，成为关系中国抗战成败的咽喉要地，举世闻名的滇缅公路由此通过。云南驿机场是著名的驼峰航线的航空转运站和重要的支撑点。战后的云南驿是盟军老兵及其后人经常回访的故地。

　　第五，昆明是云南抗战的"六大中心"，即军事作战中心、交通运输中心、

① 资料来源：保山市人民政府门户网站。

军工生产中心、教育科研中心、抗战文化中心、后方经济中心，也保留了大量的抗战遗址遗迹，其中，在昆明圆通动物园内的滇西抗战阵亡将士纪念碑遗址，全称为"陆军第八军滇西战役阵亡将士纪念碑"遗址。

以上珍贵历史遗址、遗迹、遗物串珠成线，连线成区，承载历史，弘扬文化，寄托爱国主义情怀，是不可多得的有待发掘的精品文化旅游载体。

三、打造滇西抗战文化旅游精品的对策

打造滇西抗战文化旅游精品，要强化顶层设计，高标准规划、高质量修复，提升文化旅游供给质量和水平。

（一）充分展示滇西抗战文化风采，打造云南文化旅游新名片

积极构建以保山腾冲、龙陵为核心区，怒江、德宏、大理为协同区，连接昆明的滇西抗战文化旅游精品。加强与缅甸、印度等相关国家的国际合作，连接境外中国远征军抗战遗迹文化旅游线路，把旅游与纪念、凭吊、公祭等文化活动结合起来，打造云南文化旅游产品的新名片。同时，广泛动员各级各部门和社会各界共同参与，从史学研究、文物保护、文艺创作、新闻宣传、文化创意、旅游开发等不同的领域和不同层次进行全方位的探索和挖掘，大力向外推出既有丰富内容又有浓郁地方文化特色的拳头产品，充分展示滇西抗战文化风采，推动云南文化旅游走向世界。

（二）高标准规划、高质量修复，打造云南文化旅游新高地

一是建议由省级主管部门牵头编制《滇西抗战文化精品旅游区规划》，高标准规划、高质量修复，并与大滇西旅游环线相关规划衔接，共同打造云南文化旅游新高地。二是继续做好流散民间的各类抗战遗物的抢救征集工作，进一步完善充实腾冲滇西抗战纪念馆、保山市博物馆、腾冲国殇墓园、龙陵抗日战争纪念馆、怒江州片马怒江驼峰航线纪念馆展览内容，依托抗战遗迹建设一批抗战纪念设施，进一步完善滇西抗战宣传陈展体系。三是开展滇西抗战纪念设施的修建工作，组织制定保山马王屯"中国远征军滇缅抗日纪念碑"、龙陵城区"龙陵抗日纪念碑"、松山大哑口"松山抗战纪念碑"、保山南关"滇缅公

路纪念碑"、保山机场"驼峰航运纪念碑"及腾冲"中印公路纪念碑"等抗战纪念设施的修建方案，并安排专项经费予以分步实施。四是设立"滇西抗战胜利纪念日"。积极争取国家有关部门批准，将 1 月 27 日中国远征军与驻印军在缅甸"芒友会师"，宣告滇西抗战告捷的日子定为"滇西抗战胜利纪念日"。在昆明、大理云南驿、保山腾冲、保山龙陵、德宏畹町、怒江片马等地轮流举行专题纪念活动，打造抗战文化新亮点。五是加大滇西抗战文化的影视宣传力度，邀请著名影视制作人加工创作一批有质量、上档次的电视专题片、影视剧作品在国家和省市电视台播放，加大滇西抗战文化的宣传力度。

（三）推动实施一批项目，提升云南文化旅游产品供给质量和水平

一是提升改造现有项目。保山腾冲市要进一步完善充实滇西抗战纪念馆、腾冲国殇墓园；保山龙陵县要重点改造提升松山抗战遗址基础设施，恢复攻防设施，增强游客体验感；加大怒江州片马驼峰航线纪念馆的改造提升，进一步收集整理有关资料充实展出内容，提高纪念馆展示效果。充分整合德宏州畹町桥、老兵村、中缅友好纪念馆、黑山门战斗遗址公园等旅游资源点以及游客中心、边关文化园、民国风情街等配套设施，打造具有边关特色的抗战文化旅游经典景区。

二是开发建设新项目。德宏州要开发英雄畹町经典旅游线路游，将现有南洋纪念馆、畹町桥、中缅友好纪念馆等重要节点资源串联起来，组成一条经典抗战文化旅游线路。开发畹町记忆怀旧游，新建抗战文化街区，让游客体验抗战期间的情景，将商旅文融合；提升改造边关文化园，重现边关文化胜景。提升改造老兵村，再现红色经典的真实生活场景，让游客体味历史深远的畹町记忆。保山市要引入社会资本打造松山抗战文化旅游小镇，建设连接松山抗战遗址和惠通桥观光缆车项目。怒江州可以打造片马抗战弩弓射击表演和体验文创项目，大理州可以引入社会资本开发云南驿驼峰航线体验飞行项目等。

三是打造区域互动项目。强化大理、保山、德宏、怒江、昆明五个州市的协调联动，以"重走滇缅公路"和"体验驼峰飞行"为主题开辟滇西抗战自驾车或低空飞行旅游线路。

（四）推动出版文化与旅游的融合，提供滇西抗战文化精品

建议专门成立云南省滇西抗战文化研究学会，整合史志、社科、文物、图书、档案、新闻、高校等相关单位的力量，编撰出版《滇西抗日英烈传》《滇西抗战文化论》《滇西抗日战争史稿》等学术专著，逐步建立健全云南省滇西抗战的学术研究体系，从学理层面弘扬滇西抗战文化，提供滇西抗战文化旅游精品。

（五）积极申报"滇缅公路世界文化遗产"项目，打造云南文化旅游新品牌

建议联合缅甸政府共同申报"滇缅公路世界文化遗产"项目。我国目前尚无一项抗战遗址遗迹被列为世界遗产，争取将滇西抗战文化重要的历史遗迹申报成为世界文化遗产，打造云南文化旅游新品牌。

（六）强化顶层设计，构建区域协作机制保障

建议建立打造滇西抗战文化旅游精品协作机制，一是省级有关部门牵头，有关州市落实加大对抗战遗址遗迹的管护力度。二是统一制作抗战遗址遗迹标志碑，各州市界定法定保护和利用区域加以保护。三是各州市有关部门要充分挖掘抗战文化资源，收集、整理抗战文物和史料，不断推进抗战文物和事迹史料得到有效保护。

（七）加大政策支持，推进基础设施建设

一是积极将抗战遗址遗迹保护经费列入省级财政预算，并逐年加大投入比例，进行遗址遗迹的维护和管理。二是重点考虑旅游交通条件改善的具体措施，推进重点遗址遗迹的互联互通。三是增加抗战文物征集经费，加大对文物的征集力度，防止文物流失，丰富各地抗战纪念馆展示内容。四是拓宽融资渠道，按照"谁投资、谁使用，谁受益"原则，找准保护和利用平衡点，允许社会其他主体包括产权单位、企业和个人参与抗战遗迹故（旧）居保护利用工作，多渠道筹集修缮、搬迁、改扩建的资金，使抗战遗址遗迹得到更好的保护和利用。

第七章　打造茶马古道文化旅游精品走廊研究

云南茶马古道作为国家"一带一路"倡议中南方丝绸之路的重要组成部分，已引起国家有关部门的高度重视。茶马古道先后被列为《国家文物博物馆事业发展"十二五"规划》4条文化线路之一和第七批全国重点文物保护单位；2019年1月，文化和旅游部、国务院扶贫办对云南"滇藏茶马古道寻踪线"进行了重点推介。在茶马古道品牌效应已经显现的情况下，云南可顺势而为，在传承丝路精神、创新茶马古道品牌内涵的前提下，通过创新策划、更新业态，采用新技术提升改造传统项目，打造贯穿茶马古道沿线9个州市和22个县区的文化旅游精品走廊，促进云南文旅产业协同发展。

一、打造茶马古道文化旅游精品走廊的必要性

（一）促进新时代云南文旅融合

云南茶马古道主干线有两条，一条为滇藏茶马主干线：西双版纳—普洱—景东—大理—丽江—香格里拉—德钦—西藏；一条为滇南官马大道：西双版纳—普洱—墨江—玉溪—昆明—曲靖—昭通—出省转运北京（见图7-1），涉及9个州市22个县区。打造茶马古道文化旅游精品走廊，通过创新思维方式、更新产业业态，用新技术提升改造现有项目，可以将茶马古道沿线的文化资源旅游化、旅游资源文化化，并与大滇西旅游环线相呼应，形成"一环一廊"的文旅新格局，促进全省文化旅游产业可持续发展。

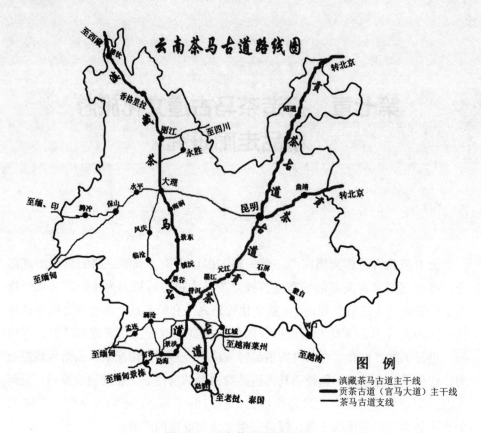

图 7-1　云南茶马古道线路

（二）扭转云南"茶马古道"有品牌无精品的不利局面

茶马古道沿线是云南省高品位旅游资源最为富集的区域，如"三江并流"世界自然遗产、中国纬度最低的明永冰川、华泉奇观白水台、长江第一湾等均为世界级旅游品牌。该区域也是世界上生物资源多样性与民族文化多元性保持较完整的地区，宗教文化丰富多样，历史文化底蕴深厚、文化内涵极为丰富，在国内外已经具有一定知名度，品牌效应初显。目前茶马古道沿线有旅游产品，无旅游精品，且没有进入云南省几大核心旅游线路范畴，是对现有品牌价值资源的巨大浪费。依托丰富的茶马古道文化内涵与外延资源，开发系列茶马古道景区景点，可以创新茶马古道品牌内涵，打造一条具有国际影响力的文化遗产线路旅游精品走廊。

（三）推动茶马古道沿线贫困地区旅游扶贫和乡村振兴

文化和旅游部、国务院扶贫办举办的旅游大环线推介活动，对东南段云南的"滇藏茶马古道寻踪线"进行了重点推介，沿途汇集高山、大江、湖泊、峡谷、冰川、草原等自然景观、云南多民族文化等人文景观，覆盖昆明、楚雄、大理、丽江、迪庆、怒江等云南多个州市。云南应该以旅游大环线的推广为契机，着力开发文化体验游、乡村民宿游、休闲度假游、生态和谐游等旅游新业态，促进旅游产业转型升级，充分发挥文化旅游业在脱贫攻坚以及乡村振兴中的积极作用，带动沿线居民的生产生活、经济贸易持续发展，实现一二三产业融合和农民脱贫致富。

（四）推进茶马古道线性文化遗产的保护利用

在我国现有的历史文化遗产保护体系中，对丝绸之路、茶马古道这类区域跨度较大的线性文化遗产保护关注度不够。打造茶马古道文化旅游精品走廊可以进一步推进对茶马古道线性文化遗产的保护与开发利用。从茶马古道沿线庞大的遗产体系中根据真实性、完整性与遗产核心价值的关联性进一步筛选出需要补充列入国家文物保护单位中的遗产点，使得茶马古道文物能够完整、真实、全面地反映茶马古道文化线路核心价值，丰富其文化旅游品牌内涵，进一步推动茶马古道线性文化遗产在开发中的合理保护与利用。

二、打造茶马古道文化旅游精品走廊的现实条件

（一）茶马古道沿线形成部分点状核心景区

茶马古道沿线是历史文化与民风民俗较为集中的区域，已建成的景区虽然零星但已具备了一定的吸引力和接待能力。其中，以"茶文化"为主题的县有勐海"中国普洱茶第一县"；以"茶文化"为主题的镇（乡）有易武"中国贡茶第一镇"、沙溪"旅游小镇"、云南驿古镇、大渡岗"中国茶叶第一乡"、景迈"普洱茶小镇"、鲁史"茶马古道第一镇"、昌宁红茶小镇、永仁中和古镇和勐库滇濮古茶旅游小镇；以"茶文化"为主题的旅游度假区有保山温泉古

茶旅游区；以"茶文化"为主题的景区有普洱茶马古道旅游景区、景迈山古茶林、高山乌龙茶景区；以"茶文化"为主题的庄园有勐海大益庄园、临沧戎氏茶文化庄园、鸣凤山万亩古茶树庄园、宁洱困鹿山皇家古茶园、中华普洱茶博览苑、高黎贡山茶博园和峨山云茶山庄等。这些"茶文化"主题景区是茶马古道文化旅游精品走廊打造的基础。

（二）茶马古道沿线遗存有较为完好且具有开发价值的古道

云南是世界茶源中心和滇茶发祥地，境内保留的古道从古至今都有极其重要的地位，发挥着极其特殊的作用。怒江大峡谷北部的丙中洛与西藏察隅的察瓦隆、独龙江茶马古道至今仍有马帮行走；丽江拉市海保留了一段比较完整的茶马古道；大理云南驿、大理古城、凤羽古镇有保存较好的古道；临沧勐库—冰岛—南美古茶文化遗产体验廊道和鲁史—古墨—塘房茶马文化古廊道具有重要开发价值；西双版纳州以南糯山为起点、老曼峨为终点的茶文化旅游线路基础较好；普洱的百里普洱茶道、保山隆阳段、迪庆茶马古道段都保留了丰富的古道遗址遗迹。将这些散落各地的茶马古道遗址遗迹穿珠成线，利用现代科技手段进行提升改造，不仅可以满足旅游者探秘茶马文化的体验需求，而且可以通过研学旅游、大健康旅游等文旅新业态的打造满足游客追求健康生活、修养身心的旅行需要。

（三）茶马古道宣传力度大且品牌价值已初步显现

各相关州市围绕"茶马古道"品牌已开展了形式多样的宣传活动。一是打造了系列的节庆活动，如勐海（国际）茶王节、易武斗茶大会、勐腊（国际）贡茶文化节、中国普洱茶节、中国临沧普洱茶"神农奖"公开赛、临沧民族茶文化展等，为茶文化展示提供了国际舞台；二是举办了系列茶文化展和交易会，如临沧民族茶文化展、中国临沧茶文化博览会、普洱茶交易博览会、中国云南春茶交易会，为云茶贸易搭建了市场交易平台；三是加强了茶文化研究，在西双版纳民族博物馆加挂西双版纳普洱茶历史研究院，举办茶之源国际学术研讨会，出版发行反映茶文化的著述、光碟等，如《中国临沧原生茶》画册、《中国临沧茶文化》专著，为茶文化研究提供了便利；四是加强了对外推广，如沧源佤山艺术团到北京、巴黎等地进行茶歌茶舞表演，普洱打造"普洱茶" IP，弘扬了普洱茶文化，提升了普洱茶品牌的知名度并扩大了影响力。

（四）茶马古道浓缩了多样性自然景观和多民族人文景观

茶马古道地域跨度大，沿线蕴含着多样性的自然景观与丰富的人文景观。自然景观有高山、峡谷、金沙江、怒江、澜沧江、原始森林、热带植被、皑皑白雪等；著名人文景观有大理崇圣寺三塔、丽江古城和东巴文化、香格里拉松赞林寺等。茶马古道联结了汉族、藏族、哈尼族、纳西族、白族、彝族、傣族、独龙族等众多民族，是民族和谐关系建立的见证，是民族团结进步的示范廊道，对维护边疆地区的团结稳定具有重要价值。

三、打造茶马古道文化旅游精品走廊的对策

（一）创新建设思路——整体规划、分段打造，突出重点、树立精品

茶马古道应按照"整体规划、分段打造，突出重点、树立精品"原则进行开发。建议由省级主管部门牵头编制《茶马古道文化旅游精品走廊规划》，摸清家底，分期建设，前期可重点打造核心三段。第一段是西双版纳南糯山—老曼娥茶文化旅游线路和普洱的百里普洱茶道；第二段是大理的云南驿、凤羽古镇以及丽江拉市海茶马古道；第三段是临沧勐库—冰岛—南美和鲁史—古墨—塘房茶马古道。打造西双版纳七子饼茶文化精品自驾旅游线路、普洱百里普洱茶道、云南驿马店建筑群、景迈山古茶林、易武古茶园、鲁史—古墨—塘房茶马文化古廊道等精品项目。

（二）创新申遗内容——申报茶马古道文化线路遗产、调整普洱景迈山古茶林遗产申报内容

世界遗产委员会于 2003 年设立了文化线路遗产项目，对陆地道路、水道或者混合类型的通道等文化线路遗产进行保护。建议省级层面协调国家文物局将茶马古道文化旅游线路遗产列入中国申报世界文化遗产预备清单。2012 年 11 月，普洱景迈山古茶林成功入选中国世界文化遗产预备名单，为了提高申遗的成功率，建议省级层面协调国家文物局将西双版纳和普洱的江内六大茶山

和江外六大茶山的古茶林及周边区域打包，作为遗产项目列入近期向联合国教科文组织申报的正式遗产项目，并将申遗项目名称由普洱景迈山古茶林调整为滇西南古茶林。

（三）创新产品内涵——打造五大系列文旅产品

通过随机调查，我们认为游客对云南茶马古道和普洱茶认知度较高，建议相关部门借助打造茶马古道文化旅游精品走廊的契机，创新产品内涵，进一步增强产品知名度和认同度，打造文旅品牌。重点打造"世界茶源地""贡茶·民族·马帮""古镇·古茶·古道""节庆·研学·演艺""重走千年茶马古道·欣赏四时独特景观·体验多元民族文化"五大系列文旅产品。

（四）创新文创产品开发方式——开发"茶马古道"系列文创产品

根据调查，我们发现游客对现有云南文旅产品购买意愿不强烈。建议在打造茶马古道文化旅游精品走廊的同时，通过开展以"茶马古道"为主题的文创产品大赛、出台激励机制鼓励茶马古道沿线各级非遗传承人开展非遗产品的传承开发、成立茶马古道文创产品创意园区等方式开发"茶马古道"系列文创产品；开展"将茶马文化带回家"等文创产品推介活动促进云南文创产品走向国内外。

（五）创新营销手段——将"茶马古道"品牌影响力转化为吸引游客到云南旅游的动力

一是开展整体营销，茶马古道统一对外营销形象、统一宣传用语，集中利用各州市分散资源，共同强化"茶马古道"品牌，达到"重点突破、提升云南文旅产业整体形象"的目的。二是注重差异化营销，要与四川、贵州茶马古道段相区别，重点突出云南"世界茶源地""贡茶·民族·马帮""古镇·古茶·古道"的特色。三是利用传统和现代营销工具开展立体营销，除了报刊、电视、广播等传统媒体，针对游客获取信息的渠道偏好，利用热门旅游网站游客互动板块、开设官方抖音、微博微信等平台聚集粉丝流量，着力培育茶马古道文化旅游IP，将"茶马古道"品牌效应转化为吸引游客到云南旅游的动力。

（六）创新开发保护机制——跨区域协作，建立开发、保护、研究合作平台

一是借鉴四川经验，成立跨区域的"茶马古道"文旅发展联盟，建立"茶马古道"文旅品牌服务标准、区域间旅游市场互惠机制、资源共享平台与共享机制，推进"资源共享、品牌共建、客源共推、市场共治、合作共赢"的工作机制。二是实施"政府主导规划，社会资本开发，政府、企业、居民利益共享"的开发保护机制，达到"高标准规划、高质量建设、可持续发展"的目的。三是建立"茶马古道"保护利用数据网络平台，在"茶马古道文化线路遗产"概念引领下，建立一系列包括国保、省保、市县保、不可移动文物、可移动文物等不同保护等级文物在内的承载、证明茶马古道遗产价值的文化遗产体系，并进行数据化处理，实现茶马古道遗迹遗址遗物的动态化、数据化管理。四是建立云、贵、川三省"茶马古道"联合研究机构，面向三省高等院校、研究机构和相关管理部门发布茶马古道研究的课题和项目，共同推动茶马古道跨学科、跨领域的合作研究，夯实茶马古道开发保护的基础。

第八章　打造百年米轨时光——滇越铁路体验旅游创意设计研究

一、滇越铁路具有极高的历史文化价值和旅游经济开发价值

修建于 1903—1910 年的滇越铁路，是云南省和中国大西南地区的第一条铁路，也是我国与其他国家密切连接的第一条国际铁路。作为云南历史上建设时间最早、建设难度最大、在中国和世界铁路史上最具影响力的铁路工程之一，因其险峻卓绝的设计和浩大的工程被英国《泰晤士报》称为与苏伊士运河、巴拿马运河齐名的"世界三大工程奇迹"，至今已有 106 年的历史，堪称中国工业文化遗产中的活文物、活标本和活化石。[①]

滇越铁路是云南重要的民族工业文化遗产之一，也是云南人民革命史、开放史、发展史、创造史的真实写照。滇越铁路作为文化遗产的价值是重要的、多元的，体现在历史、社会、科技、经济、审美等方面。

（一）历史价值

滇越铁路的开通是云南近代史开端的标志之一。作为一个重要的历史遗存，滇越铁路经历和见证了近代云南许多重要的历史事件：如护国运动、个旧锡矿的成长、越共创始人胡志明的国际革命活动、西南联大师生的抗战活动等。通过滇越铁路，民主革命的进步思想在偏远闭塞的云南得以传播，极大地推动了云南人民的革命热情。特别值得一提的是，抗日战争前期，滇越铁路几

---

① 柴栋梁.工业遗产中铁路文化遗产的保护与开发研究［D］.郑州：河南大学，2014.

乎成为中国通往海外的唯一生命通道，大量的抗战物资和救援物资通过滇越铁路转运到全国各地，有力支援了中国人民的抗日战争、世界反法西斯战争的胜利。可以说，滇越铁路在查考云南人民投身革命、积极发展、勇于创新方面有着重大的历史价值，可谓是一部鲜活的历史教科书。

（二）社会价值

滇越铁路对云南的政治、经济、文化等社会各个领域都产生了深远影响。滇越铁路的开通，打开了封闭的云南与中国内地乃至东南亚的通道，加速了人员与货物的往来，使云南自给自足的经济结构受到冲击，随之活跃起来的对外贸易也拉近了云南社会各阶层与外界对话、交流的距离，推进了滇越铁路沿线区域在思想观念、城镇建设、经济发展、政治格局、物质精神文化等方面的变化。

（三）科技价值

云南地形素以山高谷深闻名，滇越铁路就是在这种错综复杂的地理环境下修建的，其难度可想而知。滇越铁路跨越了金沙江、珠江、红河三大水系，所经之处地质结构复杂，包括石灰岩、页岩、沙岩，道路蜿蜒崎岖，南北海拔高差1807米，全程平均3公里1个隧道，1公里1座桥梁，一共建设了155座隧道和425座桥梁，建设难度很大，技术要求也高。最令人称奇的是滇越铁路的人字桥设计，该桥长67.15米、宽4.2米，桥面离谷底深泓线高102米，全部用钢板、槽、角钢、铆钉联结而成。因其造型类似汉字"人"而得名。该桥由于设计之巧、施工之艰，成为铁路桥建筑史上的一大奇迹，更为今天人们研究山地窄轨铁路、桥梁建筑技术提供了不可多得的样本。

（四）经济价值

滇越铁路在跨国连接多种民族和多元文化的经济文化活动交流中有着很重要的作用。滇越铁路修建之后，极大地促进了铁路沿线的城镇化进程，蒙自、建水等一批滇南重镇得以快速发展。滇越铁路的修建还推动了云南近代工业的发展和滇越之间经贸人员往来。特别自改革开放以来，滇越铁路成为云南对东南亚开放的国际大通道，保持了云南与东南亚良好的经贸关系以及促进了中国—东盟自由贸易区建设和澜沧江—湄公河次区域合作的开展。滇越铁路沿线文化旅游经济产业开发，也促进了我国与东南亚各国的经济文化交流，同时在云南建设桥头堡及国际大通道过程中发挥着重要作用，其经济潜力不可估量。

（五）审美价值

滇越铁路及其沿线蕴含的美学价值是巨大的，其中既包含了建筑设计之美、多元文化之美，又有自然景色之美。如被誉为世界铁路桥梁史杰作的人字桥，承网格式横梁与人字形拱架组合一体，建筑庄严肃穆、气势磅礴，仿佛一个顶天立地的巨人、展开双臂，推开双岭，飞跨于两山绝壁之上，尽显壮观峻美。铁路沿线留下来的法式建筑群，堪称一条极具艺术价值的建筑走廊，碧色寨哥胪士酒店、个旧钟楼、临安车站等都是其中中法建筑艺术交融的代表作。此外，滇越铁路经过多个民族聚集区，多民族文化交汇，人文景观丰富多彩。滇越铁路沿线的自然风光也美不胜收，如独具一格的喀斯特地貌、沿途美丽的亚热带田园风光等，都是不可多得的旅游美景。

（六）独特性价值

滇越铁路历经了百年风雨沧桑，成为中国乃至世界重要的工业文明遗产，从铁路勘探、施工技术到铁路设施设备，从设计技术到施工材料到通信保障等都采用了当时较为先进的技术，其留存下来的科技价值具有内在的独特性。

（七）稀缺性价值

随着社会的发展，许多老铁路因被改造而消亡，但滇越铁路却因其特有的文化背景而留存至今。滇越铁路遗产在今天能否重生，很大程度取决于铁路沿线文化生态的恢复。但铁路沿线的法式建筑等遗迹在拆迁中逐渐消失，代表历史的蒸汽机车被熔成废铁，周边农民与火车形成的密切联系如今也渐行渐远，铁路沿线具有较高价值的文物古迹保护成为真空，滇越铁路在现代化进程中离人们的视线越来越模糊。[①]

滇越铁路沿线历史性建筑的保护对于云南建设文化大省具有重要意义。保护的目的不仅是将其保存下来，而且应该对建筑进行再利用，使其能在新的社

---

① 陈海玉. 试论滇越铁路遗产的建档保护［J］. 兰台世界，2017（15）：14-17.

会历史时期发挥新的作用。

在现代化浪潮中，历史性建筑面临极大危险，滇越铁路也不例外。铁路沿线大量精美牢固的法式建筑被夷为平地，取代它们的是粗制滥造毫无特色的砖房；曾经繁华的法国人聚居处，已经沦为断壁残垣。偶尔在沿线杂草丛中看到一两栋尚存的黄色墙面法式建筑，没拆除的原因仅仅是当地暂时没有资金拆掉重建。除了碧色寨、蒙自这几个为数不多的车站的法式站房建筑被定为"文物保护单位"，其他沿线大部分的车站任由人们拆掉或是把它们改得面目全非，保留下来的历史性建筑并不多。而究其原因，是对历史文化保护意识的缺失和经济利益的驱使。在"一带一路"建设的大背景下，泛亚铁路云南段东线玉溪至蒙自段、蒙自至河口段已分别于 2013 年、2014 年通车。泛亚铁路东线玉溪至蒙自段是以玉溪南站为起点建的一条新线，对原铁路沿线的景观及历史文化资源带来的破坏与影响相对较小；但泛亚铁路蒙自至河口段在原址改造，对滇越铁路沿线历史性建筑的影响几乎是毁灭性的。

二、创意设计滇越铁路体验文化旅游项目的现实条件

目前为了保护利用好滇越铁路文化遗产，在工作中，目前主要采取了以下做法和措施：

（一）加强规划引领

红河州于 2015 年在经过深入调研的基础上，形成了《滇越铁路文化遗产保护与旅游开发利用调研报告》上报州委、州政府。州委、州政府做出了打造滇越铁路"米轨时光"精品旅游线路的指示，将滇越铁路纳入全州文化旅游规划重点开发。在《红河州旅游文化产业发展规划（2016—2020 年）》和《红河州全域旅游发展规划》中，提出规划建设滇越铁路"米轨时光"精品旅游带，即以滇越铁路及米轨时光小火车保护开通为纽带，以百年开埠通商文化为主题，以文化休闲体验为核心创新车厢内部功能，以铁路风景走廊为方向优化沿线景观体系，以特色风情车站为纽带整合沿线发展区域，形成一条融合特色交通、火车休闲、文化体验于一体，有效带动沿线区域旅游文化资源开发的主题性旅游文化体验带；积极推动滇越铁路申报世界文化遗产相关工作，并包装

策划了一批重点建设项目和精品旅游线路。

（二）深入挖掘滇越铁路的文化内涵，打造独具特色的旅游品牌

红河州编制了《滇越铁路"米轨时光"精品旅游线路专项规划》，规划以滇越铁路的保护和开发为侧重点，通过对铁路沿线建筑物、民族风情文化的挖掘和整理，进一步恢复铁路原貌和开发铁路文化；同时参照和借鉴国外成功案例，以碧色寨、芷村站、人字桥、河口站等重点文物保护单位打造为切入点，抓好景观景点的建设工作，开通观光火车，让游客体验和回味铁路历史、铁路记忆，并通过系列活动的开展和相关营销手段，努力将滇越铁路打造成为红河州乃至云南省一条新的精品旅游线路，以吸引更多国内外游客到云南旅游。

（三）强化示范带动

蒙自碧色寨是滇越铁路中的重要枢纽，且资源保存完好。以蒙自碧色寨滇越铁路历史文化公园建设为重点，加快推进滇越铁路"米轨时光"精品旅游线路建设。在省内率先设立的红河浦发旅游投资基金中，安排拨付了4亿元用于支持蒙自碧色寨滇越铁路历史文化公园建设，有效提升完善了碧色寨的基础设施和旅游公共服务配套设施。将其纳入全省重点特色小镇，并按照4A级旅游景区标准建设，多次邀请国家和省级旅游景区创建专家开展调研指导，碧色寨滇越铁路历史文化公园已于2018年11月成功创建为国家3A级旅游景区。同时，加强品牌宣传，以电影《芳华》的播出为契机强化营销，引爆滇越铁路文化旅游。

（四）开展与铁路部门协商互动

为加强滇越铁路保护开发，红河州积极与昆明铁路局协调沟通，建立了协商协作机制。州委、州政府主要领导、分管领导多次到昆明铁路局就红河州铁路建设和滇越铁路保护与旅游资源开发等事宜进行协商会谈，达成了初步共识，巩固了协作机制。在2014年红河州政府就与昆明铁路局达成三点共识：一是高起点规划，融入民族文化元素；二是点线面结合，打造文化精品旅游线；三是采取分段利用、逐步开展的模式，逐步推进全线运营。目前，由于米轨开发需要在铁路线路运行和维护、机车和车辆改造装饰等方面投入大量资金，而且跨区域开通米轨旅游专列涉及线路较长、运营成本高、车速缓慢行车

时间长而影响游客体验等问题，现阶段主要由县市政府牵头与中国铁路昆明局集团有限公司对接进行合作开发，现已开通的建水、开远体验式小火车项目深受游客青睐，带动了周边旅游和产业发展。

（五）在合理开发利用的同时，注重对滇越铁路的保护

目前红河州已经成立了以州长为组长、相关县市和部门主要领导为成员的滇越铁路保护与开发利用领导小组，聘请了 14 位专家担任滇越铁路申报世界文化遗产顾问，成立了云南省滇越铁路研究会，积极开展滇越铁路保护开发的研究工作。先后开展了文物普查、沿线近现代文物抢救、修缮和保护工作以及滇越铁路保护宣传活动，营造了保护利用滇越铁路文化遗产的良好基础和社会氛围。目前与滇越铁路、个碧石铁路有关的州级以上文物保护单位共计 17 处，其中：全国重点文物保护单位 3 处、省级文物保护单位 4 处。启动开展申遗工作，编制了申遗工作方案，2017 年云南省文化厅把滇越铁路文化线路整体保护纳入文化遗产保护重点，目前正在开展各项申遗前期准备工作，争取早日把滇越铁路列入中国申报世界文化遗产名录清单。

三、创意设计滇越铁路体验文化旅游项目的设计思路

（一）加快滇越铁路申报世界文化遗产的进程

滇越铁路由云南昆明到越南海防，于 1903 年动工兴建，1910 年建成通车，全长 855 公里。由于轨距为 1 米被称作"米轨铁路"。它是云南第一条铁路，也是中国第一条国际铁路。根据《保护世界文化和自然遗产公约》的规定，文化遗产中的一类是"从历史、审美、人种学或人类学角度看具有突出的普遍价值的人类工程或自然与人联合工程以及考古地址等地方"。滇越铁路是人类伟大工程杰作，当然符合公约规定的文化遗产。滇越铁路反映了人类在特定时期的工业成就及铁路修筑水平，"凝聚着法国工程师的智慧和中国劳工的血汗"的"人字桥"可与埃菲尔铁塔相提并论。

自 2004 年以来，很多专家、学者对滇越铁路申报世界文化遗产给予了关注和支持。2012 年云南省政协文史委员会主任傅仕敏表示：泛亚铁路建成

后，"申遗"是对滇越铁路最有力的保护。并且认为和印度大吉岭铁路（该铁路于 1999 年被列为世界遗产）相比滇越铁路的长度更长、工艺更先进；大吉岭铁路是寸轨，滇越铁路是米轨；另外，滇越铁路的地质条件比大吉岭铁路好。2013 年 3 月，"滇越铁路"昆明论坛成功举行，举办论坛就是要深入探讨滇越铁路的保护和利用，促进滇越铁路"申遗"工作的开展。中、法、越三国的专家学者就"加强滇越铁路保护利用，促进'申遗'工作推进"进行了研讨，从不同视角、不同领域对滇越铁路保护利用和申遗工作提出意见和建议。在 2016 年的云南两会期间，李保文等 3 名委员建议省政府成立滇越铁路世界遗产申报办公室，并启动滇越铁路申遗工作，编制申遗文本。

1. 抓住机遇，开展申遗工作

2016 年 5 月，文化部雒树刚到红河州碧色寨车站调研，红河州积极汇报滇越铁路历史、艺术、科学价值以及申报世界文化遗产愿望。2017 年省文化厅把滇越铁路文化线路整体保护纳入文化遗产保护重点，开展了滇越铁路申遗价值评估工作。州文化和旅游局围绕滇越铁路（含个碧石铁路）申遗工作，配合清华大学等对滇越铁路红河段进行了实地考察，制订了申遗方案上报州委、州政府领导参考。2018 年 9 月，红河州政府副州长鞠云昆率队到国家文物局汇报滇越铁路（含个碧石铁路）申遗，请求国家文物局给予支持。目前正在按照国家文物局的要求，积极开展滇越铁路申遗前期准备工作，争取早日把滇越铁路列入中国申报世界文化遗产名录清单。

2. 围绕申遗，做好基础工作

以申遗为目标，成立相关机构，按"整体开发、重点突出、分段实施"的思路，统筹兼顾，编制申遗文本和申遗保护管理规划，省内相关州市将按申遗保护管理规划，开展辖区内保护利用工作，将百年米轨滇越铁路建成一条串联旅游经济圈的交通线和整合云南历史文化资源的时间线。积极推动制定《滇越铁路和个碧石铁路保护条例》工作。进一步做好做细滇越铁路和个碧石铁路文化线路整体保护管理工作，特别是做好州级文物保护单位滇越铁路红河段和个碧石铁路文化线路"四有"基础性工作；积极推进滇越铁路和个碧石铁路申报为省级文物保护单位、全国重点文物保护单位工作。借鉴碧色寨车站修缮经验，开展鸡街火车站、五家寨铁路桥修缮经费争取工作，以此推动滇越铁路沿线各级文物本体修缮、沿线环境整治和文化生态保护。

3. 强化管理，加大保护力度

建立云南省滇越铁路和个碧石铁路文物保护工作联席会议制度，继续指导相关州市做好滇越铁路重点车站、桥、梁、历史建筑物、重要路段等的保护工作，开展滇越铁路沿线非物质文化遗产保护工作，整理出版各级非物质文化遗产保护名录、传承人及相关专题片、画册、邮票、书籍等。强化整体保护的理念，把单个文物保护、整体文物保护与整个文化生态环境保护相结合；从由专业部门主导、参与的保护，走向全社会共同参与的有效保护；让文化遗产保护成果惠及民众，最终纳入世界遗产保护名录框架。

4. 创新机制，推动保护开发

坚持"保护中开发，开发中保护"的原则，加强与铁路部门合作，整合资源，互利互惠，更好地保护开发滇越铁路。以申报世界文化遗产为契机，创新政府主导、市场运作、企事业单位、社会共同参与体制机制，加强与越南、法国文化旅游交流、经贸合作。积极促成有投资意向的企业和昆明铁路局协商成立营运主体，对具备市场开发条件的路段，以昆明铁路局出产权、专业技术人员和特许经营权参与合作出资的方式，开展分段运营，打造文化旅游精品线路，实现文化旅游融合发展。

5. 广泛宣传，营造保护氛围

充分发挥滇越铁路研究会、申遗专家咨询组、博物馆、纪念馆、文管所的职能作用，发掘、整理、出版滇越铁路保护研究成果，开展文物征集、陈列展示、论坛、影视作品推介等工作。组织新闻媒体，利用文化遗产保护日等时机，广泛宣传滇越铁路的历史价值以及保护利用的重要意义，营造铁路部门、地方政府、民间组织与沿线群众齐心协力保护滇越铁路的良好氛围。

（二）建立滇越铁路文化遗产保护的相关档案和法律法规

1. 建立滇越铁路文化遗产保护的相关档案的思路及内容

建档对滇越铁路遗产记忆的保存与再现的意义是多方面的。一是档案部门及工作者认真满足国家文化发展的需要。《国家"十二五"时期文化改革发展规划纲要》指出，提高物质文化遗产保护水平，"健全文物普查、登记、建档、认定制度，开展可移动文物普查，编制国家珍贵文物名录……开展工业遗产、元代以前木构建筑、乡土建筑、文化线路、文化景观等文化遗产的调查与保护，加强基本建设中的考古和文物保护，加大馆藏文物、水下文物的保护力度，提升科技创新能力……拓展文化遗产传承利用途径。正确处理保护与利用、传承与发展的关系，促进文化遗产资源在与产业和市场的结合中实现传承和可持续发展"。

二是滇越铁路承载着深厚的历史记忆，曾经的屈辱和辉煌深深地印刻在国人的脑海中。现在重修的滇越铁路作为世界最长的米轨铁路，正在积极申请加入世界遗产名录，因此对滇越铁路加以建档保护和传承的意义重大。一方面建档工作的推进将有利于相关部门加大滇越铁路的维护、保护力度，在编写史志、收集文物、整修已报废的机车车辆、修建铁路博物馆工作中提供第一手资料；另一方面滇越铁路档案资源的建构也有利于社会各层面从历史和民族文化资源等角度，深入研究滇越铁路的遗产价值并加以利用，特别是云南在建设桥头堡及国际大通道过程中所发挥的作用不可小觑。

三是滇越铁路遗产作为我国西南重要的工业遗产之一，内容包括物质文化遗产和非物质文化遗产两部分。其中物质文化遗产包括滇越铁路的档案史料，滇越铁路沿线的遗址、遗留物，民间收藏的铁路文物等；滇越铁路的非物质文化遗产大多是保存在工作、生活于滇越铁路的见证者之中的记忆，他们保留了对于滇越铁路历史文化的种种记忆，是滇越铁路文化遗产再生产与集体记忆重构的重要主体。这些遗产数量大、分布散、易流失，但是它们今天仍保留于滇越铁路沿线，或保存于有关的博物馆、图书馆、文化馆、档案馆和科研院所中，或大量保存于民间；其形态既有文字记载的书面文献，又有语言传承的口述文献，滇越铁路遗产的这种散存状态给遗产资源的收集整理和保护利用带来很大困难。

随着时间的流逝，滇越铁路遗产"物的流失"和"人的流逝"现象日趋突出，这一文化遗产留给后人的历史记忆逐渐模糊，人们对它的保护和利用也处于一种无可奈何的境地。因此，滇越铁路遗产的建档保护刻不容缓！

（1）云南省有关部门特别是档案部门应积极与铁道部门加强沟通与合作，达成共识，出台保护滇越铁路及沿线历史文化遗产的具体办法，以此形成系统的滇越铁路文化遗产建档的范围和理论框架。

（2）开展滇越铁路文化遗产的现状调查。通过实地与文献调研，深入分析滇越铁路文化遗产保护和利用的基本情况、存在的问题及取得的经验。

（3）图书馆、档案馆等应对各级部门以及民间收藏的滇越铁路遗产的文献、档案史料进行整理，并将散存在一些史志文献中有关滇越铁路的内容辑录出来按专题汇编，着力对其进行科学系统整理。

（4）按照文物保护和档案整理的有关规定，对滇越铁路遗产中的遗址、遗留物等，通过登记、拍照、录影、录像等方式进行信息收集、整理及归档。

（5）滇越铁路遗产中的非遗部分，应包括与滇越铁路相关的各种历史记忆、生活逸事和民间口传资料等，这些保存于有关人员记忆中的滇越铁路文化，应及时进行田野调查并做好口述资料建档工作。

（6）依托有关技术力量和人才资源，建立一个高层次、开放性、集成性的滇越铁路文化遗产档案资源库。该库拟包括四个部分，即滇越铁路——史志档案；滇越铁路——实物档案；滇越铁路——影像档案；滇越铁路——记忆档案等，以期全面呈现滇越铁路遗产面貌。

滇越铁路是前辈留下的珍贵历史文化遗产，不能被后人淡忘或遗弃。建立系统完整的滇越铁路遗产档案，充分向社会各界展示其蕴含的丰富历史价值、科技价值、经济价值、社会价值，这将有助于滇越铁路文化价值的评估和遗产的维护及开发，并推动其他工业遗产建档工作的展开。

2. 建立和完善滇越铁路文化遗产保护的相关法律法规

保护法规、政策在历史性建筑保护中的引导和限制作用是巨大的。西方的建筑保护与再利用之所以会形成一种良性的普及化浪潮，很大原因在于欧美国家在20世纪70年代中期以后纷纷调整了以往的建筑保护与城市建设政策，积极鼓励与支持建筑遗产再利用，从而使建筑保护，特别是开发利用有了较为宽松可行的法规环境。

我国现行的建筑保护体系以20年前颁发的《文物保护法》为法律基础，只提到了"保护"，而没有提及如何利用。这种保护体系随着时代的发展需求显现出越来越多的不足之处。社会的高速发展，使得吸取、借鉴国外的先进经验，深入剖析与审视我国和云南省现行的建筑保护制度，完善云南建筑遗产的保护与再利用政策越来越紧迫和重要。可以考虑单独立法《滇越铁路保护条例》，以保护滇越铁路文化遗产。

（三）创意设计滇越铁路体验文化旅游项目，开发特色铁路旅游产品

着力打造滇越铁路精品旅游线路，推动云南省文旅游跨越式发展。充分挖掘、整理和利用滇越铁路承载的厚重历史底蕴、文化沉淀和人文特点，将滇越铁路沿线旅游资源和亮点"串"起来，以滇越铁路被列入"第一批中国工业遗产保护名录"的机遇，争取把滇越铁路精品旅游线路建设纳入国家工业旅游发展工程，着力打造国家级工业旅游示范点。

1. 政府引导下多方合作的商业化出路

历史性建筑保护工作是一项浩大艰巨且长期的社会系统工程，既要依靠社会公众的广泛参与，又要靠政府主导、社会力量参与形成文化遗产保护的合力。西方各国政府在20世纪70年代中期以后积极鼓励与支持商业力量的介入，传统建筑再利用由政府的文化行为和民间的零敲碎补扩展到广阔的房地产开发中，并由此获得强劲的经济动力。上海"新世界"的成功也证实了这一点在中国的可行性，为滇越铁路沿线历史性建筑的保护与开发提供了非常好的借鉴经验。近年来，围绕滇越铁路的商业化运营也开展得如火如荼。

2014年9月，集合各方力量兴建的"百年滇越法式风情街"在昆明正式亮相运营。"百年滇越风情街"的建成，作为首次由政府与开发商共同主导，发掘和保护历史文化，并与商业地产开发有机整合的一次尝试，成为展现滇越铁路历史、体现滇越铁路文化的"文化"景观大道和商业地块。

由昆明滇池国家旅游度假区和当地企业联合开发的"滇越铁路主题公园"项目也于2014年启动。规划中的"公园1903滇越铁路主题公园"占地约600亩，投资9.8亿元，目前已建成，已成为宣扬滇越铁路历史文化的同时把文化保护与市民休闲相结合的典范。

2. 滇越铁路沿线历史性建筑开发的艺术思考

在对滇越铁路历史性建筑开发的过程中，应处理好传统与现代的关系，以保护为目的，以改建为手段。既不能生硬地保护，又不能完全改建，与传统完全割裂。在对部分建筑外观的原样性修葺之后，把它们合理利用起来，通过建筑功能的转换，达到活态保护的目的，而不是将其生硬地保护起来，贴上"传统""珍贵"的标签就将其束之高阁，任其腐烂。比如车站附近的一些法式建筑完全可以改为精品酒店、酒吧，废弃的扳道房也可以改造为时尚精品小店铺。

滇越铁路沿线如今还遗存的蒙自哥胪士洋行，在滇越铁路的辉煌时期是具备了多种奢侈的消费场所的重要建筑。后由商人斥资，把这座20世纪初由希腊的哥胪士兄弟建造的洋行改造成经营云南风味的餐馆。这个近百年的老建筑因此获得了新生，重新在社会生活中焕发了活力。

个碧石铁路个旧站附近的个碧临屏公司在经过修葺后，一半改建成了个碧石铁路博物馆，另一半也成了颇有档次的"法国楼"餐厅，其内部装修基本维持原法式风格。这种保护和利用并举的思路符合时代发展并尊重历史，可以为滇越铁路沿线建筑再利用提供启示。

备受火车迷喜爱的云南铁路博物馆，旧址是利用滇越铁路车站候车室建立的，2004 年开馆。2011 年 9 月，该馆因昆明地铁建设拆除，后在原址动工扩建新馆。新馆由南馆和北馆组成，南馆以百年滇越铁路"云南府站"法式古典建筑为原型，延续了原有老建筑的风格和特色，在建筑的构件和装饰上传承了沿线建筑特有的元素和符号，体现了现代化和时代特色，把"古典"和"现代"合理融合，在新建建筑中很好地体现了"旧"。

3. 适时恢复滇越铁路旅游专线客运，打造"百年米轨时光　滇越铁路新东方快车"体验之旅

体验滇越铁路百年米轨时光最好的方式就是适时地恢复和提升滇越铁路的旅游客运功能，恢复创意一条穿越百年历史时空、跨越中越两国优美自然山水风光、独特人文历史情怀的"滇越铁路新东方快车"体验之旅。通过这样一条国际铁路旅行，串联沿途两国重要旅游城市和景点，这将成为极具市场前景的全新云南文化旅游创意产品。

为进一步丰富火车旅游品种，满足旅游市场不同需求，云南省可以联合越南共同打造推出"百年米轨时光　滇越铁路新东方快车"——中越国际旅游专列。旅游线路经过滇越铁路中越两个国家，全程 3~4 天。专列在设计上考虑传统复古风格与现代时尚需求相结合，推出不同品质特色产品组合。按照行程安排，游客一路可享受豪华云南式慢时光风情住宿和星级服务。沿途设置不同体验风格的旅行产品供游客下车参观体验。旅客有 3 个晚上是住在"百年米轨时光　滇越铁路新东方快车"上，列车提供的住宿条件不亚于宾馆。舒适的旅途服务、浪漫的风景特色，"车轮上的百年米轨云南式慢时光"将带给游客别样的旅游体验。也可以使得这样一条承载着中国、法国、越南三国特殊的历史记忆的铁路，这一不可多得、不可复制的世界性历史文化资源得以重现昔日辉煌。

第九章 打造云南"直过民族"活态博物馆研究

一、云南"直过民族"区文化旅游发展现状

"直过民族"是指中华人民共和国成立初期，政府对处于原始社会末期或阶级分化不明显的少数民族，采取不进行土地改革和阶级划分等民主改革运动，通过特殊的政策帮扶，跨越几个社会历史发展阶段，直接过渡到社会主义社会，实现历史性跨越的民族，是特定历史条件下使用的特定概念。20世纪50年代，中国共产党在土地改革中，对还处在原始社会末期或者虽然进入阶级社会，但是阶级分化不明显的少数民族聚居区，以"团结、生产、进步"为长期的工作方针，通过政府和其他先进民族的帮助，使其从结绳记事、刀耕火种的原始社会直接过渡到社会主义社会。

随着社会经济的发展，虽然这些"直过民族"走上了社会主义发展道路，但其社会发展程度低、贫困程度深，成为新时代背景下的扶贫难点。这些民族大多居住在边境地区、高山峡谷地区，生存条件艰苦，处于发展边缘，加上特殊的历史原因，自我发展能力较弱。

（一）云南"直过民族"区现状

云南省有25个世居少数民族，其中独龙族、德昂族、基诺族、怒族、布朗族、景颇族、佤族、傈僳族、拉祜族9个民族被列为"直过民族"，实行"直接过渡"的少数民族地区，习惯上称为"直过区"。云南"直过区"的范围，涉及保山、红河、西双版纳、德宏、怒江等8州市中的腾冲、金平、绿

春、河口、江城、孟连、澜沧、西盟、景洪、勐海、勐腊、瑞丽、潞西、盈江、陇川、泸水、福贡、贡山、耿马、沧源、元阳、梁河、双江、宁蒗、兰坪25 个县（市），其中边境县 19 个，约占云南边境县的 76%，所涉及的民族涵盖了云南所有的跨境而居的 16 个少数民族及"克木人"，范围包括 161 个乡镇（74 个乡为整乡直过）、715 个村（居）民委员会和 42 个散居寨（社）。

2014 年年底，"直过民族"聚居区建档立卡贫困人口占云南省总贫困人口的 11.6%，贫困发生率达 28.6%，高于全省贫困发生率的 15.4 个百分点。截至2018 年，云南省"直过民族"分布在全省 13 个州市、58 个县市区，主要聚居在 271 个乡镇、1179 个行政村，总人口 232.7 万。其中，建档立卡贫困乡镇107 个、贫困村 601 个、贫困户 18.73 万户、贫困人口 66.75 万。这些地区基础设施薄弱、产业发展滞后、自然保护区面积大、发展空间受限，自我发展能力不足，是全省的贫中之贫、困中之困、难中之难、坚中之坚。

"直过民族"的提出成为分类指导、精准帮扶的成功典范，但在这些"直过区"扶贫攻坚依然艰辛。从 2019 年上半年，云南省宣布基诺族、德昂族、独龙族三个从原始社会直接过渡到社会主义社会的少数民族，率先实现整族脱贫，历史性告别绝对贫困。到 2020 年，全省 11 个"直过民族"和人口较少民族将全部实现整族脱贫。"直过民族"贫困程度深，自我发展能力低下。在解决了基础设施、生产生活困难等实际问题后，云南民族"直过区"社会存在的结构性差异表现为内在动力不足、依赖扶贫资金拉动等，客观上发展差距依然在加大而不是缩小。

（二）云南"直过民族"区文化旅游发展现状

"直过民族"大多居住在边境地区、高山峡谷地区，拥有得天独厚的自然资源、物产资源。"直过民族区"在挖深研透富有地域特色气质和文化的基础上，尤其是在少数民族特色文化和非物质文化遗产的"守"和"变"上做文章，把丰富多彩的文化资源包装后，融合到整个旅游线路、旅游市场中，既有实物的非遗产品，又有非遗的体验互动，丰富了旅游文化内涵、提升了民族文化自信，增强旅游扶贫造血能力。

1. 文化旅游资源

（1）民族节庆。由于特殊的地理、历史等原因，"直过民族区"在长期的发展过程中，形成了数量众多、类型多样的特色民族节庆。根据节日起源和活动内容，"直过民族区"的民族节日大体分为宗教祭祀节日、农事节日、集贸和社交娱乐节日、历法节日等多种类型。宗教祭祀性的节庆活动是民族节庆的主体，各"直过民族"的宗教祭祀性节庆一般与当地原始信仰有关。例如佤族的木鼓节、景颇族的目瑙纵歌、基诺族的社祭节等。农事节日包括佤族、基诺族的新米节等。集贸和社交娱乐节日是民族节日中极富视觉冲击力和旅游吸引力的部分，最著名的有傈僳族刀杆节、拉歌节，景颇族采花节。历法节日也是民族节日中较具特色的部分，使用民族历法的民族一般有根据各自历法而定的节日。如傈僳族阔时节、独龙族的卡雀哇等。在市场经济的冲击下，这些独具特色的节日和风俗正在逐渐失去其传承文化的媒介功能，而越来越以少数民族文化奇观的面目展演给游客，使传统的节庆活动失去了原有的内涵。

（2）艺术文化。"直过民族"丰富的民族文学、民族音乐大多靠口头创作、口头流传，形成了丰富多样、璀璨夺目的口承艺术文化宝库。如"布朗弹唱"是口头传唱与三弦弹奏相结合的艺术表演，因其独特的音乐旋律和表演方式成了云南省少数民族艺术的代表之一，并于2008年入选国家非物质文化遗产保护名录。傈僳族民歌朴素感人，曲调丰富，于2006年入选第一批国家级非物质文化遗产名录。但因为许多民俗传人、艺人、乐师等相继离世，加之没有文字记载，许多独特的艺术文化面临着无人继承的窘迫局面，正在逐渐消亡。

（3）服饰与配饰。"直过民族"服饰的内容和形式多姿多彩，不同的民族服饰各不相同，各有特色。佤族崇尚红与黑，衣服以黑色为底、红色为饰，男装常常加上大包头以体现威武。布朗族妇女服装颜色多以绿、红、青、紫为主，衣裤色彩跳动较大，袖口、衣领、裤脚多以彩色布条装饰，花色较为艳丽，因此获得了"花蒲蛮"的雅称。怒族男女服饰多为麻布质地，男女一般都穿敞襟宽胸、衣长到踝的麻布袍，不同的是妇女会在衣服前后摆接口处缀一块红色的镶边布，男子会在腰间系一根布带或者绳子。怒族的男女都注意装饰，妇女用珊瑚、玛瑙、料珠、贝壳、银币等穿成漂亮的头饰和胸饰，戴在头上和胸前。傈僳族也十分注重头饰，"俄勒"是傈僳族服饰中头饰的一种，"俄勒"是用珊瑚、料珠、海贝、小铜珠编织而成的，妇女们戴上"俄勒"，头顶上的片片海贝如同银月高悬在上，下面的串珠，宛如众星捧月。"直过民族"的生活习俗、审美情趣、色彩爱好，以及种种文化心态、宗教观念，都积淀于服饰之中，通过民族服饰可以深入地了解一个民族的历史、文化传统以及精神追求。

（4）饮食传统。"直过民族区"内的少数民族由于生活在不同的地域，不同的生产生活方式形成了不同的饮食文化。佤族的传统饮食虽然没有精雕细刻，但历代佤族人基于对美好生活的渴望，也努力根据能获得的食材和食具，尽量使食物变得美好，其中最重要的是药食同源。如鸡肉烂饭中的佐料大蒜、生姜、草果等，无一不具有药用功能。傈僳族所居住的怒江区域盛产漆树、漆油，有名的菜有漆油炖鸡、漆蜡妙食、中排黄果等。而独龙族由于受社会经济发育程度及周边自然生态环境的影响，他们的食物来源较为匮乏，属于粮食和野生植物各占一半的杂食型结构。

（5）建筑风貌。基诺族以及布朗族的干栏式竹楼，怒族的干栏式竹楼、木楞房和土墙房，傈僳族的石板房，景颇族的竹木草房等，形态各异，独具特色，是民族文化的物质载体。房屋特色不仅受民族历史因素的影响，而且与当地的地形地势和气候环境相关。建筑材料也都是就地取材，例如独龙族大多居住在独龙江河谷两岸的山坡台地上，房屋一般很小，建房材料主要利用当地的冬瓜树、竹、草等。这些"直过民族"在建造民居时素有"一家建房、全村相帮"的风俗习惯，他们认为住房主宰着全家老小的平安，因而在建房的过程中，大多要举行一系列的祭祀活动。无论是建筑的形态还是其中所蕴含的文化内涵都是当地发展文化旅游的宝贵财富。

（6）耕种方式。"直过民族区"中不同民族的经济社会发展程度不一样，经济发展方式也表现出不同的特点，独龙族、怒族、德昂族、基诺族目前仍然保持着传统刀耕火种型的生产方式；布朗族保持采集、渔猎和刀耕火种的生产方式；澜沧江东岸的傈僳族采用山地耕牧型生产方式。不同的生产方式表现出多样的农耕文化。

2. 文旅融合发展现状

"直过民族"深厚的民族文化成为文旅融合发展的天然优势，独具特色的民族文化必然成为地方旅游的灵魂，为旅游发展注入神韵。"直过民族区"在推进文旅融合进程中，把文化创意植入旅游发展当中，积极引导商品生产企业或手工艺人植入文化和创意元素，把商品艺术化，进而提升旅游商品的内涵。如宁洱哈尼族彝族自治县那柯里是古普洱府茶马古道上的一个重要驿站，也是现存较为完好的驿站之一。通过积极探索"文创＋旅游"，使那柯里原有的一些常态资源，如空余的房间、地道的厨艺、人文景观、农副产品等，逐渐成了"香饽饽"，被开发成民宿、马帮美食、特色演艺等，用于满足每年数以万计游客的需求。"文创"团队的引进为那柯里带来了新生机，普洱艺术村、普洱学院那柯里绝版木刻教学学生创业创新实践基地、宁洱县美术家协会写生基地、"乡愁书院"、普洱绝版木刻农民版画培训中心的落户和入驻吸引了大量艺术爱好者慕名前来观光体验。同时，村民也开始积极参与文创事业，将老宅装修成文创空间，制作售卖手工艺品，提供土陶制作、普洱茶制作等体验活动，不断释放文创活力，打响乡村生态休闲旅游品牌。

但是，由于"直过民族"的历史性及其自身发展动力欠缺，大部分"直过区"仅是保留了较完好的民族村寨，在旅游发展中还未能实现民族文化与旅游产业的深度融合，部分区县也在探索文旅融合，但效果还不够明显，造成这种问题的原因主要有以下几个方面：

（1）认识重视不够，文旅融合思路不明。部分区县特别是决策层更看重短期见效的"短平快"项目，而容易忽略虽能推动长效发展但投入较大、见效周期长的项目，具体到旅游发展上，他们更侧重于景区开发、基础设施建设和宣传营销，而忽略对旅游文化产品的挖掘、策划、包装及推广，这使当地在旅游发展中往往缺乏明确的文旅融合思路。

（2）文化挖掘乏力，缺乏标志性有影响力的文旅产品。很多"直过区"虽雪藏着厚重的文化资源，但目前对文化精粹的历史渊源、深刻内涵、表现形式等论述得翔实清楚、系统完整的作品甚是稀少，缺少内涵和表现形式的民族文化很难融入旅游，外来游客很难感受到当地文化的精髓与灵魂。大部分"直过区"缺乏有档次、标志性的文化纪念产品、文化展示场馆、民族文化娱乐体验项目和独特的民族文化精品旅游线路，其呈现的旅游产品与其品牌影响力相去甚远，导致游客满怀希望而来、遗憾失望而去。

（3）队伍建设滞后，文旅融合的复合型人才稀缺。推动文旅融合，人才是关键，文化与旅游都是专业性极强的领域，二者的良性互动与高质量融合需要既懂文化又熟悉旅游的复合型人才，但目前在欠发达的"直过区"此类人才却非常稀缺，难于推动文旅深度融合。既缺乏挖掘、传承、提炼民族文化的学术型人才和艺术家队伍，又缺乏既懂旅游又熟悉文化的"双面"型人才，更缺乏文化与旅游融合发展的规划策划编制、产品建设打造及宣传营销等方面的复合型人才。

二、云南"直过民族"文化旅游活态博物馆式发展的必要性

活态博物馆是博物馆不断发展中产生的新的类型，它是以村落（社区、村寨）为单位而建立的博物馆，即把博物馆直接建立在村落中。它的范围是以村落为中心，同时以村落周边一系列的自然环境和人文环境为内容，把传统博物馆式的"静态"展览形式和村落中人们生产生活的"动态"真实状态有机地结合起来，即整个村落都是活态博物馆的内容，形成可以让观众真正在博物馆中身临其境地感受村落文化的体验式的博物馆展览形式。活态博物馆强调了"活态"保护文化遗产，把原生态的少数民族生产生活完整地展示给人们。活态博物馆是超越传统博物馆围墙，探索将自然与人文遗产综合保护、展示和利用的一种方法，它缘于博物馆界服务社会发展的良好愿望，以重构自然与文化、遗产与人民、过去与现在的新型关系为重心，与文化遗产的活态保护、深层生态系统及理论、生态文明建设等都有关系。

大部分"直过区"人们的经济收入方式是以传统的农业耕作为主，活态博物馆与旅游结合起来，在保护当地文化传承的前提下可以发展旅游业，对于当地人来说能够在传统的农耕收入方式上增加新的收入方式——旅游收入，通过旅游业提高当地居民的经济收入。研究云南"直过民族"文化旅游活态博物馆式发展可以把原生态的"直过民族"生活真实完整地展现给人们，既可以保护当地延续下来的民族文化，又可以把这些民族文化传播出去。同时也可以促进旅游业的发展，从而带动当地社会经济的快速发展。

（一）助推"直过民族"传统村落保护

"直过民族"文化旅游活态博物馆式发展是将博物馆"搬到""直过民族"聚集地，以博物馆的形式对"直过民族"地区的文物进行系统、统一的保护，它的范围是以"直过民族"村落为中心，同时覆盖、结合村落周边一系列的

自然环境和人文环境，是将整个村落以活态博物馆的形式完整地展现给观众。"直过民族"活态博物馆的特点是，可以让观众在其中完整地观看"直过民族"真实的生产生活，真正近距离感受"直过民族"风情，同时又可以达到系统地保护"直过民族"传统文化的目的。

从本质上来说，活态博物馆式发展是以保护传统文化和社会环境为重点的。对于云南"直过区"来说，"直过民族"发展历史悠久，故而"直过民族"传统村落分布较多。将"直过民族"特有的文化资源与旅游相结合，使当地居民通过不断提升自己民族文化认同感，致力于保护传统村落的原始风貌以吸引更多的游客。如西双版纳布朗族生态博物馆，通过文化旅游活态博物馆式发展，居民对于传统村落文化保护意识明显提高，居民们把保护传统村落建设作为一项任务，不断发展自己的传统民族文化特色，因此在章朗布朗族古村落中基本上可以看到布朗族特色的传统建筑风格以及一些居民的传统生活习俗，章朗村在整体上还是保留了布朗族的传统村落文化特色。

因此，"直过民族"文化旅游活态博物馆式发展是传播、保护"直过民族"地区文化特色最合适的发展方式，可以更好地把云南"直过民族"众多的特色文化传播出去，进而进一步促进生态文明建设。

（二）增加"直过民族"文物的保护途径

云南"直过民族"经过了几百年甚至几千年的历史发展，"直过民族"在生产生活中祖祖辈辈所遗留下来的文物众多，如生产生活用具、民族服饰、信仰祭祀等。但是随着现代社会的发展与冲击，很多遗留下来的民族文物已经不再适用于现在人们的发展需求，而对于这些各民族传承、遗留下来文物的保护十分重要。虽然这些传统的文物现在已经不再被使用，但它始终是代表着一个民族在历史长河发展中所遗留下来的民族精髓，需要把它们收藏、保护起来，这也算是对民族传统文化的一种保护。文物在分类上，可以分为可移动文物和不可移动文物，对于传统村落来说，可移动文物的保护要容易些，各地博物馆都会组织相关人员到各村落中征集传统文物，再把文物整理、收藏起来，以传统博物馆式的异地保护起来。对于活态博物馆来说，对于不可移动的文物保护上，可以说是比较好的一种方式。活态博物馆的建立就是以村落为中心，把博物馆直接搬到传统村落中去，整个村落都是在这一活态博物馆的保护范围内，活态博物馆对传统村落中的民族文物进行"动态"和"静态"相结合的保护。在村落内建立资料展示中心，把可移动文物放到资料展示中心内，像传统博物馆一样对文物进行"静态"的保护起来；同时在展示中心外，村落中的一些不可移动文物自然也就被保护起来了，这就是对不可移动文物进行了"动态"式的完整保护。

（三）推动"直过民族"非物质文化遗产保护

文化遗产可以分为物质文化遗产和非物质文化遗产，即有形文化遗产和无形文化遗产。文化遗产的设立是对文化传承与发展的一种保护，让人们更清楚地认识到文化保护的重要性，非物质文化遗产是人们世代传承延续下来的文化精髓。云南"直过民族"众多地区是以少数民族村寨为主，"直过民族"的传统习俗还在保留着，非物质文化遗产丰富，"直过民族"文化旅游活态博物馆式发展更能够系统地保护"直过民族"地区的非物质文化遗产，并且系统地展示给观众。在建立活态博物馆的地区，活态博物馆会根据地区的传统习俗或是节日定期举行各类文化活动，让村民把自己的传统文化特色展示出来，这也是对少数民族非物质文化遗产直接在原生地进行活态保护的最好形式。

（四）促进社会经济的发展

建立活态博物馆的传统村落要求保留完整的民族传统特色，因此这些村落多数是偏远的山区，离市区有些远，村落经济发展相对落后。而建立活态博物馆的目的之一就是要在保护传统村落文化的基础上发展村落经济，让村民脱贫致富，改善生活条件，促进传统村落社会经济的发展。在传统特色村落中发展古老、淳朴、原始的特色旅游业，旅游业的发展又可以带动村落中一系列的产业发展，把村落中的特色产品也进一步推销出去，使村民在传统的收入方式上增加新的收入方式——旅游业收入。

"直过民族"文化旅游活态博物馆式发展将独有的民族文化融入旅游，让游客更加深入了解民族文化，通过沉浸式体验给游客留下深刻印象，从而也起到了宣传的作用，吸引更多的游客前来，为增加经济收入提供良性条件。因此，活态博物馆的发展也兼顾起促进保护地区社会经济发展的任务。

三、云南"直过民族"文化旅游活态博物馆式发展的构想

（一）构建"政府主导、专家指导、村民参与"的发展模式

云南省"直过民族"区集民族风情、自然风光、历史文化于一体，拥有良好的生态环境和旅游开发潜力，具有发展活态博物馆旅游的先天条件。活态博物馆作为民族文化保护的新兴形式，它的内涵和外延超越了传统博物馆，不但承担着文化的保护功能，更承担着经济发展的重任。"直过民族"活态博物馆的建设涉及对村落的规划管理、基础设施的建设、博物馆的运营等的内容，涉及面广、牵动面大，只有依靠政府的组织领导力量才能最大限度地协调、调动和整合人、财、物等资源。因此在建设与发展上政府就必须发挥引领、管理、规划的重要带头作用。

活态博物馆虽然不是传统意义上的博物馆，但它仍然要求具有一定的专业水准。为了保证旅游开发的合理性和科学性，这就要求在活态博物馆的规划建设和管理运营中，必须有具备专业知识的专家的指导，避免破坏性开发。在自然环境的治理和保护过程中需要生态学家的指导；在村寨建筑的修缮和维护过程中需要建筑学家的指导；在维系村寨内部社会关系的问题上需咨询社会学家和人类学家的专业意见。

与传统博物馆由专门工作人员建设和管理不同的是，活态博物馆扎根于原生社区中，活态博物馆最终需要由当地村民进行民主管理，并依靠村民的自身力量实现发展。首先，村民作为村寨物质文化和精神文明的创造者，是活态博物馆的灵魂和支柱，村寨的保护和发展既是他们的义务也是他们的责任，理应在保护过程中拥有参与权。只有得到村民的认同和支持，活态博物馆才能拥有持续的生命力。其次，村民居民的深度参与，不但有利于营造出自然而浓郁的民族风情，而且能增强民族文化旅游产品的原真性，提高"直过民族"区的人文魅力和吸引力。更为重要的是，云南"直过民族"区大多较为贫穷，当地人民的生活条件亟待改善，如果可以让村民参与到旅游业中，一方面有利于他们科学认识和重新评价自己的本土民族文化，保留原有的生活方式；另一方面也可以从中获取经济效益，实现通过旅游扶贫的目的，为传承和自觉保护民族文

化提供经济动力。

（二）坚持原真保护、整体保护的发展原则

"直过民族"文化旅游资源具有易损性以及损耗后的不可再生性，因此活态博物馆首先是"直过民族"文化的一种保护形式，然后才是一种旅游开发的新型途径。开发"直过民族"文化旅游的过程中，秉承"开发是保护的手段，保护是开发的目的"这一理念，坚持原真性保护和整体性保护的发展原则。

民族文化旅游重要的是体验当地文化氛围，其独特的高品位、原生态民族文化旅游是非常具有吸引力和竞争力的旅游资源。在开发民族旅游资源的过程中，要高度重视民族文化原真性，拒绝将其庸俗化、戏剧化。保留文化的原真性，首先要求原址保护。与传统博物馆所采取的将文物、文化脱离原生地进入博物馆保护的方式不同的是，活态博物馆并非人工建造的有形展馆，而是以村寨社区为单位，强调就地保护。原址保护的目的是想要达到"场景重现"，将少数民族原有的生活状态完整地呈现出来。所以这里的原址保护不仅有利于将村寨原有的街巷肌理、空间尺度和山水格局完整保存，而且有利于保护原有的生产生活方式、保留原有的产业结构以及具有民族特色和地域特色的民风民俗等方面的内容。其次在文化旅游发展过程中要杜绝过度商业化的现象，坚持本民族村民自愿参与、本色出演，防止为了追逐经济利益而使一些民族节庆、祭祀活动等失去原有含义的现象出现。最后在文化旅游发展的过程中将旅游开发、游客进入数量、游玩强度等控制在社区居民、自然生态所能够承载的范围之内，减少旅游发展对当地人文环境的负面影响。

"直过民族"的建筑风格、语言文字、民俗节庆、生活生产方式等的形成，与周遭的环境都是密不可分的，它们相辅相成、相互促进。因此活态博物馆的建设也应以村落为中心，将村落与周边的物质环境和自然环境作为一个系统共同地保存下来。古寨建筑、道路系统、周围植被、农田以及附近的自然村落等都应作为保护的对象。只有周边自然环境保护好了，村落才能有更好地发展环境。对于文化旅游而言，"直过民族"中的传统文化以及村落周边的自然环境都是旅游资源的一部分，并且如果能把传统民族文化和周边独特的自然环境结合起来，"直过民族"区域文化旅游将会有更大的发展前景。因此发展活态博物馆模式的文化旅游要重视村落的整体保护，把村落中的人文环境保护和村落

周边的自然环境保护放在同等重要的地位。

（三）坚持文化旅游深度融合，注重文化的活态传承

对"直过民族"来说，村民对自身文化的认识还处于潜意识阶段，对文化旅游的概念几乎还是一片空白。在市场经济和城镇化的冲击下，村落里的年轻人更愿意外出务工谋求更高的经济收入，加上老一辈的民族民间艺人的相继离世，民族文化的传承面临着后继无人的窘境，开展文化旅游的资源基础得不到保障。活态博物馆理念十分强调文化的延续，因此民族文化的活态传承在活态博物馆式文化旅游的发展过程中就显得尤为重要。

首先，要加强"直过民族"区民族文化传承人的培育，在此过程中要注重发挥教育的作用。扶持开展民俗文化培训班的创设活动，培养不同年龄段的文化继承梯队，避免传统技艺的失传，将本民族的音乐、舞蹈、手工艺融入课程之中。在"直过民族"发展文化旅游时要求加强对民族方言和普通话的学习，方言的学习不仅是对民族语言的一种保护，还有利于对民族文化的理解和传承，普通话的学习有利于旅游发展过程的对外交流，有利于地方的旅游服务力的提升。

其次，文旅融合和活态传承的内容要选择"直过民族"文化中具有典型性、正面性的优秀文化，包括众多物质文化和非物质文化遗产等方面进行旅游开发和文化传承，如"直过民族"优秀的歌舞艺术、独特的民族风情，保留完整的生产、生活、婚恋、习惯、礼仪等风俗习惯。无论是旅游的开发还是民族文化的保护，都要选取具有代表性的民族文化的精华部分，提供给游客高品质的旅游体验，也使得优秀的传统文化得以保存。

（四）政府、企业、居民三方共同确保资金保障机制的运行

活态博物馆的建设运作、文化旅游的发展过程需要大量的资金投入，然而"直过民族"区自然环境恶劣，产业结构以农业为主，由于生产力和生产关系落后，其经济基础较为落后，在发展和保护的过程中要拓展资金的来源渠道，政府、企业、居民合力构建资金保障的机制。政府的资金投入应主要用于对"直过民族"区文化遗产的保护、修复工作，当地基础设施的建设，活态博物馆的初期建设等方面中。企业主要负责在不破坏民族文化的前提下打造高品

质的文旅项目,投入的资金主要用于项目的建设和"直过民族"文化旅游的宣传中去。为游客提供饮食以及制作旅游纪念品,如小型蜡染、刺绣等需要较少资金的部分,可由村民自己投资。村民投资主要是使当地居民都能参与到文化旅游的管理中,提高参与度,避免在文化旅游活态博物馆式的发展过程中被边缘化。

为了维持活态博物馆的日常运作,发展文化旅游所取得的经济效益必须反馈一部分到社区居民、资源和环境之中。可以每年从活态博物馆旅游经营收入中划拨一定比例的款项,用作村民的旅游分红,村民获得了经济效益才会积极支持文化旅游的发展。此外,部分收入还要用于保持、美化、优化村落的自然生态环境,用于保护和修复古迹、建筑、特色村落等民族文化资源,还要作为民族文化研究、传习的经费。这样才真正做到了在发展中保护、在保护中发展。

第十章　打造乌蒙山红色文化旅游区建设研究

一、打造乌蒙山红色文化旅游区的重要意义

（一）打造乌蒙山红色文化旅游区具有重要的政治教育意义

乌蒙山片区是红军二万五千里长征的重要节点，区内扎西会议遗址、扎西会议纪念馆、镇雄革命烈士陵园、乌蒙回旋战纪念馆等重要遗址均是红军长征最具标志性的遗址，先后被列为"爱国主义教育示范基地""国防教育基地"等。打造乌蒙山红色文化旅游区，营造了浓郁的教育氛围与环境，以旅游为载体，从"寓教于游、润物细无声"的教育理念出发使游客在此深刻领略长征精神、培育强烈的民族自豪感与爱国主义。打造乌蒙山红色文化旅游区不仅对提高普通公民的思想道德素质起着重要作用，而且对增强党员党性方面作用更甚。通过对乌蒙山红色文化旅游区的实地考察，有助于党员仔细回顾中国共产党二万五千里长征的革命历史，重温并继续发扬党的优良传统作风，保持党的先进性。

（二）打造乌蒙山红色文化旅游区有助于弘扬伟大民族精神、增强文化自信

长征精神是伟大中华民族精神在革命斗争中的传承、锤炼和升华，是社会主义先进文化的重要内容，也是推进中国特色社会主义伟大事业的强大精神力量。在当下多元文化复杂交织的背景下，外来文化、网络文化、本土文化不断

争夺着大众的精神阵地。在长征的重要节点就地取材打造乌蒙山红色文化旅游区，深植根本，延续长征精神这种极具感染力、容易引发共鸣、引人积极向上的红色文化，同时也延续了红色基因为当代人提供精神支持与和实践坐标，成为新时代人们所需要的精神养料，增强文化自信。

（三）打造乌蒙山红色文化旅游区有助于促进云贵川三省红色旅游业联动发展，弥补滇中、滇东北的旅游短板，培育云南省旅游业新的增长极

红军长征途经乌蒙山片区中黔西北、滇中、滇东北、川南、川西部分地区，川贵两省对红色长征文化资源的保护、开发及利用都先于云南省且颇具成效。云南省打造乌蒙山红色文化旅游区可积极寻求与川贵两省的合作，对长征旅游资源进行共同规划，按照特色互补、风味兼顾、组合有序、搭配有度、价格合理、线路科学的原则进行整体设计、实现资源共享，以提高资源利用率，增强红色旅游吸引力，打造乌蒙山红色文化旅游品牌。实现市场互动、客源互通，促进三省红色旅游业的联动发展，共同创收。弥补滇东北的旅游业短板，丰富地区产业，使旅游业成为滇中、滇东北除工业外又一支柱产业。同时，打破大众对云南只有民族、自然等景观的固有印象，使红色旅游成为云南省旅游业又一精品以及新的增长极。

（四）打造乌蒙山红色文化旅游区有助于打赢脱贫攻坚战

截至2019年5月，乌蒙山片区云南境内仍有10个国家级贫困县（会泽县、昭阳区、鲁甸县、巧家县、盐津县、大关县、永善县、镇雄县、彝良县、武定县），其中会泽县、镇雄县、彝良县等革命老区（县）红色旅游资源禀赋较高。利用好资源禀赋发展旅游业，一是能促进基础设施的发展；二是在"绿色发展"理念的指导下能一定程度地修复生态环境；三是增加就业机会，能让当地居民在地就业。打造乌蒙山红色文化旅游区社会经济收益成效较高且快，有助于贫困县摘帽，提升居民的生活品质，加速打赢脱贫攻坚战。

二、乌蒙山红色文化旅游发展现状

红军长征过乌蒙山云南境内的重要节点为昆明市的禄劝彝族苗族自治县、

寻甸回族彝族自治县（巧渡金沙江），昭通市的镇雄县、彝良县（乌蒙回旋战）、威信县（扎西会议），曲靖市的会泽县（扩红运动）。以上述重要节点为中心的周边区域红色旅游资源数量巨大，分布集中，资源类型丰富，资源品位和等级都较高，以社会经济文化活动遗址遗迹、居住地与社区为主。昆明市最突出的有寻甸县柯渡镇红军纪念馆、禄劝县红军长征毛主席路居纪念馆、禄劝县皎平渡口。滇东北曲靖、昭通二市的主要景点有扎西会议旧址、水田花房子中央政治局常委会议旧址、虎头山革命烈士陵园、红九军团扩红遗址、"九五"播乐起义纪念址、罗炳辉故居、会泽水城红军扩红旧址等 85 处，占全省红色旅游资源总量的比重为 14.31%。

在寻甸和禄劝，首先采取"以红带绿"，依托红色资源吸引游客的同时，进一步结合地方区位及资源优势，大力挖掘乡村绿色观光旅游，将红色旅游资源和绿色生态旅游资源串联起来，形成新的旅游线路，带动当地农村百姓脱贫致富。现已经在全县发展红色旅游的区域，均相应配套建设了一定数量的果蔬采摘园。其次是红乡集合，完善红色旅游接待能力。政府制定并出台了《寻甸县发展红色旅游实施意见》等文件，从用地、资金、培训、奖励等方面提供优惠和支持，引导农户利用当地资源和优势，在不改变原有风貌、样式等基础上，高品位建设星级农家乐、乡村酒店、乡村旅游点。

昭通市在加强红色旅游资源保护的基础上，加快红色旅游产品开发，突出"红＋绿""红＋古""红＋俗""红＋农"的复合性红色旅游产品体系打造，重点打造纳入全国红色旅游经典景区建设名录的"威信县扎西会议会址""罗炳辉将军故居暨乌蒙回旋战旧址"和镇雄县"乌蒙回旋战纪念馆"三个红色精品旅游景区。同时把红色旅游线路上的"彝良小草坝生态旅游景区、镇雄天坑溶洞群、威信观斗山—天星生态休闲区"等融入其中同步提升打造，再来推进红色旅游小镇等建设。着力打造 5 个红色旅游小镇和 8 个红色旅游村（见表10-1），建设乡村旅游富民工程 10 个（镇雄 3 个、彝良 3 个、威信 4 个）、发展红色旅游农家乐 65 个（镇雄 20 个、彝良 20 个、威信 25 个）。除此之外，打造了滇川黔鸡鸣三省红色旅游自驾线。从昆明出发，过会泽，经彝良、威信、镇雄，到达贵州毕节、遵义，里程约 712 公里。沿途主要有罗炳辉将军纪念馆、小草坝景区、牛街古镇、凤翥特色村、扎西会议纪念馆、鸡鸣三省会议会址、鸡鸣三省大峡谷、以勒物流特色小镇、乌蒙回旋战纪念馆等主要景区，整条旅游线路串联的旅游产品大约有 20 个。

表 10-1 5 个红色旅游小镇和 8 个红色旅游村名单

红色旅游小镇	镇雄县旧府红色旅游小镇、彝良县角奎红色旅游小镇（刘平楷故居）、奎香红色旅游小镇、威信县扎西红色旅游小镇、水田红色旅游小镇
红色旅游村	场坝镇巴溜红色旅游村（贺龙指挥部旧址）、角奎镇阿都红色旅游村、奎香乡寸田红色旅游村、柳溪乡水果红色旅游村、水田镇水田红色旅游村、水田镇龙洞红色旅游村、扎西镇干河红色旅游村、扎西镇石坎红色旅游村

2018 年，曲靖市首要对境内红色旅游景区、纪念馆、博物馆的解说词进行了审核指导，规范陈列布展及解说词，提升革命纪念场馆陈展层次，全面提升完善红色旅游配套设施，提高接待水平和能力。其次加大宣传、营造红色旅游氛围，如"九五"播乐起义纪念碑和纪念馆举办了"九五"播乐起义 70 周年纪念活动，普冲红色教育基地开展了"追寻红色足迹，弘扬革命精神"主题教育活动。同时，积极筹集资金，狠抓基础设施建设。2018 年 3 月，由国家发改委批准建设会泽水城红军扩军旧址景区建设项目，总投资 1518.17 万元，其中中央投资 1214 万元，现已完成投资计划的 85%。

三、典型经验借鉴

近年来，全国各地红色旅游发展迅速，社会效益和经济效益显著。尤其是上海、河北、延安、江西等地充分利用红色资源，结合其他旅游元素，打造了规模化的红色旅游产业。打造乌蒙山红色文化旅游区可以学习借鉴上述红色旅游目的地的成功经验。

（一）实施品牌战略，树立红色旅游形象

江西省在《2016—2020 年全国红色旅游发展规划纲要实施方案》中设定了江西省红色旅游发展的总体目标是：实现红色旅游产业化，打造全国红色旅游的"江西样板"，建成中国红色旅游发展典范、全国最具吸引力的红色旅游目的地。为此，江西重点建设 11 个红色旅游经典景区，提升完善 6 条"红色旅游精品线路"，培育形成 2 个"红色旅游全域示范区"；以全省全域红色旅

游建设为抓手，形成完整的工作体系及整体红色旅游形象，形成国内一大红色旅游品牌。

（二）创新红色旅游形式和载体，引导游客深度体验

上海市近三年基于数字技术加大对红色旅游产品的开发，如 2017 年、2018 年、2019 年陆续推出的"中共一大·回到 1921""中共四大·力量之源""龙华精神·英雄之城"沉浸式红色旅游产品。以在上海发生的红色历史事件为产品背景，采用解谜剧本的方式，让游客成为剧本主人公，在剧本中对红色英雄背后的故事进行探寻。同时，借助 VR、AR 等数字技术，给游客身临其境的震撼体验。

（三）深化产业融合发展，增强红色旅游市场开拓能力

一方面是产业内融合，如延安将境内红色旅游资源与黄土高原的人文文化资源、黄河壶口的景观资源结合起来，因地制宜形成了"红黄"结合的模式，形成了互补互融的局面。另一方面是产业间融合发展，主要是基于"红色旅游+"的理念，打造复合型旅游产品。最典型的即"红色旅游+教育"，将红色旅游资源作为开展爱国主义教育、革命传统教育、思想政治教育的生动教材。通过产业内外的融合，不断拓宽红色旅游市场覆盖范围。

四、打造乌蒙山红色文化旅游区的构想建议

（一）深挖红军长征过乌蒙的精神文化内涵，加速乌蒙山红色旅游提质

构建以昆明市的禄劝彝族苗族自治县、寻甸回族彝族自治县，昭通市的镇雄县、彝良县、威信县，曲靖市的会泽县为核心区的乌蒙山红军文化旅游区。深入挖掘乌蒙山红色旅游的文化内涵，开发以培育爱国主义、革命传统教育和增强文化自信为宗旨的旅游产品。充分发挥文艺作品、新闻等的传播作用，借助传统与新媒体进行大力宣传红军长征精神，吸引退伍老兵、各界爱国人士等的目光。广泛动员各级部门和社会各界共同参与，围绕红色遗迹、长征精神的

旅游产品开发等不同方面进行探究和挖掘，使乌蒙山成为红色旅游文化精品，推动乌蒙山红色旅游高质量发展。

（二）加大主体投入力度，推进基础设施建设

一是红军长征经过地各博物馆、纪念馆的研究工作不够深入，场馆设施比较薄弱，特别是县级馆大多是利用旧址作展厅，设施简陋，陈列手法落伍。要改变现状，就要加大遗址遗迹保护经费，并注重加强对博物馆、纪念馆等历史遗迹的修复工作，并安装相关的技术防范设施进行有效保护，同时丰富展示内容与形式，吸引游客。二是乌蒙山交通现状有待改善，镇雄县、彝良县、威信县、会泽县等重要节点高铁班次较少，可通达性低。要制定乌蒙山旅游交通条件改善的具体政策，加大政府及各界人士的投入力度，增强乌蒙山重点遗址遗迹的交通可进入性。三是制定《旅游接待体系规划》，进一步明确旅游服务设施的位置、规模、档次、结构、分格、数量及其用地。新建游客信息服务中心、旅游集散中心、旅游解说系统等基础设施，并配置信息服务平台，为游客提供更加良好的旅游服务，增强旅游体验。

（三）打造乌蒙磅礴红色旅游线，让红色旅游成为弘扬民族精神的文化工程

红色旅游可以和自然景观、历史景观和人文景观紧密结合在一起，兼顾政治性和市场性，整合形成主题鲜明、内涵丰富的红色旅游精品线路，可以更好地释放红色旅游的教育功能和教育效果，全面提升红色旅游的冲击力和震撼力。

2019年7月1日云南省文化和旅游厅发布了昆明—寻甸—东川—会泽—巧家—昭通—威信旅游线路，在此基础上制订乌蒙山红色旅游精品线路：昆明（寻甸）—曲靖（会泽）—昭通（镇雄、彝良、威信），将该线打造成为以长征文化为主、古城文化与民族文化为辅，体现红军与当地人民互助精神的红色旅游经典线路，尤其适合爱国主义教育游、民俗生态体验游、山地运动观光游以及自驾游；该线最大的特点是极具穿越感，充分展现相关县（市）以及邻近省份的红色文化、自然风光和人文历史等，以达到展示乌蒙长征文化风采，让红色旅游成为弘扬民族精神的文化工程，推动云南文化旅游走向世界的目的。

红色景点串联起来的红色主题线路，可以为游客更完整、全面地呈现一段红色历史，通过延长红色旅游 IP 价值链，打造红色旅游精品，游客可以通过该线路重温"乌蒙磅礴走泥丸"的革命历史，感受红军长征精神文化，可以让游客的红色之旅更加难忘。

（四）创新表达形式，打造富有良好体验感的乌蒙山红色文化旅游

红军长征过乌蒙山发生过许多重大事件，例如扎西会议、乌蒙山回旋战等，顺应旅游发展趋势，红色旅游产品需要注重加强现场体验感和时代感，激发游客的兴趣，用他们喜闻乐见的形式来讲述乌蒙山红军长征故事，让游客真正理解扎西会议，乌蒙山回旋战等红色历史。例如，一是引入互联网、VR、全息投影等新技术，在数字技术的辅助下更直观生动地呈现历史事件和场景，打破历史人物与游客之间厚重的时空隔膜，让红色历史"活"起来，成为"可以穿越的历史"与"可以透视的故事"。二是红色历史与影视相结合，顺应当下 IP 影视剧热潮，在已有的一批反映光荣革命传统、展现乌蒙山红军长征精神面貌的优秀文艺作品基础之上进行再加工，如基于《回旋乌蒙》《赤色乌蒙》《红色川滇黔边》《红色精神照扎西》《红军战士肖发文的故事》等长篇小说邀请著名红色影视制作人加工创作一批有质量、上档次的红军长征纪录片、影视剧作品等在旅游区内播放，让游客更加直观地感受红军长征的历史，提升乌蒙山发展的文化"软实力"。采用当代方式创新性地阐释红色历史、表达红色精神，传播红色文化，打造有体验感的乌蒙山红色文化旅游。

（五）积极探索"红色旅游 + 白酒文化"的可能性，推动业态融合

扩大乌蒙山产业在乌蒙原有项目的基础上，推进一批新项目，如"红色旅游 + 白酒文化"。白酒文化是中国博大精深的传统文化之一，赤水河发源于乌蒙山片区的镇雄县，经贵州省毕节市的七星关区、金沙县与四川省叙永县、古蔺县边界，进入仁怀市、习水县、赤水市，至四川省合江县入长江。赤水河流域内盛产美酒，如贵州的茅台、四川的泸州老窖等，茅台和泸州老窖的酿造工艺已列入第一批国家非物质文化遗产名录。把红色旅游与白酒文化作为文化产业的产业链，进行积极和有效的开发，一方面要把白酒文化与红色资源紧密联系起来，以长征精神为企业核心，建立起有企业特色、有个性和独特的企业文

化。另一方面则可以在旅游产品中，包括旅游的商品中突出白酒文化与红色文化的"联姻"。这样不仅加大了两者的联合宣传力度，推动业态融合，而且能扩大乌蒙山产业。

（六）树立乌蒙山红色文化旅游全域发展观，营造浓郁红色文化氛围

针对乌蒙山原来"景点旅游"所带来的诸多问题和相对薄弱环节，从过去粗放型发展模式向标准化、规范化提升，让游客与居民共享，增加综合效益。在景点旅游模式走向全域发展模式的转型中，通过打造"红色记忆"景观带，实现景区内外一体化，使游客进入旅游区域即可感受红色旅游文化氛围，从而提升红色旅游的影响力和吸引力。

（七）重点处理好开发与保护的关系，在与自然和谐的基础上共同打造乌蒙山红色旅游新高地

调查研究表明，大量旅游区开发与保护严重失调，历史风貌破坏严重。经营者往往为了追求经济利益，而以牺牲环境和资源为代价获得高额利益。例如，遵义会议遗址的免费开放，虽然一方面对开展爱国教育有重大意义，但随着其不同层次旅游资源的增多，这种红色文化的地位便在无形中受到了贬值，大多数人并未理解红色文化的真正意义而到会址随便看看，同时还造成旅游资源的破坏，使得一些红色旅游资源失去原有风貌和意义。乌蒙山片区作为红色革命老区，有着发展红色旅游得天独厚的条件，在打造乌蒙山红色文化旅游区时，要对乌蒙山红色旅游资源进行整理，运用科学理论进行合理论证，在此基础上制定《乌蒙山红色旅游资源保护开发的总体规划》，从红色资源、旅游产品、旅游市场三方面运作，形成乌蒙山红色旅游资源保护开发的良好发展模式，共同打造乌蒙山红色旅游新高地。

第十一章　高黎贡山生态文化旅游区建设研究

一、高黎贡山基本情况

（一）丰富的文化旅游资源

高黎贡山地处云南西部中缅边境地区，北接青藏高原唐古拉山，南衔中印半岛，东邻横断山系的怒山（碧罗雪山）山脉，西毗印缅山地，从北到南共600余公里，最高海拔5128米，最低海拔210米，是我国西南地区的绿色生态安全屏障，是中国和世界生物多样性关键性地区，是实施"一带一路"中缅印跨境保护的重要地段。1962年高黎贡山被划为国有林禁伐区，1983年省政府批准建立省级自然保护区，1986年晋升为森林和野生动物类型的国家级自然保护区，1992年被世界野生生物基金会评定为具有国际重要意义的A级保护区，2000年被联合国教科文组织批准接纳为"世界生物圈保护区网络"成员，2006年被国家林业局批准为全国示范建设自然保护区。

目前，高黎贡山共有高等植物5726种、特有植物有434种、有脊椎动物928种。此外，高黎贡山两侧分布有汉、傣、傈僳、景颇、怒等共12个世居民族约70.58万人，是佛教、基督教、伊斯兰教、道教、儒教等多种宗教及原始崇拜之地，因此高黎贡山又被誉为"文化之山""人类的双面书架""世界物种基因库""自然博物馆""世界雉鹊类的乐园""大地的缝合线""中国白眉长臂猿之乡"等。

（二）高黎贡山国家自然保护区管理情况

1986 年高黎贡山经国务院批准列为首批国家级自然保护区。保护区总面积 405200 公顷，是云南省面积最大的自然保护区，其中 323685 公顷在怒江州境内，占保护区总面积的 79.9%。核心区面积 183789.5 公顷，占保护区总面积的 45.3%；缓冲区面积 142611.5 公顷，占保护区总面积的 35.2%；实验区面积 79148 公顷，占保护区总面积的 19.5%。

高黎贡山自然保护区涉及怒江州的贡山、福贡、泸水三地，保山市的隆阳区、腾冲市两市区。其中，贡山县境内有独龙江、丙中洛、茨开、棒打 4 个乡镇，福贡县境内有架科底、子里甲、匹河 3 个乡，泸水市境内有洛本卓、古登、上江、六库、鲁掌、片马 6 个乡镇，隆阳区境内有潞江、芒宽 2 个乡，腾冲市境内有明光、界头、曲石、上营 4 个乡。生物走廊带属贡山县的普拉底乡，福贡县的马吉、利沙底、鹿马登、腊竹底等乡，泸水市的洛本卓、称戛乡，腾冲市的五合乡，隆阳区的潞江乡。

1994 年林业部批准实施第一期总体规划，保山市、怒江州分别成立了保山管理局和怒江管理局，分别指导和协调辖区内的管理所及其他业务工作。现保山管理局下辖 2 个管理所、11 个管理站，怒江管理局下辖 3 个管理所、13 个管理站。

2015 年 12 月，为加强云南省和谐社会建设，树立生态文明品牌，切实解决云南省自然保护区管理和保护工作中存在的体制机制问题，按照省委、省政府的要求，省委编办、省财政厅与省林业厅开展了理顺云南省自然保护区管理体制工作。近日，云南省机构编制委员会批准了 16 个州市的自然保护区管理机构方案。全省共建立国家级和省级自然保护区管护机构 56 个（其中国家级管护机构 21 个，省级管护机构 34 个），核定编制 2504 人，国家级自然保护区管护机构统一设置为州市林业局下属正处级事业单位，省级自然保护区管护机构统一设置为副处级事业单位。

云南省的自然保护区保护了最精华、最丰富的生物多样性资源，管理工作任务十分繁重，责任极其重大。然而，改革前，自然保护区管理体制滞后严重制约了自然保护区的发展，自然保护区存在的管理机构不健全、规格不统一、设置不规范、编制下达层级复杂、资金保障不足等体制问题严重制约了云南省自然保护区的发展，对云南省的生态保护和生态文明建设产生了极大的冲击。

通过改革，一是明确各级政府间主体责任，省政府统一领导全省自然保护区管理工作，国家级、省级自然保护区由所在地州（市）政府直接管理，州级、县级自然保护区由所在地县（市、区）政府直接管理。省林业行政主管部门负责全省林业行政主管部门主管的自然保护区的业务指导和监督管理。州（市）、县（市、区）林业行政主管部门加挂自然保护区管理局牌子，具体负责辖区内自然保护区的管理和保护。二是明确行政隶属关系和机构职责，解决林业行政主管部门与自然保护区管护机构隶属关系不顺，行政执法主体不明问题，将国家级、省级自然保护区管护局设置为州（市）林业行政主管部门下属事业单位。三是规范自然保护区管护机构设置，统一自然保护区管护机构设置要求，提升机构级别。国家级、省级自然保护区管护局机构规格分别设置为正处级、副处级。跨州（市）的国家级自然保护区，其业务指导、项目申报和统筹协调等工作由省林业行政主管部门负责。保护区所在州（市）单独设立管护机构，为州（市）林业行政主管部门下属的独立事业单位。四是科学合理核定自然保护区机构人员编制，主要根据自然保护区的级别、管护面积、管护站数量、跨行政区域情况、所在地人口密度、自然保护区完整性、国际影响力等因素，由机构编制管理部门计算并综合平衡后核定。五是经费纳入各级政府财政预算，完善财政保障制度，按照机构编制部门核定的编制，自然保护区管理机构人员经费、工作经费由同级财政部门按照编制部门核定的编制数核拨。切实履行省政府对国家级、省级自然保护区的管理责任，为保护区管理提供有力保障，人员经费、工作经费纳入省级财政预算。六是机构设置体现保护优先原则，积极纠正各地存在的重开发、轻保护的现象，建立资源开发与生态保护协调的管理模式。按照"自然保护区的自然环境和自然资源，由自然保护区管理机构统一管理"的法规规定，依托自然保护区，建立资源管理责权利统一的管理机构，解决一地多牌、开发与保护分离的体制问题。依托自然保护区设置的其他保护、开发机构，原则上只能在自然保护区管护局加挂牌子，实行"几块牌子、一套班子"的管理模式。

二、保山市对高黎贡山保护与开发主要成效

自高黎贡山保护区成立以来，保山市对高黎贡山生态保护由单纯森林保护迈向以自然资源、自然环境和自然景观综合保护为本，科学研究、资源监测、中外合作、推动周边发展等多领域拓展的道路，"绿水青山就是金山银山"的"绿色效应"逐步显现。

2011年3月经云南省政府同意，高黎贡山自然保护区保山段建立国家公园。目前，编制了《云南高黎贡山国家级自然保护区生态旅游总体规划》《高黎贡山国家公园总体规划》《高黎贡山国家公园百花岭东部游客服务中心建设项目规划方案》《云南高黎贡山国家级自然保护区总体规划（2018—2027年）》等规划。

（一）有效破解生境破碎化世界难题

建立近5000公顷生物走廊带，并纳入保护区建设管理，成功实现高黎贡山国家级自然保护区与小黑山省级自然保护区"牵手"，有力改变了该区域野生动物栖息地孤岛化和破碎化现状，野生动物栖息地质量得到明显改善，种群数量得到有效恢复，野生动物野外遇见率明显提高，被中外专家高度评价为云南省乃至中国生物走廊带建设较为成功的典范。

（二）首开农村社区自发保护先河

在隆阳区芒宽乡百花岭村成立我国第一个农民环保组织"高黎贡山农民生物多样性保护协会"，大力开展农村实用技术及生物多样性保护知识培训、混农林示范种植、集体林经营管理、乡土树种造林、乡村旅游等活动，增强周边群众保护意识并脱贫致富。目前，高黎贡山周边共成立了30余个区域群众保护组织，为高黎贡山生物多样性保护和地方经济社会发展做出了积极贡献。

（三）开辟国际科研合作新途径

国际社会高度关注高黎贡山生物多样性保护，多批中外合作保护项目落户高黎贡山，对改善高黎贡山森林管理、增加森林面积，帮助周边社区农民拓宽

收入来源，提高农业生产技术和管理水平，引导群众积极投身社会公益事业等方面产生了重要作用，受益人口达 16 万。

（四）开启物种科考研究新方法

建立动植物科学监测体系，以流动考察和固定监测等方式开展科学研究，《高黎贡山植物》《高黎贡山国家级自然保护区》《高黎贡山海拔梯度生态样地》等生物多样性专著影响深远。以白眉长臂猿为代表的稀有珍稀动植物在高黎贡山"见面"，2018 年 5 月，保山市被冠名为"中国白眉长臂猿之乡"。

（五）公众树立和践行"绿水青山就是金山银山"理念更加自觉

采取用影像保护自然，用图书讲述高黎贡山故事，建立中国内地第一所自然学校、线上线下同步开展"网护高黎贡山"等方式，全方位展示高黎贡山生态保护成果。目前，共有 4.6 亿网民参与其中，"绿水青山就是金山银山"理念更加深入人心。

（六）保护与开发"相得益彰"

在生态优先、保护第一的前提下，借助高黎贡山资源特色"名片"，着力构建"一圈一环一线"品牌化发展格局。加快打造"世界高黎贡山·东方黄石公园"品牌，"东方黄石"商标完成注册，正在加快高黎贡山国家公园与美国黄石公园结成姊妹公园。建成火山热海、玛御谷温泉小镇、邦腊掌、康藤·高黎贡帐篷营地、高黎贡山摄影小镇、高黎贡山省级旅游度假区、龙江特大桥景区、银杏小镇、高黎贡民俗小镇等一大批不同层次、不同类型的休闲度假产品。建成中国乡村旅游模范村 3 个、省级旅游特色村 12 个、省级民族特色旅游村 13 个、市级旅游特色村 49 个。成功推出"高黎贡山国际观鸟节""白眉长臂猿的呼唤""拜访世界杜鹃王""重走远征军之路"等精品生态旅游体验之旅。美国、英国、法国、中国香港、中国台湾等 20 多个国家和地区的多批团队到高黎贡山进行观鸟、探险等生态旅游活动。2018 年，区域内共接待游客 1115 万人次，实现旅游业总收入 124 亿元，同比增长 17.12% 和 27.83%。"高黎贡——原始森林中感受多样生命""史迪威公路——中国远征军荣耀之途""高黎贡穿越最美山脊线"入围"2017 年度中国自驾游路线评选"榜单。

（七）初具国家公园创建经验

党的十八大以来，保山市始终坚持以习近平新时代中国特色社会主义思想为指导，按照保护优先、永续发展，统筹协调、和谐共生，政府主导、多方参与、创新体制、系统保护的原则，积极探索实践"绿水青山就是金山银山"，在全民共享、提升生态系统服务功能、自然教育等方面先行先试，积累了一定经验，有力促进了高黎贡山生物多样性保护，维护生态平衡发展。同时，在机构管理上，设立高黎贡山国家公园管理局，编制人员 121 人，社区护林员 252 人。①

三、近年来怒江州对高黎贡山保护与开发主要成效

近年来，怒江州委、州政府深刻认识到旅游产业在怒江脱贫攻坚中的引擎助推作用，希望加快推进旅游资源优势向经济优势转变，全力助推怒江脱贫攻坚，出台了一系列政策来推动旅游业发展，这些政策都涉及高黎贡山怒江段，包括《关于加快构建现代公共文化服务体系的实施意见》（怒办发〔2017〕45号）、《怒江州关于促进全域旅游发展的实施方案》（怒办通〔2018〕98 号）、《怒江州人民政府关于推动旅游革命加快旅游产业转型升级的实施意见》（怒政发〔2019〕12 号），怒江州旅发委制定了《怒江傈僳族自治州旅游产业"十三五"发展规划》（2016 年 8 月）等。

（一）设立两大国家公园

2016 年 5 月 10 日，云南省人民政府批准设立了独龙江国家公园、怒江大峡谷国家公园。

独龙江国家公园位于怒江州贡山县独龙江乡，主要依托高黎贡山国家级自然保护区怒江片区的北段而建，至今仍保存有完整的森林生态系统、古朴的社会形态、独特的民族风俗及宗教文化遗产，被生物学家称为"物种多样性的中心舞台"，是保存完好的一片神秘净土，以中国最神秘的峡谷——独龙江峡谷、

---

① 徐宝祥，谷方灿.高黎贡山的"绿色效应"［N］.云南日报，2009-12-09（005）.

被遗忘的峡谷精灵——戴帽叶猴和神秘独特的独龙族文化为核心资源。

怒江大峡谷国家公园地跨怒江州的泸水、福贡、贡山，主要依托高黎贡山国家级自然保护区中北段。区内自然地理环境独特、物种多样性丰富、珍稀濒危物种繁多、特有物种和古老孑遗物种高度集中、生态系统原始而完整、历史文化底蕴厚重、少数民族文化神秘，分布有世界最长峡谷——怒江大峡谷，最负盛名的怒江符号——怒江金丝猴，最具代表性的常绿阔叶林生态系统，全球分布面积最大、最为原始的秃杉林和独具特色的峡谷文化——怒族文化。

（二）发展规划

1. 发展思路

牢固树立"云南只有一个景区，这个景区叫云南"的全域旅游发展理念，按照夯实基础、完善配套、打造精品、融合发展的思路，努力打造怒江大峡谷世界知名旅游品牌，着力把旅游产业培育成为怒江最重要的战略性支柱产业，把怒江建设成为国内一流的自驾徒步旅游胜地、世界知名的生态旅游目的地、旅游扶贫带动脱贫攻坚示范区。

2. 特色发展的原则

按照打造"峡谷怒江·养心天堂"及怒江大峡谷生态旅游品牌的目标，精心打造一批有特色、影响力大的精品景区、特色小镇、旅游特色村、精品自驾徒步线路。

3. 新产品新业态建设

包括精品徒步线路旅游产品、探险科考研学旅游产品、温泉和精品酒店等旅游产品，加快发展低空、健身、水上、越野体育旅游，推动以傈僳族阔时节、怒族鲜花节、独龙族卡雀哇节、普米族情人节、白族二月会和澡堂会等为代表的边地文化旅游产品。

4. 精品景区创建

全面推进怒江大峡谷生态旅游区、独龙江生态旅游区、丙中洛民族风情旅游区等7个精品旅游景区建设，将独龙江生态旅游区创建为国家5A级旅游景区，将丙中洛民族风情旅游区创建为国家级旅游度假区，将石月亮—亚坪、老姆登—知子罗、片马、罗古箐—大羊场4个景区创建为国家4A级旅游景区，初步形成怒江高端化、国际化、特色化、智慧化的旅游景区体系，成为怒江具有世界级影响力、吸引力和竞争力的旅游核心产品。①

四、建立高黎贡山生态文化旅游区存在的问题

虽然高黎贡山有着丰富的旅游资源，有着建设"生态文化旅游区"得天独厚的条件，但是现实情况不容乐观，保山市和怒江州并没有形成合力，而是呈现各自开发建设的局面，存在着"九龙治水"、管理割裂、边界不清、权责不明，栖息地破碎化，保护区域不连续、碎片化、孤岛化严重，统筹协调不力；缺乏财政支持、社会资本不多；跨境合作管理难度大；社区参与不高；保护与发展矛盾突出等问题，极大影响了生态保护综合效能的整体发挥，从而影响了高黎贡山生态旅游文化的发展。

（一）保山市面临的问题

保山市以"世界高黎贡山·东方黄石公园"目标定位，实施国家公园建设方案，并且初具成效，但也是困难重重。

1. 不是国家层面的国家公园

高黎贡山自然保护区保山段 2011 年 3 月经云南省政府同意批准建立国家公园后，保山市一直致力于高黎贡山国家公园建设工作，提出"世界高黎贡山·东方黄石公园"目标定位，制定下发了《保山市争创高黎贡山国家公园打造"东方黄石公园"工作方案》等实施方案，明确工作思路、任务和措施，并纳入了市委重点工作任务督查范围。

由于高黎贡山纵跨云南省保山市和怒江州，目前被分成高黎贡山国家公园、怒江大峡谷国家公园、独龙江国家公园 3 个国家公园，使高黎贡山国家公园失去了规划完整性，整体价值被降低。例如，高黎贡山纵跨五个纬度，垂直海拔超 4000 米，被分割为 3 个国家公园后，高黎贡山植被垂直带谱和物种东西交融特点无法很好彰显，整体保护、整体规划、整体开发难以实施，影响力大打折扣。2017 年高黎贡山未被纳入国家层面的国家公园改革试点，云南省也仅有普达措国家公园成为唯一被纳入试点总结的国家公园，加之云南也未出

---

① 《怒江州人民政府关于推动旅游革命加快旅游产业转型升级的实施意见》。

台相关改革方案，对有序推进高黎贡山国家公园建设影响巨大。

2. "绿水青山"向"金山银山"转变还有差距

良好的生态环境具有巨大的"磁场效应"，是决定一个地方发展空间、发展高度、发展后劲的重要因素，高黎贡山作为保山跨越发展、群众脱贫致富的最大本钱，"绿水青山"转化为"金山银山"仍面临一些问题。一是法律法规冲突。现行法律法规和规章、标准、规程对保护区开展生态旅游的约束和规范不够明确具体，导致出现保护与开发"一管就死、一放就烂"现象。例如，根据《中华人民共和国自然保护区条例》第十八条规定：自然保护区可以分为核心区、缓冲区和实验区。核心区禁止任何单位和个人进入，缓冲区只准进入从事科学研究观测活动，实验区可以进入从事科学试验、教学实习、参观考察、旅游以及驯化、繁殖珍稀、濒危野生动植物等活动。但在具体实施过程中，林草、文化和旅游、生态环境等多部门对保护区管理的要求不同，导致项目审批困难重重。又如，随着森林生态旅游的兴起，进入高黎贡山自然保护区旅游观光、徒步登山探险人员不断增长，未经许可进入保护区内探险、游玩安全事件时有发生，给保护区管理带来较大压力。二是商品林与国有林等"借山造林"历史遗留问题尚未解决。未建保护区前，为响应国家加快林业发展号召，部分生产队与林业部门签订协议，利用国有林地营造商品林；保护区建立后，借山造林区域被划入自然保护区范围严禁采伐。随着林木效益逐年上涨，借山造林群众要求采伐或补偿的要求越来越强烈，对高黎贡山管理、保护形成巨大压力。例如，保山市共有 7 万余亩集体林被划入保护区，腾冲市有借山造林面积2340 亩，近年来，借山造林群众多次以人大建议、政协提案等方式反映要求采伐或补偿，个别群众频繁到市、省林业部门上访，目前，腾冲已提出以政府赎买方式解决借山造林问题，但尚未最终解决。

3. 自然教育投入不足

党的十八大以来，自然教育在贯彻"创新、协调、绿色、开放、共享"的生态理念中兴起，对坚持人与自然和谐共生，教育群众努力争做生态文明建设者和自然生态系统及其生物多样性的忠诚卫士具有显著作用。但由于我国自然教育尚属起步阶段，群众对自然教育理念认识不深，自然学校硬件设施设备匮乏，管理机制不完善，辅导人员紧缺等问题不同程度存在。例如，高黎贡山国家公园开展自然教育主要依托保护区管护人员开展，无专职自然教育师资和专业机构认证人才及相关收费权，既是"运动员"又是"裁判员"现象突出，极大限制了自然教育健康有序发展。

4. 机构改革大背景下的森林执法权混乱

目前，保护区执法主要依据《中华人民共和国自然保护区条例》《云南省自然保护区管理条例》授权执法及林草局委托执法两部分组成，在"组织管理机构"中都设置了保护区派出所给予执法保障，但 2018 年 2 月《中共中央关于深化党和国家机构改革的决定》下发后，要求加快推进事业单位改革，全面推进承担行政职能的事业单位改革，理顺政事关系，实现政事分开，不再设立承担行政职能的事业单位，作为保护区法律法规执行最基础和最坚强的执法保障工作，保护区面临执法职能缺失困境。例如，机构改革要求不再设立承担行政职能的事业单位，作为事业单位的保护区执法资格主体、执法人员资格认定困难，无法开展相关行政执法，由其他行政机构人员来开展执法工作，形成"从事一线管理的没有执法资格，有执法资格的不在一线工作"管理与执法脱节现象。

（二）怒江州存在的主要问题

怒江傈僳族自治州制定了《旅游产业"十三五"发展规划》，确定怒江州旅游发展总体布局为"一城一极两园五区两带"，其中提出"着力建设怒江大峡谷国家公园和独龙江国家公园"和"重点建设五个复合型旅游区"。但是实际上怒江州旅游产业处于很初级的发展阶段，主要表现为：

1. 旅游资源禀赋高但培育的亮点不够突出

存在着峡谷自然景观单一，亮点和热点景区不多，特色民族文化挖掘不够、策划创意不足、垄断性不高、市场竞争力不强等突出问题，尚未形成怒江旅游的主打品牌，难以支撑"天境怒江、心灵呼吸的地方"的旅游形象。

2. 旅游市场空间大但产业基础十分薄弱

"四山夹三江"的地质地貌构造，造成了怒江千山阻隔，交通不便，经济基础非常薄弱。旅游景点分散单一，内部的互动性不够，信息、资金、人力等没有充分地流动，旅游发展不够畅通，社会发育程度较低，旅游人才匮乏、接待容量有限等先天条件的制约，使得怒江旅游产业发展基础薄弱，发展速度相对缓慢，怒江旅游的崛起面临着巨大的产业支撑压力。

3. 旅游要素产品不全导致旅游消费不足

目前，怒江州旅游要素层次较低，旅游产品结构单一，全州旅游产品以传统观光旅游为主，民族文化旅游产品、精品旅游休闲产品、特色旅游体验产品等高消费旅游产品尚未得到完全开发，再加上怒江州的餐饮、住宿、购物、娱乐等旅游要素开发层次低、旅游消费点少，导致全州整体旅游消费不足，对经济的带动作用不明显。

4. 区域联动不够导致孤岛效应与外部效应

怒江州虽是三江并流世界遗产核心区，就在大理—丽江—香格里拉黄金旅游线路旁，但由于缺乏与周边区域的合作，再加上州内景点孤立、缺乏紧密联系和黄金游线，出现了与外部区域互动性不够的孤岛效应。而滇藏新通道丙察察线只有出发点在怒江丙中洛，其余大部分在州外，外部效应较强，整条线对怒江州的带动作用并不明显。

5. 旅游发展的意愿强烈但发育过程后天失调

在旅游发展过程中，受思想认识和社会发展水平等因素的影响，全州各相关部门以及广大社区群众对旅游发展的重要性认识不足，旅游宣传营销力度不够，一定程度上存在着"等靠要"的思想，政府引导性资金投入不足，旅游招商引资和项目落地难度较大，旅游市场营销力度薄弱，旅游产品类型开发单一，同周边旅游业发达的区域没有形成良性互动，等等，全州优良的旅游资源没有得到合理高效开发，旅游产业发展尚处于基础和起步阶段，明显滞后于周边省市和地区。

五、对策建议

（一）构建高黎贡山国家公园管理体制

我国现有自然保护地中存在"九龙治水"、管理割裂、栖息地破碎化等问题，因此，构建起产权清晰、系统完整、权责明确、监管有效的国家公园体制，成为改革完善我国自然保护地体系的主要内容。

必须改变高黎贡山管理和建设中由保山和怒江分头实施的现状，保护生态系统的原真性和完整性，保护生物多样性，保护生态安全屏障，给子孙后代留下珍贵的自然资产，促进生态文明建设，具体分三步走，步骤如下：

第一步，由省政府出面，敦促保山市和怒江州建立两地协调工作领导小组，共同促进高黎贡山发展。

第二步，成立省级直属的国家公园管理局，统一行使其国家公园范围内的管理事权。

第三步，将高黎贡山纳入国家层面的国家公园管理体制内，由国家层面统筹高黎贡山国家公园、怒江大峡谷国家公园、独龙江国家公园，将3个公园统一规划、统一管理、统一命名为高黎贡山国家公园。高黎贡山国家公园目前已得到诸多国家、社会组织、科学家的高度认可和评价，在国际国内享有很高知名度和影响力，部分领域已成为世界性标杆，对全国乃至全世界生物多样性保护具有举足轻重的影响力，与怒江大峡谷国家公园、独龙江国家公园相比，创建优势更加明显，国际国内社会更加认可。

（二）继续强化中缅联合生态保护

与缅方建立跨境保护合作机制，进一步加强生物多样性跨境保护合作机制和边境森林管理机构执法能力建设，协助缅方恢复缅北受损森林生态系统，遏制边民跨国界盗猎、盗伐，逐步把高黎贡山自然保护区建设成为中国重要的生物多样性宝库和西南生态安全屏障。

（三）对生物多样性保护给予资金和政策的倾斜与支持

建立生物多样性保护专项资金，逐步提高公益林森林生态效益补偿标准，在科学保护前提下适当放开生态旅游，缓解资源保护与社区经济发展矛盾，让绿水青山真正变成金山银山。

（四）统筹布局全国自然教育

尽快制定国家层面自然教育相关实施意见，并给予相应资金支持，推动自然教育向产业化和社会化发展。加快自然保护区自然教育师资力量建设，培养一批自然教育专业人才。

（五）逐步理顺保护区执法体系

根据《中华人民共和国自然保护区条例》第二十四条"自然保护区所在地的公安机关，可以根据需要在自然保护区设置公安派出机构，维护自然保护区内的治安秩序"的要求，建议在事业单位机构改革中，保留保护区派出所建制，将保护区事业单位性质调整为参公事业单位，增设行政执法支队，明确保护区执法资格问题，为保护区资源管护提供执法保障。

（六）转变思想、深化体制改革、强化统筹协调

特别是怒江州在发展旅游产业的过程中，各级各部门要坚持"旅游产业是怒江脱贫攻坚最大产业"的理念，转变思想，按照"全域旅游"规划来统筹实施，全面贯彻落实州委、州政府安排部署，加强协调配合，强化服务保障。

第十二章　哀牢山—无量山民族文化旅游区建设研究

一、哀牢山—无量山民族文化旅游发展背景分析

世界旅游业快速发展已成为现代世界经济一大特征，21 世纪既是旅游业发展的"黄金时代"，又被称为"亚太世纪"。随着社会不断发展，人们的旅游需求不断升级，文化旅游、宗教旅游、探险旅游、体育旅游、养生养老旅游等多种个性化、多元化旅游形式并存，旅游内容也更加强调文化性特征。丰富浓郁的历史文化、少数民族文化成为吸引国际旅游者的关键因素，文化体验旅游也成为在中国旅游国际市场的核心竞争力。

习近平总书记在十九大报告中指出：满足人民过上美好生活的新期待，必须提供丰富的精神食粮。人民美好生活的日益广泛，不仅对物质文化提出了更高的要求，对精神文化也提出了更大的需要，而文旅融合的提出恰好是提升精神文化的有效途径。民俗文化、宗教文化、生态文化、饮食文化等已成为吸引旅游者的主要因素。随着文化与旅游的不断融合，以博物馆、文化馆、美术馆、艺术馆、主题书店等为代表的资源与机构因各自本身的资源属性正发挥着越来越重要的作用。

独具特色的民族文化旅游也越来越具有吸引力。云南省少数民族众多，"哀牢山—无量山"（以下简称"两山"）区域的民族文化旅游资源丰富多样，特色鲜明，挖掘其资源优势并进行保护性开发，将有利于"两山"的经济、政治、文化、社会、生态文明等"五位一体"建设，推动民族地区的发展，实现脱贫攻坚战的战略目标。

（一）国家层面

1. 政策背景

2009 年，《文化部、国家旅游局关于促进文化和旅游结合发展的指导意见》指出：文化是旅游的灵魂，旅游是文化的重要载体。文件强调了文化和旅游的深度结合对加快文化产业发展，促进旅游产业转型升级，满足人民群众的消费需求的重要意义，并且在打造文化旅游系列活动、高品质旅游演艺产品、引导文化旅游产品开展品牌化经营、深度开发文化旅游工艺品（纪念品）等方面提出具体要求。

2014 年，国务院发布《国务院关于促进旅游业改革发展的若干意见》，指出：科学利用传统村落、文物遗迹及博物馆、纪念馆、非物质文化遗产展示馆等文化场所开展文化、文物旅游，推动剧场、演艺、娱乐、动漫等产业与旅游业融合发展文化体验旅游等。

2016 年，国务院发布《"十三五"旅游业发展规划》指出：培育以文物保护单位、博物馆、非物质文化遗产保护利用设施和实践活动为支撑的体验旅游、研学旅行和传统村落休闲旅游；扶持旅游与文化创意产品开发、数字文化产业相融合；打造传统节庆旅游品牌，推动多彩民族文化旅游示范区建设等。

2017 年，国家发展改革委员会联合多个部门印发关于《"十三五"时期文化旅游提升工程实施方案》，该实施方案的建设任务主要包括公共文化服务设施建设方面、国家文化和自然遗产保护设施（历史文化名城和历史文化街区、国家级非物质文化遗产、国家自然遗产地等）和旅游基础设施和公共服务设施。

2019 年，文化和旅游部制定了《文化和旅游规划管理办法》，该办法旨在推进文化和旅游规划体系有机融合，更好实现统一、规范、有序的工作目标。同年，文化和旅游部公布《文化产业促进法（草案征求意见稿）》，草案明确：促进文旅融合、文化科技融合，在新时代下，文旅融合对于实现国家发展方略和建设社会主义文化强国，具有重要意义和特殊作用。

国家相关政策的颁布和实施，不仅加快了文旅融合发展的思想认识，而且为切实推进文化与旅游融合发展提供了强有力的法治和组织保障。同时，提升了旅游的文化内涵，推动了文化产业与旅游业的深度融合，更加促进了民族文化与旅游业的协同化发展，为文化产业和旅游业发展提供了发展方向和目标。

2. 机制融合

2018 年 3 月 13 日，国务院机构改革方案提请十三届全国人大一次会议审议。根据该方案，改革后，文化部与国家旅游局合并，组建文化和旅游部，不再保留原文化部、国家旅游局。方案提出：将文化部、国家旅游局的职责整合，组建文化和旅游部，作为国务院组成部门。其主要职责是：贯彻落实党的宣传文化工作方针政策，研究拟定文化和旅游工作政策措施，统筹规划文化事业、文化产业、旅游业发展，深入实施文化惠民工程，组织实施文化资源普查、挖掘和保护工作，维护各类文化市场包括旅游市场秩序，加强对外文化交流，推动中华文化走出去等。

为满足游客日益增长的文化体验需求，挖掘当地特色文化成为政府的重点工作组成部分。机制的融合，正是新时代对旅游业定位变化推动的结果，使得文化、旅游统筹管理，资源配置更合理，从而推动文化事业和旅游产业全面融合发展。

（二）省级层面

1. 政策背景

2015 年，习近平总书记提出把云南建设成为我国民族团结进步示范区、生态文明建设排头兵、面向南亚东南亚辐射中心"三个定位"。拥有绚烂民族文化和特有人文景观的云南省，随着近年来的不断创新、提炼，民族文化正成为增强云南旅游发展后劲的"内核"。作为民族文化"走出去"的排头兵，近年来，云南已有 500 多个艺术团体、2 万余人次演员到 30 多个国家和地区演出 1600 余场，把云南民族歌舞文化推向了世界，展示了"中国魅力"和"云南印象"。

2016 年，云南省政府发布的《云南省旅游文化产业发展规划（2016—2020 年）》提出：努力把云南建设成为"一带一路"的旅游文化新高地、国家文旅融合发展示范区、我国面向南亚东南亚旅游文化辐射中心，实现建成旅游文化强省的总目标。

2018 年，云南省《政府工作报告》提出要打造世界一流的"绿色能源""绿色食品""健康生活目的地"三张牌，该报告指明了云南省旅游的绿色健康发展道路。其中全力打造世界一流"健康生活目的地"，要使云南成为高层次人才创新创业和国内外游客休闲度假的聚集地，大力构建"大健康＋全域旅游＋康养＋特色小镇"链条，大力发展生物医药与大健康产业及康养产业，规划建设一批集健康、养生、养老、休闲、旅游等功能于一体的健康养生养老基地。这些政策目标的提出也为哀牢山—无量山民族文化旅游区的建设提供了良好的政策保障。

2. 机制体制

2018 年 10 月 31 日，云南省文化和旅游厅正式挂牌。文化是旅游的灵魂，省文化和旅游厅的组建，既是文化和旅游职能的全面整合，更是"诗和远方"的深度融合。文旅融合，"宜融则融，能融尽融"，云南省文化和旅游厅的挂牌成立，不仅是文化与旅游在机制体制层面的融合，更有利于提高云南省文化软实力，有利于把云南打造成一流的旅游目的地、健康生活目的地，标志着云南省文旅事业改革发展翻开崭新的一页。

3. 行动举措

云南在文旅融合的资源禀赋方面得天独厚，"原生态"的文旅相融也起步较早。近年来，各地积极探寻文化和旅游的对接点、融合点，把民族节庆、非遗、地方美食等与传统旅游要素有机相加，推动单一的观光旅游逐步向休闲度假、体验旅游等复合业态发展。各地积极探索文旅融合路径，深入挖掘传统文化和民俗内涵。从城市到村寨，全省推出各类民俗节庆文化体验活动达数百项。

当下，云南省正加速推动文化与旅游全领域、全方位、全链条深度融合，并在此基础上推动文化旅游与体育竞技、医养健康、科考研学等更好对接起来，实现资源共享、优势互补、协同并进。民族文化赋予旅游更丰富的内涵和魅力，旅游为民族文化注入发展的动力与活力，两者有机融合、相辅相成，才能打造更高质量的民族文化旅游产品和服务，构建更具竞争力的商业模式。

（三）哀牢山—无量山民族文化旅游区层面

1. 政策背景

"两山"区域各州市及县域也相继出台了一系列政策，以支持民族文化与旅游的融合发展。如楚雄州为推进供给侧结构性改革，着力打造特色化国际化、高端化旅游文化品牌，加快其文化旅游发展，于 2017 年 3 月出台《楚雄州旅游文化产业发展规划及实施方案（2016—2020 年）》。玉溪市为认真贯彻省政府要求，于 2017 年 5 月研究制定了《玉溪市贯彻落实〈云南省旅游文化产业发展规划及实施方案〉工作方案》。景谷县在 2018 年 8 月编制的《景谷傣族彝族自治县全域旅游发展规划（2018—2028 年）》中着重打造康体养生度假区、茶文化体验区、民俗风情区等。镇沅县在 2019 年 3 月发布的《镇沅彝族哈尼族拉祜族自治县加快推进旅游产业转型升级重点任务实施方案》中强调深化旅游与文化产业融合发展，在加快建设哀牢山生态旅游区的同时，大力发展节庆、演艺、会展旅游产品，加快建设宜居、宜业、宜游的民族特色旅游村。这些州市县域层面出台的一系列加强民族文化与旅游融合发展的政策，都为"两山"民族文化旅游区的发展明确了目标与方向，同时也为"两山"地区民族文化旅游区的开发与建设提供了有力的支撑和保障。

2. 机制体制

"两山"区域的各州市、县域也紧跟国家和省政府脚步，相继挂牌成立文化和旅游局。如玉溪市文化和旅游局于 2019 年 1 月正式挂牌成立，新平县文化和旅游局于 2019 年 2 月正式挂牌成立；2019 年 3 月，普洱市文化和旅游局正式挂牌。

"两山"区域各州市、县文化和旅游局的挂牌成立，不仅是机构改革的迫切要求，而且是"两山"区域发展民族文化旅游的重要举措。这也为"两山"民族文化与旅游资源的融合发展提供了机制体制的保障，有利于"两山"民族文化旅游区的建设与发展。

3.行动举措

"两山"地处云南省中西部，自然资源和民族文化资源独树一帜，借助"冬可避寒、夏可避暑，茶旅文化、中医药、温泉养生以及多民族文化集聚"等资源优势，有着发展民族生物医药和大健康产业的优越条件和良好前景，拥有打造健康生活目的地的优质资源。

在文旅融合发展的大背景下，"两山"以多元的民族文化旅游资源和生物多样性，形成了各地独具特色的资源组合和文化旅游品牌。如大理南涧的跳菜、无量药谷；弥渡的民歌、花灯；祥云驿道文化旅游资源；景东的书院和哀牢山、无量山自然保护区；景谷的佛迹文化和康养文化；镇沅的古茶文化、中药种植、古镇和黑陶文化；楚雄、双柏的彝族火把、虎文化；新平的花腰和哀牢茶马文化；元江的花腰和河谷农业文化；墨江的双胞和哈尼文化；元阳、红河、绿春的哈尼和梯田文化等，"两山"民族文化的特色与区域自然旅游资源的互补和组合，使"两山"区域民族文化旅游发展迅猛。譬如新平县着力打造旅游文化节庆品牌，镇沅围绕"哀牢小镇"和"美丽县城"建设，景谷打造康体养生度假区、体育旅游及佛迹文化等，多方引入战略合作伙伴，带动了民族文化旅游资源的开发并进一步推动了县域经济的发展。

二、哀牢山—无量山民族文化旅游资源调查与评价

（一）哀牢山—无量山地区旅游资源调查分类

"两山"共涉及云南省5个州市、14个县域。按照《旅游资源分类、调查与评价》（GB/T 18972—2017），对该地区旅游资源进行调查与分类，具体资源类型如表12-1所示

表 12-1　哀牢山—无量山旅游资源分类

主类	亚类	基本类型	普洱（镇沅、景东、景谷、墨江）	玉溪（新平、元江）	大理（南涧、弥渡、祥云）	楚雄（楚雄、双柏）	红河州（元阳、绿春、红河）
A 地文景观	AA 自然景观综合体	AAA 山丘型景观	锄笔山、营盘山、娃娃峰、大茶山、钟山、观音山、老乌山	大磨岩峰、大雪锅山、大帽儿山、百鸟山、老鹰山、哀牢山	无量山、灵宝山、极顶山、凤凰山、水目山、天峰山、天华山	紫溪山风景区、白竹山生态旅游区、鄂嘉省级旅游风景名胜区	元阳观音山、云南黄连山国家级自然保护区
		AAC 沟谷型景观	芒现河谷	石门峡、元江大峡谷漂流、元江干热河谷植物园	礼社红河谷、把边江河谷等		李仙江热带雨林
	AB 地质与构造形迹	AAD 滩地型景观	猴愁滩、石花滩、燕子滩、花山营花山麓		澜沧江、李仙江、礼社江等		
		ABA 断裂景观	芒玉大峡谷、拦门山峡谷				
		ABD 生物化石点	宽叶木兰化石、中华木兰化石	南蛮山古生物化石群			
	AC 地表形态	ACB 峰柱状地景	文井土林	彩色菁林	南涧土林、公郎石箭		
		ACD 沟壑与洞穴	仙人洞、蝙蝠洞、豹子洞、白马洞、熊洞、佛祖避光洞、曼落溶洞、和尚洞等		石佛洞、清华洞等		

续表

主类	亚类	基本类型	普洱（镇沅、景东、景谷、墨江）	玉溪（新平、元江）	大理（南涧、弥渡、祥云）	楚雄（楚雄、双柏）	红河州（元阳、绿春、红河）
A 地文景观	AD 自然标记与自然现象	ADC 垂直自然带		磨盘山垂直自然带			
B 水域景观	BA 河系	BAA 游憩河段	威远江、小黑江、庄河、者干河、恩乐河	清水河沿线、元江沿线	澜沧江、李仙江等		红河
		BAB 瀑布	大畫水岩瀑布、芒王峡谷瀑布、白水瀑布、大吊水瀑布、小吊水瀑布	南恩瀑布、赫白租瀑布群			
		BAC 古河道段落		南恩河、十里河			
	BB 湖沼	BBA 游憩湖区	太平水库、昔木水库、无量湖、长海水库、把边江、阿墨江、泗南江、他郎河、布竜河	森林湖、邱家坝水库、黄草坝水库	大龙潭、祥云青海湖	查姆湖景区	
		BBB 潭池			热水塘、大龙潭水库等		
		BBC 湿地				桃源湖公园	

续表

主类	亚类	基本类型	普洱（镇沅、景东、景谷、墨江）	玉溪（新平、元江）	大理（南涧、弥渡、祥云）	楚雄（楚雄、双柏）	红河州（元阳、绿春、红河）
B 水域景观	BC 地下水	BCA 泉	凤山芒卡温泉、帕庄河地热温泉、芒费热矿泉、换乐温泉、仙人井（冷泉）	仙女泉、瓦纳沸泉			
		BCB 埋藏水体		杨武温泉	碱坝温泉、白总旗温泉、火龙庙温泉、象山温泉等		
C 生物景观	CA 植被景观	CAA 林地	小黑江热带雨林、思茅松原始森林、野生古茶树群落、龙血树群落、杉木林、野生茶林、杪椤植物群落、杜鹃群落	米尺莫祖植、高山水库群及原始森林	无量山、灵宝山、凤凰山、水目山、天华山等林地		云南松、思茅松、油杉、桦木
		CAB 独树与丛树	爱情树、千年菩提树、象牙杧果始祖树、苏铁、千果榄仁、龙血树、2700年茶树王、野生古茶树	木棉王、酸角树王、曼湾古榕	无量山、灵宝山、凤凰山、大极顶、水目山、九鼎山等丛树	银杏、云南七叶树、红花木莲等	谭清苏铁、东京龙脑香、多毛坡垒、长蕊木兰、野茶树、大树杜鹃等
		CAC 草地		高山草甸、洋坪草地	"高山草甸" 黄草岭		接骨草、三叶蝶豆、假朝天罐、鞭打绣球
		CAD 花卉地	普益公园	杜鹃花海、野生芦荟群落	无量樱花谷		

续表

主类	亚类	基本类型	普洱（镇沅、景东、景谷、墨江）	玉溪（新平、元江）	大理（南涧、弥渡、祥云）	楚雄（楚雄、双柏）	红河州（元阳、绿春、红河）
C 生物景观	CB 野生动植物栖息地	CBB 陆地动物栖息地	金丝猴、蜂猴、金钱豹、马鹿、野牛、灰叶猴、大青猴、蟒蛇、穿山甲	磨盘山原始森林，元江国家级自然保护区	无量山、灵宝山、凤凰山、水目山、天华山等	黑长臂、短尾猴、斑羚、金猫、豹猫等动物栖息地，哀牢山	
		CBC 鸟类栖息地	绿孔雀、白鹇、原鸡、白腹锦鸡、大绯胸鹦鹉	磨盘山原始森林，鸟山国际候鸟迁徙地，元江国家级自然保护区	无量山、凤凰山、灵宝山、水目山、天峰山等	鸳鸯、红腹角雉、绿孔雀、凤头鹰、鹊鹞等离鸟栖息地，哀牢山	
		CBD 蝶类栖息地			无量山、水目山、天峰山等		
D 天象与气候景观	DA 天象景观	DAB 地表光观象			冰寨朝阳，无量夕照，太极日出等		
	DB 天气与气候现象	DBA 云雾多发区	景谷河渡槽雾景，钟山岚雾，云海	哀牢山	无量山、水目山、天峰山、天华山、九鼎山	云海	
		DBC 物候景象		哀牢云海、日落、那诺哈尼云海梯田			二甫边境美丽云海
E 建筑与设施	EA 人文景观综合体	EAA 社会与商贸活动场所	帕庄河彝族村寨、纪家村、芒岛寨				

续表

主类	亚类	基本类型	普洱（镇沅、景东、景谷、墨江）	玉溪（新平、元江）	大理（南涧、弥渡、祥云）	楚雄（楚雄、双柏）	红河州（元阳、绿春、红河）
E 建筑与设施	EA 人文景观综合体	EAB 军事遗址与古战场	圈田街战役遗址、南京战役遗址	帽盒山革命遗址、中国大陆最后一战役遗址	白崖城遗址、金殿窝遗址		
		EAC 教学科研实验场所		哀牢山地质灾害监测预警示范区科普基地			
		EAD 建设工程与生产地	景谷大白茶原产地、云南景谷茶厂、水之灵茶叶庄园、镇沅金矿、墨江金矿工业旅游区				
		EAE 文化活动场所	各县文体中心、体育馆、吊钟山精翔伞起飞场、红毛树翔伞降落场、镇沅博物馆、墨江北回归线标志园、墨江县文化馆、标志馆、双子星广场、墨江天文馆、文物管理所	扬武广场、民族广场	毓秀书院、旧村六角楼、祥云古城（祥云卫城）	楚雄州博物馆、中国彝族十月太阳历文化公园、群艺馆、博物馆、双柏图书馆	哈尼族博物馆、红河图书馆、红河博物馆、红河文化馆
		EAF 康体游乐休闲度假地		滇沙大沐浴旅游文化生态村、哀牢山陇西世族庄园、红河谷	小河淌水之乡——密祉景区、象山温泉景区		

续表

主类	亚类	基本类型	普洱（镇沅、景东、景谷、墨江）	玉溪（新平、元江）	大理（南涧、弥渡、祥云）	楚雄（楚雄、双柏）	红河州（元阳、绿春、红河）
E 建筑与设施	EA 人文景观综合体	EAG 宗教与祭祀活动场所	卧总佛寺、芒朵佛迹园、飞来寺	盘龙寺、天宝山（大明寺）	南涧文庙、公郎清真寺、白云寺、碌摩山古寺、南街观音殿、碌摩山玉皇阁、寿福寺、南诏铁柱庙等	楚雄文庙	阿罗欧滨旅景区
		EAH 交通运输场站			公郎段段滇缅铁路遗址、乐秋街茶马古道遗址、南涧以南古驿道等、茶马古道、驿站		
		EAI 纪念地与纪念活动场所		聂耳母亲故居	李文学就义遗址、王复生、王德三烈士故居纪念馆、普发兴先进事迹陈列室、中国人民解放军滇桂黔边纵队第八支队纪念碑（纪念馆）		
	EB 实用建筑与核心设施	EBA 特色街区	碧安勐主街	滇沙大沐浴旅游文化生态村	南涧镇历史文化古街区、小湾东镇千年彝寨、老家寨民族村落、文盛古街、梨园村	彝人饮食文化街	箐口哈尼族民俗文化生态旅游村、普高老寨、普春村、作夫民族特色村、大羊街乡哈尼村

续表

主类	亚类	基本类型	普洱（镇沅、景东、景谷、墨江）	玉溪（新平、元江）	大理（南涧、弥渡、祥云）	楚雄（楚雄、双柏）	红河州（元阳、绿春、红河）
E 建筑与设施	EB 实用建筑与核心设施	EBB 特性屋舍	威远江大桥、景谷大桥、勐卧大桥、抱母复兴桥	富村街民居、彝族土掌房、哈尼族民居建筑（土掌房）	掌房、割救母徐家祠堂、黑么苴李氏祠堂		蘑菇房
		EBD 独立场所		哀牢山陇西世族庄园			
		EBE 桥梁	难搭桥、玻烈河古桥	接仙桥、红河大桥、世界第一高桥旅游风景区	永安古桥、南涧抗美桥、老G214线南涧段团山国防胜利桥、报恩寺桥等		
		EBF 渠道、运河段落		元江哈尼梯田沟渠			
		EBG 堤坝段落			小湾水电站大坝		
		EBH 港口、渡口与码头		大象古渡口、粉牛古渡口、东碚古渡口			
		EBI 洞窟		阴宾洞		朱壁石林溶洞群	
		EBJ 陵墓	景谷烈士陵园	李氏宗祠	多枯村火葬墓群等		曹士桂墓
		EBK 景观农田		樱花庄园、褚橙庄园、元江梯田、那诺梯田		鄂嘉梯田	红河哈尼梯田国家湿地公园、老虎嘴梯田、腊姑梯田、宝华撒玛坝万亩梯田等

续表

主类	亚类	基本类型	普洱（镇沅、景东、景谷、墨江）	玉溪（新平、元江）	大理（南涧、弥渡、祥云）	楚雄（楚雄、双柏）	红河州（元阳、绿春、红河）
E 建筑与设施	EB 实用与核心建筑与设施	EBM 景观林场		哀牢核桃园、红河谷生态农业观光园	灵宝山国家森林公园、东山国家森林公园		
		EBN 景观养殖场		革棚合苍鱼			
		EBO 特色店铺		商号富昌隆			
		EBP 特色市场		嘎洒汤锅市场			
	EC 景观与小品建筑	ECB 观景点	金山丫口观景点，四造岩观景点	磨盘山森林景观台			
		ECC 亭、台、楼、阁	洪武八角亭、勐嘎八角亭	五彩云楼			
		ECD 书画作		哀牢山陇西世族庄园、它克崖画			
		ECF 碑碣、碑林、经幢				石碑山二石碑	
		ECI 塔形建筑	锁水文笔塔、五台山文笔塔	清真寺、者夏古塔			
		ECL 水井	河西双胞井	白沙井			
		ECM 喷泉		嘎洒喷泉广场			

续表

主类	亚类	基本类型	普洱（镇沅、景东、景谷、墨江）	玉溪（新平、元江）	大理（南涧、弥渡、祥云）	楚雄（楚雄、双柏）	红河州（元阳、绿春、红河）
F历史遗迹	FA 物质类文化遗存	FAA 建筑遗迹	抱母井古桥、芒玉古桥、上赛桥、碧蜒乡茶马古道段落、正兴新石器时代遗址、勐烈镇石器时代遗址、"树包塔、塔包树"、迁岗佛塔、墨江文庙、庾恩旸故居、玻烈寨马古道、老县城遗址、石蛐蚷蛉桥	哀牢山陇西世族庄园、大沐浴花腰傣文化生态旅游村、元江妙连寺	灵宝山石建筑群、南诏铁柱庙、永增玉皇阁、天桥营锁水阁	云南楚雄福塔、大庄苏氏祠堂	勐弄司署、禹门寺、迤萨古镇
	FB 非物质类文化遗存	FBA 民间文学艺术		傣族叙事长诗《朗娥与桑洛》		彝族创世史诗《查姆》、叙事长诗《赛玻嫫》	叙事长诗《都玛简收》
		FBB 地方习俗	傣族婚俗、彝族婚俗、哈尼族长街宴习俗、哭嫁、拉祜族民族图腾文化	新平傣族人生礼俗、赶花街、火把节、哈尼族丧葬习俗、祭天地、祭山、祭水、祭龙、祭谷娘			梯田文化、火塘文化、贝玛文化、长街宴、哈尼栾车文化
		FBC 传统服饰装饰	傣族传统服饰、彝族传统服饰、拉祜族传统服饰、哈尼族传统服饰、布朗族传统服饰	花腰傣服饰、新平彝族服饰、元江彝族服饰、织布简裙		彝族服饰、彝绣、堆绣	彝族日月系腰服、苗族百褶裙、瑶族马尾帽、壮族系腰带、傣族花腰服

续表

主类	亚类	基本类型	普洱（镇沅、景东、景谷、墨江）	玉溪（新平、元江）	大理（南涧、弥渡、祥云）	楚雄（楚雄、双柏）	红河州（元阳、绿春、红河）
F 历史遗迹	FB 非物质文化遗存	FBD 传统演艺	白象舞、孔雀舞、象脚鼓舞、高升舞、跳笙舞、大鼓舞、"茶戏"、苦聪民歌	三弦舞、芦笙舞、花腰傣舞、哈尼族棕扇舞	南涧"跳菜"、彝族打歌、三弦伴歌《小河淌水》、花灯、葫芦笙舞	彝族葫芦笙舞、彝族羊皮鼓舞、彝族大锣笙、花鼓舞、大锣笙、小豹子笙	彝族民歌、棕扇舞、木雀舞、哈尼族多声部、乐作舞
		FBE 传统医药		花腰傣民间医药		彝文医药书《齐苏书》	
		FBF 传统体育赛事	对抗性陀螺、射弩	丢包、打秋千、打磨秋、打陀螺		射艺、角力	陀螺、摔跤、高跷、射弩、斗鸡
G 旅游购品	GA 农业产品	GAA 种植业产品及制品	墨江紫米、乌梅山楂、龙胆草、茯苓	新平腌菜、哀牢春山珍、百抖茶、云龙毫峰、漠沙红香蕉、新平藕粉、元江火龙果、元江杧果、元江野菜、元江酸角、元江猪街菜、元江芦荟	核桃、牛干巴、油粉、香粉皮、黄粉皮、红曲菜、长寿果、鸡枞、木耳、松茸、茯苓等	核桃、牛肝菌、紫溪山樱桃、白竹山茶叶	炸竹虫、哈尼苦兰茇、哈尼豆豉、小米辣、葛根粉
		GAB 林业产品与制品		笋丝、元江大型根雕			
		GAC 畜牧业产品与制品		耀南火腿	弥渡卷蹄、风肝	新街鸡（回锅鸡）、撒坝猪	牛干巴、烤乳猪、哈尼族白旺等

续表

主类	亚类	基本类型	普洱（镇沅、景东、景谷、墨江）	玉溪（新平、元江）	大理（南涧、弥渡、祥云）	楚雄（楚雄、双柏）	红河州（元阳、绿春、红河）
G 旅游购品	GA 农业产品	GAD 水产品及制品		滇沙炒田螺、新平腌鱼、元江鲤、抗浪鱼		谷花鱼	酸笋煮连壳螺蛳
		GAE 养殖业产品及制品			乌骨鸡		
	GB 工业产品	GBA 日用工业品		花秧箩、傣族竹编、元江水晶工艺品			
	GC 手工艺品	GCB 织品、染织		扎染、傣家系列工艺品	彝族刺绣、扎染等		
		GCD 陶瓷	古黑陶	傣族土陶	土陶制作工艺		
		GCE 金石雕刻、雕塑制品			土碱加工工艺和雕塑		
		GCG 纸艺与灯艺			甲马纸工艺		
H 人文活动	HA 人物活动记录	HAA 地方人物	卫秉礼、熊文和、庾恩旸	万文安、李什良、白正才、李和才	李文学	李启东、池生春、贾茂、黄实	曹士桂
		HAB 地方事件			李文学就义、李文学彝族农民起义遗址		

续表

主类	亚类	基本类型	普洱（镇沅、景东、景谷、墨江）	玉溪（新平、元江）	大理（南涧、弥渡、祥云）	楚雄（楚雄、双柏）	红河州（元阳、绿春、红河）
H 人文活动	HB 岁时节令	HBA 宗教活动与庙会		新平傣族人生礼俗、哈尼族九祭献	盖瓦洒哑巴会、祭龙会、拼伙节、"拾老各"、水目山庙会、天华山庙会、白马寺庙会		
		HBB 农时节日	开门节、关门节、泼水节、火把节	沐浴节、火把节、哈尼族"十月年"、长街宴、苦扎扎节、新谷节	火把节、正月初九龙灯会、铁柱庙本主节、歌会文化活动	祭龙节	开秧门节
		HBC 现代节庆	新米节、二月八（插花节）、"朝仙"、十月节、双胞胎节、抹黑节、丰年节、葫芦节	新平花腰傣街节、新平赏花节（千棵万人宴）、金芒果文化旅游节	无量山樱花节、凤凰山歌会、密祉花灯节、天峰山彝族歌会、祥云大营彝族哑巴节	马樱花节、虎笙节、开街节、岩神抢婚节	火把节、踩花山、盘王节、泼水节、长街宴、阿细跳月节、十月、三月

资料来源：根据实地调研、各市/州/县提供相关资料及网上资料整理。

（二）哀牢山—无量山旅游资源评价

1. 自然旅游资源丰富

自然景观和生态资源具有典型性、珍稀性、独特性、多样性的特点。"两山"境内生物资源丰富，野生动植物种类繁多。哀牢山、无量山国家级自然保护区被世界自然基金会确认为具有全球保护意义的 A 级自然保护区，是地球同纬度带上生物资源最为丰富的自然综合体，保留了全国 1/3 的物种，堪称"天然物种基因库"。有国家 I 级保护陆生野生动物黑冠长臂猿，在全球仅无量山尚存 50 群 400 只左右，为世界仅有，被誉为"中国黑冠长臂猿之乡"，同时还有以县城名唯一命名的濒危植物"景东翅子树"。此外，尚有一类保护动物金丝猴、熊猴、蜂猴、墨鹳、黑颈长尾雉、绿孔雀、豚尾猴、灰叶猴、云豹、金钱豹、虎 11 种；二类保护动物有穿山甲、马鹿、黑熊、猕猴等 16 种；有鸟类 300 多种，列入国家保护范围的珍禽有白腹锦鸡、红腹角雉、白鹇、原鸡、冠斑犀鸟、绯胸鹦鹉、凤头鹰、猛隼等 30 多种。无量山有画眉 50 种，约占全国画眉种类的 38%，有"画眉之乡"的美誉。有高等植物近 2000 种，其中，国家一级保护植物有云南红豆杉、篦齿苏铁、野银杏、长蕊木兰、中华桫椤 5 种；有最完整、面积最大的云南铁杉林（有保持原始状态的云南铁杉林 6210 亩）和群落结构最为完整、稳定的元江栲林，对研究植物群落乃至整个森林生状态系统的发生、发展、演变有极其重要的意义，另外还有黄连、何首乌、香橼、吴萸、荜拨等上千种药材。

哀牢山位于中国云南中部，为云岭向南的延伸，是云贵高原和横断山脉的分界线，也是元江和阿墨江的分水岭，有南北动物迁徙的"走廊"和生物物种"基因库"美誉，森林覆盖率更是高达 96%；无量山神奇独秀，峰险谷深，溪沛瀑多，林老竹古，遮天蔽日，地理坐标为东经 100°19′~100°45′、北纬 24°17′~24°55′，属野生动植物类型自然保护区。哀牢山横跨热带和亚热带，为世界同纬度生物多样化、同类型植物群落保留最完整的地区。有以称为植物活化石的梭罗树为首的 1016 种高等植物，有国家一级保护植物伯乐树（钟萼木）、国家二级保护植物水青树、野银杏、篦齿苏铁、红花木莲等 15 种植物，以及众多的省级保护植物物种，被誉为镶嵌在植物王国皇冠上的一块"绿宝石"。

2. 旅游资源组合度高

山高谷深的自然环境，孕育了丰富多彩的民族文化资源，形成了"两山"民族文化旅游资源的丰度和广度，也为"两山"民族文化旅游资源深度开发提供了基础。"两山"区域囊括了普洱市、玉溪市、大理白族自治州、楚雄彝族自治州、红河哈尼族彝族自治州五个州市的 14 个县域，区域面积较广，并拥有丰富的自然资源和独特的人文资源。普洱市的景东、景谷、镇沅和墨江四个县域不仅拥有丰富的生物景观，而且拥有御笔山等地文景观和者干会盟遗址和安定古战场遗址等各种遗址遗迹。此外，这四个县域是彝族、哈尼族、拉祜族和傣族等少数民族的聚居地，使得这些地区拥有一些独特的人文资源，比如开门节、关门节、"杀戏"、苦聪人文化以及各种婚丧嫁娶的礼仪。玉溪市的新平和元江县域，作为哀牢古国的遗址，除了国家级风景区磨盘山国家森林公园以及元江彩色膏林，还有著名的嘎洒镇花腰宴舞和元江它克崖画等。大理白族自治州的南涧、弥渡和祥云三个县域，除了无量山国家级自然保护区、灵宝山国家森林公园等，还有国家级非物质文化遗产"南涧跳菜"、弥渡小河淌水和李文学就义遗址等人文资源。楚雄彝族自治州的楚雄和双柏不仅有丰富的地下矿产资源和森林资源，而且有神秘的虎文化和原始崇拜文化。红河哈尼族彝族自治州的元阳、绿春和红河三个县域作为热带水果及黄金的重要产地，由于地势和历史原因孕育了世界遗产红河梯田以及国家非物质文化遗产《四级生产调》和《哈尼哈巴》。

3. 茶马古道文化典型

丰富的民族茶文化与茶马古道文化为"两山"建设"茶旅"文化提供了可能。"两山"地处云南省中部，位置优越，气候良好，降雨充沛，是中国普洱茶原叶生长的故乡，孕育了优秀的民族茶文化和茶马古道文化。在镇沅县的难搭桥过去就是联系临沧、景谷、普洱、景东、大理的茶马古道必经之路，因此产生了茶马古道和茶马古道文化，另外"两山"下的景东、镇沅、墨江、南涧、新平等县域都有着属于自己当地的茶马古道和茶文化。景东县拥有自己茶谱的无量山老仓茶，以及推出普洱市无量山普洱茶；墨江提出太阳文化、哈尼文化、古道文化、帝王文化、凤凰文化、紫色文化六张牌助推茶文化、发展茶文化；镇沅县以世界野生茶树王之乡为背景，将苦聪人茶文化推向全省、全国、全世界；南涧以万亩茶园为基础打造高山茶文化；新平在万亩茶园的基础上被称为滇中古茶园等。

（三）哀牢山—无量山民族文化旅游资源的分类

所谓民族文化旅游资源，是指能够激发人们产生旅游动机，吸引人们进行旅游活动的民族传统文化及其载体。[①]"两山"是少数民族文化积淀非常丰厚的民族地区，民族文化是该区域最具特色的旅游资源，其民族村落、建筑形式、生活方式、服饰饮食、婚丧习俗、生产习俗、宗教信仰、音乐歌舞、节庆活动等，既包括了物质文明，又涉及了精神文明。根据民族文化在旅游活动中所处的地位和作用以及民族文化的各种表现形态，"两山"民族文化旅游资源可分为节庆文化、游艺文化、礼仪文化、生活文化、工艺文化、信仰文化、展馆文化七大类。

1. 节庆文化

节庆文化是指在特定的时节下所进行的程式化的群体生活样式，是一种包括各种生活内容的特殊文化。由于地理环境和历史等原因的存在，哀牢山无量山地区的节庆文化大都是相似的，在"两山"区域，少数民族聚居，形成多样的节庆文化形式。景东彝族自治县的传统节日主要是火把节；景谷傣族彝族自治县的传统节日除了彝族特有的节日外，还包括傣族的开门节、关门节、泼水节等；镇沅彝族哈尼族拉祜族自治县作为中国最后一个成立的自治县，其传统节日主要是拉祜族的"月亮节"和"火把节"等。作为少数民族聚居地，就镇沅来说，除了主要的 3 个少数民族，还有 23 个少数民族，每个民族都有其独特的传统节日，从而为"两山"民族文化旅游增加更多吸引力。

2. 游艺文化

游艺文化是指民间传统的娱乐文化，包括民间口头文学（如讲故事、讲传说、唱歌谣、讲神话四项常见的表演活动）、民间歌舞乐（歌舞、乐舞、民乐）、民间游乐竞技（赛力竞技、赛技巧竞技、赛技艺竞技）三大类。在"两山"游艺文化旅游资源中，民间口头文学有景谷各种佛迹传说、双柏彝族创世史诗《查姆》等，民间歌舞乐主要包括南涧跳菜、元阳的《勐雅山歌》、楚雄

---

① Stanilova Snezhana·白雪.保加利亚文化旅游资源评价及开发研究［D］.秦皇岛：燕山大学，2018.

彝族的葫芦笙舞和羊皮鼓舞等，对于民间游乐竞技而言，"两山"区域中很多乡镇都有对抗性陀螺、丢包、射弩等类似的竞技比赛。

3. 礼仪文化

礼仪文化是人际交往中的礼节或某些重要活动的仪式，对一个民族来说，它的仪式规则、风俗习惯不仅是一种形式，而且基于一定的信仰，具有一定的社会功能。在"两山"区域内，各民族的婚礼仪式，丧葬仪式等在不同的程度上可作为一种可以开发的旅游资源，来满足旅游者较高层次的精神需求，增长知识，加强对民族文化的认识与理解。如新平傣族的人生礼俗是指在人生的特殊阶段，如出生、成年、结婚、生子以及死亡等举办相应的活动来庆祝或者祈祷。"两山"彝族的"哭嫁"传统即新娘出嫁时履行哭唱仪式活动等。

4. 生活文化

生活文化也称为物质文化，是人们在生产生活过程中，为满足人们的衣食住行方面生活需要而创造的文化。这些文化包括饮食文化、服饰文化、建筑文化和交通文化四个部分。在饮食文化中，两山生活文化民族旅游资源具有代表性的有双柏新街鸡（回锅鸡）、撒坝猪，景谷芭蕉煲、扎水蜈蚣等。服饰文化主要是指各民族服饰，包括新平花腰傣服饰、镇沅苦聪人服饰等。建筑文化包括了景东文庙和开南书院、新平的大槟榔园以及景谷的塔包树和树包塔等。交通文化主要有镇沅风雨亭（官马大道遗址）、难搭桥、玻烈河古桥等。

5. 工艺文化

"两山"区域各民族人民因地制宜，就地取材，制作许多工艺品。民族工艺文化可分为纺织类、印染类、锻铸类、陶瓷类、建筑类、漆器类、雕刻类、编织类等。很多的民族工艺品经过开发，已成为游客们竞相购买的旅游纪念品。主要有镇沅的黑陶、新平的傣族土陶和织锦以及双柏堆绣等。

6. 信仰文化

信仰文化指各民族的宗教信仰、吉祥崇尚和禁忌习俗。"两山"地区的一些少数民族信仰原始宗教（自然崇拜、祖先崇拜、图腾崇拜），并保持有各式巫术和傩戏。景谷县有着佛教圣地的美称，其傣族信仰小乘佛教，曾在景谷修建108座缅寺（佛寺），景谷的彝族、拉祜族、哈尼族也都崇拜自然神灵，其主要活动是"祭龙"。

7. 展馆文化

展馆文化指进行文化活动、展览、科学技术普及等的场所，如博物馆、文化馆、艺术馆和美术馆等文化活动场所所展现的文化。

按照上述民族文化旅游资源分类方法，将"两山"民族文化旅游资源分别以州市县域及亚类两种方式呈现，如表 12-2、表 12-3 所示。

（四）哀牢山—无量山民族文化旅游资源的评价

1. 资源结构与空间布局

民族文化旅游资源的划分是为了揭示民族文化旅游资源的内在规律，探明民族文化旅游资源的特色价值和功能，从而做到扬长避短。"两山"民族文化旅游资源共有 7 个大类，每个类别下都有基本文化旅游资源类型。从整体来看，"两山"民族文化旅游资源类型较丰富、单体数量较多。

民族文化旅游资源区划分是依据资源的相似性、互补性、开发建设的完整性和统一性，对客观存在的民族文化旅游资源进行区域划定。"两山"区域中，普洱区域民族文化旅游资源主要集中在景东、景谷、墨江和镇沅县域，且生活文化资源较为丰富；玉溪区域的民族文化旅游资源主要集中在新平和元江县域，这两个县域的游艺文化资源更具有代表性；楚雄区域的民族文化旅游资源主要是集中在楚雄和双柏县域，这两个县域的民族文化旅游资源在很大程度上具有一定的相似性，主要体现在节庆文化、工艺文化和信仰文化方面；大理区域的民族文化旅游资源则是集中在弥渡、南涧和祥云县域，在这三个县域中民族文化旅游资源的单体数量相对较少，节庆文化和游艺文化独具特色；红河区域的民族文化旅游资源则主要集中在元阳、绿春和红河县域，其节庆文化和游艺文化较具特色，但各县域信仰文化具有较强的相似性。

2. 资源特点

（1）数量丰富、种类齐全。"两山"区域所跨地域较为辽阔，所拥有的民族文化旅游资源类型以及数量较多。通过民族文化旅游资源分类列表可以清楚地了解到，"两山"地区的民族文化旅游资源的六个大类中都占有一定的数量，成为"两山"民族文化旅游开发和建设的基础条件。

表 12-2　两山民族文化旅游资源分类

州市	县域	类型						
		节庆文化	游艺文化	礼仪文化	生活文化	工艺文化	信仰文化	展馆文化
普洱	景东	火把节等	大帮腔、三弦舞、跳菜、"杀戏"、打秋千、扭扁担等	彝族婚俗等	马邓茶、龙泉寺戏台、彝族服饰、哈尼族服饰、拉祜族服饰、鸡枞干巴、烤乌骨鸡	彝族刺绣、绣花布凉鞋	祭龙王、同岁占鸡卦等	景东县博物馆（景东文庙）、开南书院（景东彝族刺绣馆）
	景谷	火把节、十月年、泼水节、开门节、关门节等	跳笙、孔雀舞、丢包、弩、打陀螺等	傣族婚俗、彝族婚俗等	大白茶、勐卧总佛寺、芒朵佛迹公园、傣族服饰、彝族服饰、芭蕉煲等	土锅、象脚鼓、陀螺等	小乘佛教、祭竜、祭山神等	景谷县博物馆
	镇沅	火把节、十月年、葫芦节、密枝节、搭桥节等	九甲"杀戏"、苦聪民歌、打陀螺等	哭嫁、彝族婚俗、彝族丧葬习俗等	玻烈茶马古道、难搭桥、彝族服饰、苦聪人服饰、瓢鸡等	镇沅黑苦陶	拉祜族民族图腾崇拜、送火神、跳神等	镇沅县博物馆（镇沅拉祜族历史博物馆）、脱贫攻坚展览馆
	墨江	抹黑节、丰年节	哈尼族情歌、《三个神蛋》	哈尼街长宴、哈尼族婚俗等	文庙、哈尼服饰、紫米封缸酒、麻脆粑等	墨江篾编	"昂玛神"崇拜、"摩批"崇拜等	墨江县文化馆
玉溪	新平	火把节、沐浴节、赶花街等	傣族叙事长诗《朗娥与桑洛》、三弦舞、芦笙舞、腰宴舞、打秋千等	新平傣族人生礼俗	大叶茶、云抗、雪芽、玉碗绿茶、云竜毫峰、傣族女儿、花腰傣土掌房、嘎洒汤锅市场、花腰傣服饰、彝族服饰等	傣族织锦、花腰傣服饰、傣族土陶、傣族竹编等	祭山神、祭土地、祭龙、毕摩文化等	新平县文化馆
	元江	十月年、苦扎扎节、新谷节等	棕扇舞、它克岩画、打陀螺等	哈尼族丧葬习俗、哈尼族婚俗等	妙连寺、哈尼族服饰、元江酸角等	元江大型根雕、傣家系列工艺等	哈尼多神崇拜、祭龙节、封山会等	元江县文化馆

续表

州市	县域	类型						
		节庆文化	游艺文化	礼仪文化	生活文化	工艺文化	信仰文化	展馆文化
楚雄	楚雄	十月年、开街节、耕牛节等	葫芦笙舞、羊皮鼓舞、射艺、角力等	彝族婚俗、彝族丧葬习俗等	彝人古镇、福塔、彝族服饰、牛肝菌等	彝绣、云泉豆瓣酱制作工艺等	虎图腾崇拜、土主文化等	楚雄市文化馆
	双柏	十月年、火把节、开街节、岩神抢婚节等	《查姆》、花鼓舞、"三笙"、老虎舞、大锣笙等	彝族婚俗、彝族丧葬习俗等	白竹山云雾茶、鄂嘉梯田、彝族服饰、谷花鱼、回锅鸡等	彝绣、堆绣等	虎神节、祭龙节等	双柏县文化馆
大理	南涧	火把节、正月初九龙灯会	南涧"跳菜"、彝族打歌等	彝族丧葬习俗、彝族婚俗、苗族丧葬习俗等	高山云雾茶、土掌房、割教母徐家祠堂、苗族服饰、乌骨鸡、锅巴油粉等	彝族刺绣	盖瓦洒哪巴会	南涧县文化馆
	弥渡	鹞鸪节、大王操兵节等	《小河淌水》《弥渡山歌》	彝族婚俗、彝族丧葬	茶马古道、文盛街、彝族服饰	彝族刺绣	佛教、道教、伊斯兰教、基督教	弥渡博物馆、弥渡县文化馆
	祥云	哑巴节、尝新节、赶街会	花灯、葫芦笙舞等	苗族的半夜搬家习俗	云南驿、梨园村、水目寺寺抱塔、鱤鱼林等	甲马纸工艺、土陶彝族刺绣、扎染等	祭龙会	祥云县博物馆、祥云县文化馆
红河	元阳	苦扎扎节、火把节、捉蚂蚱节、泼水节等	彝族民歌、棕扇舞、木雀舞、《四季生产调》、陀螺、斗鸡等	苗族婚俗、哈尼族丧葬习俗等	云雾茶、普高老寨、勐弄司署、日月系腰服、苗族百褶裙、瑶族马尾帽等	手工刺绣	"昂玛突"（祭寨神）、度戒等	元阳县文化馆
	绿春	十月年、火把节等	叙事长诗《都玛简收》、打陀螺、《四季生产调》、高路、《哈尼哈巴》等	哈尼族婚俗、哈尼族丧葬习俗等	禹门寺、哈尼族豆豉、哈尼族白旺、酸芽煮蛆等	哈尼族小布帽	多神崇拜、祖先崇拜、祭龙、祭天等	绿春县博物馆、绿春县文化馆
	红河	三月节、阿细跳月节、花山节等	《四季生产调》《哈尼哈巴》、哈尼族多声部民歌、乐作舞等	哈尼族婚俗、哈尼族丧葬习俗等	迤萨古镇、哈尼族服饰、小黄牛干巴等	哈尼族服饰	祭龙、祭天、祭山等	红河县博物馆、红河县文化馆

资料来源：根据实地调研、各市/州/县提供相关资料及网上资料整理。

表 12-3　民族文化旅游资源亚类列表

主类	亚类	普洱	玉溪	楚雄	大理	红河
节庆文化	传统节庆	火把节（景东、景谷、镇沅）、泼水节（景谷）、开门节（景谷）、关门节（景谷）、搭桥节（镇沅）、抹黑节（墨江）、丰年节（墨江）	火把节（新平）、赶花街节（新平）、沐浴节（新平）、新谷节（元江）、苦扎扎节（新平）	十月年（楚雄、双柏）、开街节（楚雄）、耕牛节（双柏）等	火把节（南涧）、正月初九龙灯会（南涧）、大王操兵节（弥渡）、哑巴节（祥云）、尝新节（祥云）、赶灯花会（祥云）	苦扎扎节（元阳）、火把节（元阳）、火把节（元阳）、泼水节（绿春）、捉蚂蚱节（绿春）、三月节（红河）、阿细跳月节（红河）、花山节（红河）
	现代节庆	十月年（景谷）、胞胎节（镇沅）、葫芦节（镇沅）等	磨盘山赏花节（新平）、茉莉花节（元江）等	虎文化节（双柏）等	无量樱花节、凤凰山歌会、密祉花灯节、天峰山彝族歌会等	十月年（绿春）等
	民间口头文学	《三个神蛋》（墨江）等	《朗娥与桑洛》	《查姆》（双柏）		叙事长诗《都玛简收》（绿春）
游艺文化	民间歌舞乐	大帮腔（景东）、三弦舞（景东）、跳菜（景东）、"茶戏"（景东）、孔雀舞（景东）、苦聪情歌（镇沅）、哈尼族情歌（墨江）等	花腰傣舞（新平）、花鼓舞（新平）、弦舞（新平）、芦笙舞（元江）、棕扇舞（元江）等	葫芦笙舞（楚雄）、羊皮鼓舞（楚雄）、花鼓舞（双柏）、"三笙"舞（双柏）、老虎舞（双柏）、大锣笙（双柏）等	跳菜（南涧）、打歌（南涧）、《小河淌水》（弥渡）、渡山歌（弥渡）、花灯舞（祥云）、葫芦笙舞（祥云）等	彝族《四季生产调》（元阳）、《哈尼哈巴》（元阳、绿春）、红河彝族民歌（元阳）、棕榈舞（元阳）、木雀舞（元阳）等
	民间游乐竞技	扭扁担（景东、镇沅）、打秋千（镇沅）、丢包（景东、景谷）、射弩（景谷）等	打陀螺（新平）、打秋千（新平）、丢包（新平）、摸螺（新平）等	射艺（楚雄）等	角力	高跷（绿春）、斗鸡（绿春）等

续表

主类	亚类	普洱	玉溪	楚雄	大理	红河
礼仪文化	婚丧嫁娶	彝族婚俗（景东、景谷、镇沅）、哈尼族婚俗（墨江）、傣族婚俗（景谷）、彝族丧葬（镇沅）和哭嫁（镇沅）等	哈尼族婚俗（元江）	彝族婚俗（楚雄、双柏）、彝族丧葬习俗（楚雄、双柏）等	彝族婚俗（南涧、弥渡）、彝族丧葬（南涧、弥渡）等	哈尼族婚俗（绿春、红河）、哈尼族丧葬习俗（绿春、红河）等
	其他习俗	哈尼长街宴（墨江）、送火神（镇沅）、跳神（镇沅）等	新平傣族人生礼俗（新平）等		苗族半夜搬家习俗（祥云）等	磕竹筒习俗（元阳）等
生活文化	饮食文化	野生古茶树（景东、镇沅）、马邓茶（镇沅）、大白茶（景谷）、鸡枞干巴（景东）、烤乌骨鸡（景东）、扎水螺蛳（景谷）、芭蕉煲（景谷）、瓢鸡（镇沅）、紫米（景谷）、麻脆（墨江）、封缸酒（墨江）等	大叶茶（新平）、云抗（新平）、雪芽（新平）、玉碗绿茶（新平）、竜毫峰（新平）、花腰女儿（新平）、猪街茶（新平）、紫米（元江）、嘎洒汤锅（新平）、炒田螺（元江）、酸角（元江）等	白竹山云雾茶（双柏）、牛肝菌（楚雄）、谷花鱼（双柏）、回锅鸡（双柏）等	高山云雾茶（南涧）、大理沱茶（南涧）、黑龙潭骨鸡（南涧）、乌骨鸡（南涧）、锅巴油粉（南涧）、洱海鱼三味（祥云）等	古茶树（红河）、红河茶叶（红河）、云雾茶（元阳）、哈尼族豆豉（绿春）、哈尼族白旺（绿春）、酸笋煮连壳螺蛳（绿春）、小黄牛干巴（红河）等
	服饰文化	彝族服饰（景东、景谷、镇沅）、绣花凉布鞋（景东）、哈尼族服饰（景东）、傣族服饰（景谷）、苦聪人服饰（镇沅）等	花腰傣服饰（新平）、彝族服饰（新平）、哈尼族服饰（元江）等	彝族服饰（楚雄、双柏）等	苗族服饰（南涧）、彝族服饰（弥渡）等	日月系腰服（元阳）、苗族百褶裙（元阳）、瑶族马尾服（元阳）、哈尼服饰（红河）、哈尼族服饰小布帽（绿春）等

续表

主类	亚类	普洱	玉溪	楚雄	大理	红河
生活文化	建筑文化	景东文庙（景东）、勐总佛寺（景谷）、芒朵佛迹公园（景谷）、墨江文庙（墨江）等	彝族土掌房（新平）、妙连寺（元江）等	彝人古镇（楚雄）、福塔（楚雄）等	土掌房、教母徐家祠堂（弥渡）、文盛街（弥渡）、云南驿（祥云）、梨园村（祥云）、水目寺抱塔（祥云）、塔林（祥云）等	迤萨古镇（红河）等
	交通文化	玻烈桥茶马古道（镇沅）、难塔桥（镇沅）等	茶马古道		茶马古道（弥渡）等	
工艺文化	纺织类	彝族刺绣（景东）等	傣族织锦（新平）等	彝绣（楚雄、双柏）、堆绣（双柏）等	彝族刺绣（南涧、弥渡、祥云）等	手工刺绣（红河）等
	印染类				扎染（祥云）等	
	锻铸类					
	漆器类					
	陶瓷类	土锅（景东）、黑古陶（镇沅）等	傣族土陶（新平）等		土陶（祥云）	
	雕刻类		大型根雕（元江）等			
	编织类	篾编（墨江）等	傣族竹编（新平）等			
	其他	象脚鼓（景谷）、陀螺（景谷）等	傣家系列工艺（元江）等	云泉豆瓣酱制作工艺（楚雄）等	甲马纸工艺等	

续表

主类	亚类	普洱	玉溪	楚雄	大理	红河
信仰文化	宗教信仰	小乘佛教（景谷）等			佛教（弥渡）、道教（弥渡）、伊斯兰教（弥渡）、基督教（弥渡）等	
	原始崇拜	祭龙王（景东）、祭竜（景东）、同岁占鸡卦（景东）、祭山神（景谷）、拉祜族民族图腾崇拜（镇沅）、"昂玛批"崇拜、"摩批"崇拜等	祭山神（新平）、祭土地（新平、元江）、祭龙（新平、元江）、"毕摩"崇拜、它克岩画（元江）、哈尼多神崇拜（元江）等	虎图腾崇拜（楚雄）、土主文化（楚雄）、虎神节（双柏）、祭龙节（双柏）等	盖瓦洒哑巴会（南涧）、祭龙会（祥云）等	"昂玛突"（祭寨神）（元阳）、度戒（元阳）、祖先崇拜（绿春）、祭龙（绿春、红河）、祭天（绿春、红河）、祭山（红河）
展馆文化	博物馆	镇沅县博物馆、景东县博物馆（景东文庙）等	元江县博物馆	楚雄彝族自治州博物馆	弥渡博物馆	红河县博物馆、绿春县博物馆（哈尼族博物馆）、元阳县博物馆
	文化馆	景东县文化馆、景谷县文化馆	新平县文化馆、元江县文化馆	双柏县文化馆	祥云县文化馆、弥渡文化馆、南涧县文化馆	元阳县文化馆、绿春县文化馆
	艺术馆					
	美术馆					

资料来源：根据实地调研、各市/州/县提供相关资料及网上资料整理。

（2）空间上具有一定的可融合性。由于地理环境和历史等原因，"两山"区域内的县域在部分民族文化旅游资源上存在重叠。生活在不同县域的同一少数民族，或生活在同一地域的不同民族，因为民族本身的共通性以及生活方式的相互影响，使得"两山"地区的民族文化资源存在一定的相似性。尽管同一少数民族不同支系会生活在"两山"地区的不同县域，但是部分民族文化习俗是相通的。如景东彝族自治县的传统节日主要包括火把节、彝族年等；景谷傣族彝族自治县的传统节日除了彝族特有的节日外，还包括傣族的开门节、关门节、泼水节等；镇沅彝族哈尼族拉祜族自治县作为中国最后成立的一个自治县，其传统节日有哈尼族"十月年"、拉祜族的"月亮节"等。同样，民族文化旅游资源的相似性在服饰、饮食等方面也有所体现。

（3）民族文化资源绚丽多彩。"两山"地区是一个多民族聚居地区，有彝族、傣族、哈尼族、拉祜族等多个少数民族，众多民族在长期生产生活中互相帮助、和睦相处，共同创造了绚丽多彩的民族文化和地方传统文化。据上述民族文化旅游资源分类列表显示，以集中展现民族建筑、服饰、婚俗、饮食、民族歌舞等为重点的民族民俗风情多种多样。

（4）历史文化资源底蕴深厚。"两山"地区历史悠久，孕育了神秘的哀牢古国，同时"两山"地区是我"国古茶马古道"的必经之道，形成了底蕴深厚的历史文化资源。民族文化资源分类列表显示，在两山地区有大量的历史遗址遗迹和多处名人故居及其纪念馆，特别是在红河、绿春和元阳三个县域，拥有一处世界遗产和两个国家级非物质文化遗产。

三、哀牢山—无量山民族文化旅游资源开发的 SWOT 分析

（一）优势分析

1. 民族文化旅游资源的独特性

"两山"区域气候兼具我国南北气候特征，从而使得"两山"地区的年平均气温较为稳定，适合生物的繁衍与生存。在独特的气候环境影响下，"两山"地区有着丰富的动植物资源。同时，在独特的气候条件和生物环境下，"两山"地区也孕育了丰富的彝族、傣族、哈尼族及拉祜族等少数民族文化。在历史的

长河中，各民族文化又相互融合，形成具有当地特色的民族文化景观。如苦聪、彝、花腰傣等民族的婚丧嫁娶、墨齿文身、服饰佩戴、歌舞娱乐、宗教信仰、民居建筑等，均体现着大山的韵味，而又各具特色。仅从民族传统游艺方面来看，就有南涧跳菜、新平花腰宴舞、双柏老虎笙以及镇沅苦聪民歌等极具特色的民族文化活动。其中双柏的老虎笙、南涧的跳菜等作为国家级非物质文化遗产已逐渐受到更多人的关注。

2. 茶文化旅游资源的丰富典型性

"两山"区域气候条件优越，适宜古茶树生长。多个县域历来都有茶种植历史，形成独具特色的茶文化及茶马古道文化。普洱茶世界闻名，镇沅县千家寨古茶树群落分布在哀牢山国家级自然保护区的原始森林中，总面积有28747.5亩。千家寨的野生古茶树群落是世界目前所发现面积最大、最原始、最完整且以优势树种所延续的植物群落。其中1号茶树王树龄为2700多年，是世界上最为古老的茶树。2017年在哀牢山中部的新平县大帽耳山也发现了千年野生古茶树，该发现填补了滇中古茶树的空白。目前新平县茶叶种植面积已达4.7万余亩，进而带动当地农民的就业。

3. 开发潜力大，基础工作扎实

"山高谷深"的地形地貌特点，使得"两山"区域的发展相对封闭，资源开发处于初级开发或者半开发状态。故也使得其自然旅游资源及民族文化旅游资源的开发程度较低，但资源的原真性保护较为完整，组合程度较高，具有极高的观赏性和较大的开发潜力。同时，"两山"区域的主要县域，大多在2011年就已经在体制上对文化和旅游进行了融合，组建了文体广电旅游局。有些县域的文旅部门认识到文化与旅游融合发展的重要性，积极响应国际以及云南省政府的号召，开展文旅融合工作。如镇沅县已建博物馆，体现文化与旅游的紧密结合；景谷县则在传统民族文化的基础上创新开展空中"花泼水节"，吸引海外游客的目光。

（二）劣势分析

1. 交通不便、资金短缺

"两山"区域高山谷深的特点使得该地区交通十分不便，目前，境内还没有一条通车的高速公路，高等级（二级）公路也在修建过程中，严重影响和制约着该区域文化旅游业的发展。两山交通可谓"滇"道难，难于上青天，虽然两山周边各县域各村现已经修筑了乡村公路，但路面非常狭窄，受天气影响严重，且许多主要旅游景点都在离公路几公里甚至十几公里的地方，可进入性较低。

发展旅游业是一项高投入、慢产出的产业，前期的基础设施的建设、景点的开发及旅游产品的包装宣传，都需要有充足的资金作为支持。而"两山"地区受交通的制约，经济基础薄弱，政府财政困难，很难拿出足够的资金用于文化旅游资源的配套开发。且"两山"所在县域各个相关企业或个人因资金有限或认识不到位，也有集体或个人在当地旅游项目上进行投资。故由于资金短缺，且宣传不到位，进而难进一步吸引到外界的投资，使得"两山"地区的旅游开发进行得十分缓慢。

2. 区域内文化旅游开发不均衡

"两山"区域的民族文化旅游资源还存在着开发不平衡不充分的现象。两山地区在行政上跨越十多个县域，每个县域自身的经济发展状况也会对该地旅游的发展产生一定的影响。如景谷县，随着整个县内基础设施的完善再加上其政府高层领导对旅游的重视，依托县内旅游资源和独特的地理等优势，打造低空旅游项目以及创新性的民族传统节日。但反观与其邻近的景东县，专注于脱贫攻坚工作，县内旅游项目的开发严重滞后。对于有着较长旅游发展历史的新平县来说，其旅游产品的开发也陷入瓶颈。主要表现在以观光旅游为主体，产品层次低，构成单一，参与性、文化体验性不高，缺乏以细分客源市场为目标的专项旅游项目。如新平县的花腰宴舞，表演过于形式化，演员表现力不足，不能带动游客的参与热情。民族文化旅游产品形式日趋老化，创新能力不足，不能及时适应市场的变化。有些旅游地区商业气息浓厚，已经失去它原有的古朴民风，比如嘎洒镇的大槟榔园，卫生较差，设施破旧，整体体验低下。甚至个别旅游景点，市场无序化、管理不规范，"宰客"现象时有发生，给游客们留下了极为不好的印象。

3. 民族文化生态存在脆弱性特点

"两山"所处县域政府一些主管人员对该地旅游资源开发还不够重视。即便有些县域政府已有意识加强当地旅游发展方面的工作，但还处于初步阶段，且着重于对本地区资源的独立开发，而未与其他相关县域形成旅游资源联动，从而不利于"两山"旅游发展的顶层设计以及品牌形象的打造。"两山"地区居民的生态保护意识不高，在旅游开发过程中，会做出破坏环境的行为。同时，在历史的长河中，当地的少数民族由于受社会快速发展以及汉族文化的影响，一些少数民族文化受到冲击甚至逐渐走向消亡，亟须保护与传承。

（三）机遇分析

1. 中央战略支持发展

中央的西部大开发战略是云南省旅游业实现跨越式发展的重要机遇。旅游业作为新兴的"朝阳产业"和"绿色产业"，其发展不仅有利于地区基础设施的完善，而且还有助于生态环境的保护和改善，将是国家发展西部特色优势产业的重点。因此，"两山"地区可紧跟中央所实施的西部大开发战略，寻求相应的政策与资金支持，从而促进两山地区旅游的快速发展。

2. 国家机制推动融合

2018 年，文化部与国家旅游局合并为文化和旅游部，开始把工作重心转移到文化产业与旅游业的融合方面。云南省文化和旅游厅正式挂牌，也标志着作为民族文化强省和旅游资源大省的云南，开启了文旅融合的第一步。从 2009 年到 2019 年，国家以及云南省相关部门也陆续出台多项支持文旅融合发展的政策与措施。

相关政策的颁布和实施以及国家机构的调整，为具有独特性的"两山"民族文化旅游资源的开发创造条件，进而使得"两山"旅游业在国家和省政府的支持下，依托其独特的旅游资源创作出极具民族特色的旅游产品，推动文化与旅游的深度融合。

3. 旅游市场促进需求

随着人们生活水平的日益提高，休闲、度假已成为人们生活的一部分。人们也不只限于浅层次的走马观花，开始注重文化的体验。同时，随着"两山"地区可进入性的提高，该地区奇特的自然景观、多样性的生物资源以及独特的民族文化资源等吸引了众多的自驾车游客，使得两山地区成为周边居民的周末休闲度假的热门选择地。

4. 五网建设助力发展

为实现全省的跨越式发展，云南省启动了"五网"基础设施建设 5 年大会战，计划用 5 年时间，总投资 1.6 万亿元，加快路网、水网、航空网、互联网、能源网的建设步伐。得益于该项目的助力，"两山"地区的县内交通得到极大的改善，现已开通连接"两山"地区县域间的南涧至景东高速公路、景谷至宁洱高速公路等。

（四）威胁分析

1. 交通瓶颈

对于"两山"地区的旅游业来说，交通的改善，犹如一把"双刃剑"。一方面，它会引入较多的客流，极快地促进该地区旅游的发展；另一方面，它也有可能会因当地旅游发展严重跟不上游客需求或者同质化与相邻地区的旅游项目，从而错过交通改善所带来的机遇，在旅游发展的道路上停滞甚至倒退。

2. 竞争激烈

随着云南省由旅游大省向旅游强省的转变，现云南各个区域不仅仅在专注于旅游资源的开发，更加强调旅游的高质量发展。这不仅体现在旅游项目的创新性，同时也体现在旅游基础设施的完善性以及旅游服务的友好性。这一发展现状，也为正处于起步阶段的"两山"地区旅游的发展奠定了较高的基础。要想在云南省的旅游中占有一席地位，"两山"地区的旅游发展必须在空间上形成联动，在资源上正确组合，突出"两山"地区独特的民族文化旅游资源优势，做好前期的顶层规划。

3. 产品同质化

"两山"地区的各个县域，因民族文化的相似性，在一些旅游产品的开发上因缺乏创新而导致产品开发严重一致。如新平县的古茶树文化与镇沅的千年古茶树资源等存在一定的相似性，因地域的相似性，其口感等方面差异较小。云南作为少数民族聚居的大省，少数民族文化多姿多彩。而"两山"地区在旅游项目开发上还单纯地强调少数民族传统节日如"火把节""泼水节"等，造成与西双版纳等地区的特色区分不开，严重制约"两山"地区民族文化旅游资源的开发与发展。

四、哀牢山—无量山民族文化旅游区建设的思路和布局

（一）总体思路

"两山"民族文化旅游区建设的指导思想是：以习近平新时代中国特色社会主义思想为指导，紧紧围绕"五位一体"总体布局和"四个全面"战略布局，坚守"绿水青山就是金山银山"的理念。要抓住国家全面实施脱贫攻坚战略、建设以国家公园为主体的自然保护地、推动文化与旅游融合发展等重大战略机遇，按照"保护、创新性开发"的总体思路，坚持"重点保护、适度开发"的原则，依托"两山"地区丰富的自然资源、多样的民族文化旅游资源和产业发展优势，围绕着"茶旅文化"的主线，充分挖掘"两山"地区各类民族文化旅游资源，努力把"两山"民族文化旅游区建设成国内外知名的民族文化旅游区，把民族文化旅游产业培育成"两山"地区经济发展的新增长极，以民族文化旅游发展带动贫困地区和群众脱贫致富，促进"两山"民族文化旅游区经济社会全面协调可持续发展。

（二）基本原则

1. 区域联动，统筹发展原则

依托"两山"区域内自然资源与民族文化旅游资源组合度高的比较优势，充分发挥政府的主导地位和作用，在区域旅游合作的总体大环境中，加强区域内外交流与联动，促进区域旅游合作与发展，区别化打造，特色化定位，实现两山地区所有县域的统筹发展。同时，积极扩大民族文化旅游对外开放，加强与国内外的民族文化旅游交流与合作，主动融入国内乃至国际民族文化旅游大市场，不断提高哀牢山—无量山地区民族文化旅游市场竞争力。

2. 科学开发，保护优先原则

坚守"绿水青山就是金山银山"的理念，坚持重点保护、适度开发的原则，正确处理好民族文化旅游开发和资源环境保护、生态建设的相互关系，坚持把资源环境保护贯穿于民族文化旅游规划、资源开发、经营管理、市场营销等各个环节，努力实现以保护促进开发、以开发促进保护，推动哀牢山—无量

山地区民族文化旅游与经济社会全面协调可持续发展。

3. 突出特色，主题鲜明原则

"两山"地区多个县域都涉及茶文化，野生古茶树分布于镇沅县、新平县等多个地区，以"茶旅文化"为主线的特色资源构成了整个民族文化旅游区的重要依托。"两山"民族文化旅游区建设以保护创新性开发为手段，通过进一步挖掘"两山"地区各类民族文化资源的内涵，开发出涵盖茶文化、茶马古道文化等特色鲜明、主题突出的民族文化旅游产品，增强民族文化旅游区的吸引力，塑造出独具特色的民族文化旅游形象。

4. 市场导向，高质量发展原则

遵循市场经济规律，面向国内外旅游市场和消费需求变化，充分有效地挖掘与整合"两山"地区的优质民族文化旅游资源，加强民族文化旅游资源的开发建设，丰富民族文化旅游产品类型，高质量地打造"两山"重点民族文化旅游项目，培养民族文化旅游的龙头企业，延伸民族文化旅游产业链条，发展新型民族文化旅游业态，打造"两山"民族文化旅游品牌形象，构建具有吸引力和竞争力的"两山"民族文化旅游目的地，更好地满足游客日趋多样化和高品质的旅游消费需求。

5. 创新驱动、综合开发原则

创新民族文化旅游开发模式、服务方式和管理机制，形成符合现代市场经济发展的民族文化旅游运行机制。把创新发展贯穿到整个民族文化旅游区建设的各个方面，促进民族文化旅游开发建设，增强民族文化旅游发展能力，提升民族文化旅游发展质量。加强对民族文化旅游资源的综合开发和利用，把民族文化旅游发展与资源利用、环境保护、文化发展、群众就业和脱贫致富相结合，通过完善民族文化旅游产品体系，提升民族文化旅游服务质量，增强民族文化旅游市场竞争力，加快民族文化旅游产业发展，促进"两山"地区经济社会发展。

6. 以旅游带动地区脱贫原则

把扩大"两山"地区群众就业、提高贫困地区群众收入、增强区域自组织发展能力等，作为加快"两山"地区民族文化旅游发展的出发点和落脚点，把民族文化旅游景区开发与旅游小镇、美丽乡村建设相结合，促进城乡之间人流、物流、资金流、信息流、技术流的交流互动，充分发挥民族文化旅游发展带动贫困地区和群众脱贫致富的功能作用，推进"两山"地区城乡一体化发展。

（三）战略目标

"两山"地区进行保护型开发，要坚持以资源环境承载能力为刚性约束条件，统筹生产、生活、生态三大空间，严守生态保护红线、严格保护永久基本农田、严格控制城镇规模和城镇开发边界。紧紧围绕国家推进文旅融合发展工作，云南打造"绿色能源""绿色食品"和"健康生活目的地"及"三个定位"发展战略定位，推进"两山"地区以民族文化旅游消费为引领，以供给侧结构性改革为重点，加强重点民族文化旅游区、文化旅游特色小镇、民族文化旅游特色村、基础设施和公共服务设施建设。

把"两山"地区民族文化旅游打造国家生态文明建设的名片、野生动物天堂、生物多样性资源库、少数民族文化原真性的自然保护区。把"两山"地区建成生态环境优美、少数民族特色浓郁、旅游要素完善的旅游目的地、民族文化生态旅游基地和健康休闲文化旅游胜地。把旅游业培育成该地区经济社会发展的战略性支柱产业和人民群众更加满意的现代服务业，更好地满足新时代人民日益增长的美好生活需要。

（四）总体布局

根据"两山"地区的民族文化旅游资源分布特征、旅游业发展状态、旅游业开发利用条件、保护民族文化和生物多样性等因素，"两山"地区民族文化旅游发展空间布局概括为"两片区、两环线"。

1. 两片区

将"两山"地区划分为两个片区，以哀牢山自然保护区和无量山自然保护区为核心片区进行打造建设。

（1）哀牢山片区。

①区域范围：主要涉及新平县、景东县、镇沅县、楚雄市、双柏县、元阳、绿春、红河。

②资源特色：哀牢山地区植物分布区系复杂，古老名贵植物种类较多，珍

稀动植物繁多，具有生物多样性。梯田景观独特、民族节事独具特色、生态环境优良。

③功能定位：生态旅游、乡村旅游、森林观光旅游、民俗文化旅游。

④空间布局：重点打造以傣族民族文化为核心的少数民族文化旅游品牌，各旅游产品和景点沿哀牢山山脉由北至南带状分布，重点开发哀牢山生态旅游观光项目和原始森林体验项目，带动周边新平县、景东县、镇沅县、楚雄市、双柏县、元阳、绿春、红河各县域的发展。

（2）无量山片区。

①区域范围：主要涉及景东县、景谷县、南涧县、弥渡县、祥云县。

②资源特色：温泉资源丰富、浓郁少数民族风情、茶文化独特、民俗节事众多。

③功能定位：生态旅游、温泉旅游、森林观光旅游、茶文化旅游。

④空间布局：依靠本身丰富的茶资源，打造茶文化旅游品牌。沿无量山脉由西北向东南打造各民族文化旅游景点，重点开发生态观光体验游、茶文化休闲游、康体养生度假游、山地旅游、佛迹探秘游。

2. 两环线

"两山"地区民族文化旅游区建设以环线串联该地区主要民族文化旅游资源点。按资源点集聚县域为主要节点，构建"西环线""东环线"两大主要环线布局。

（1）东环线。以新平县、元江县、墨江县、绿春县、元阳县和红河县为环线主要连接点，构建东环线。并通过东环线打通各主要县域景点，以傣族文化、哈尼族文化、梯田文化、哀牢文化为主的少数民族文化旅游资源，构建可融交通、旅游休闲观光、文化体验、休闲度假、运动养生为一体的主题环线。

（2）西环线。以景谷、镇沅、景东、南涧、弥渡、祥云、楚雄和双柏为环线主要连接点，构建西环线。打造环线附近主要景点，以傣族文化、彝族文化、茶文化、养生文化等民族文化为主要依托，打造融休闲娱乐、温泉养生、佛迹探秘、特色茶园、体育运动为一体的主题环线。

五、哀牢山—无量山民族文化旅游区建设的主要任务

（一）加强民族文化旅游景区打造

1. 进一步加强哀牢山国家公园及国家生态旅游示范区的建设

坚守"绿水青山就是金山银山"的理念，抓住国家建设以国家公园为主体的自然保护地等重大战略机遇，加大对哀牢山—无量山地区现有民族文化旅游资源的整合提升力度，进一步加强哀牢山国家公园及"两山"国家生态旅游示范区的建设。

2. 推进民族文化旅游景区打造提升

有序推进新平戛洒特色旅游小镇、景谷芒玉大峡谷、勐卧总佛寺、景东银生古城（无量山城）、南涧无量樱花谷、镇沅千家寨风景名胜区等一批特色鲜明的民族文化旅游景区建设，提升景区等级标准，做好"两山"民族文化旅游区内高 A 级旅游景区的申报创评工作。

3. 推进旅游集散中心建设

加大民族文化旅游型城镇综合体项目建设力度，建设有生态及民族文化特色的"两山"区域内民族文化旅游区集散中心和自助旅游服务体系。提升民族文化旅游区主要城市道路、公园、广场等基础设施和公共服务设施的旅游服务功能。建设新型民族文化旅游特色小镇，推进重点民族文化旅游集镇提升改造。

4. 推进美丽乡村民族文化旅游景点建设

加强"两山"民族文化旅游区物质及非物质文化遗产保护、开发和利用。加强对民族文化旅游区内传统古村落的保护与修缮，对民族文化旅游区内茶马古道驿站，包括玻烈桥茶马古道（镇沅段）、新平段茶马古道、弥渡段茶马古道等进行保护性修复及开发；启动镇沅县博物馆、景东县博物馆（景东文庙）、楚雄彝族自治州博物馆、哈尼族博物馆等的建设。

5. 推进以"茶旅文化"为主线的休闲观光农业基地建设

"两山"民族文化旅游区多个县域都涉及普洱茶文化，以"茶旅文化"为主线的特色资源构成了整个民族文化旅游区的重要依托。加快民族文化旅游区

高原特色农业有机茶示范基地建设，开展集农业、乡村旅游和民族文化旅游为一体的体验型休闲观光"茶旅"基地建设。

（二）完善民族文化旅游基础设施建设

1. 加快交通基础设施建设

全力推动景东—南涧、景谷—镇沅—景东、绿春—元江—元阳—红河等高速路段建设；规划建设民俗文化体验线路（新平—镇沅—景谷—元江，南涧—弥渡—祥云—楚雄市—双柏）、茶旅文化体验线路（新平—镇沅—景东）、梯田休闲观光线路（绿春—元阳—红河）、无量山和哀牢山自驾游线路四大特色旅游线路。

目前"两山"民族文化旅游区交通亟须提升的是：加快乡镇道路的建设，合理利用地形修建道路，紧密连接民族文化旅游区各个景点和乡镇驻地，解决好主干公路到旅游景区之间的交通瓶颈和基础设施薄弱问题，加大力度改善公路路面条件，为舒适的游览体验打下基础。

2. 加快推进旅游厕所建设

在"两山"民族文化旅游区主要公路沿线、旅游集散地及民族文化旅游景区建设改造一批高质量、有特色的旅游厕所，强化日常管理，提升旅游公共服务水平。

3. 完善旅游配套设施建设

加快完善"两山"民族文化旅游区内各级公路沿线及民族文化旅游景区配套的旅游栈道、观景台、自驾车营地、停车场、公共标识等基础设施建设。

（三）完善民族文化旅游接待服务设施建设

1. 打造民族文化旅游特色餐饮

以民族文化旅游区特色菜为主打品牌，挖掘打造融合南北风味且具有民族文化旅游区生态特色的美食菜肴系列；建设具有特色的旅游美食街，策划举办特色美食节，提升民族文化旅游区餐饮的特色；加强餐饮业管理，提高餐饮业整体服务水平；打造与环境相协调的民族文化旅游区餐饮业，加强餐饮业管理，提高餐饮业整体服务水平。

2. 提高旅游星级酒店档次，加快乡村民宿建设

引导"两山"民族文化旅游区现有星级酒店和住宿设施进行提升改造，扩充现有旅游酒店规模，通过内饰装修与文化提升、服务质量与规范提高，提升现有旅游酒店宾馆的规模档次。结合"两山"民族文化旅游区良好的人文、生态环境、民族文化特色、民宿建筑等资源，发展以民居建筑为经营场地，建筑格局和室内外装饰配置具有哀牢山—无量山地区民居风格特点，接待设施先进，具备一定旅游接待条件的乡村民宿。切实引导实施好一批乡村民宿建设，增加当地居民收入，带动广大乡村居民致富，推动民族文化旅游区旅游经济结构转变，推进城乡融合发展。

3. 优化旅游商品购物环境，完善旅游购物设施

加强民族文化旅游区基础设施建设，在交通便捷、客流集中的旅游中心县内开辟民族文化旅游购物步行街或购物中心，满足各层次旅游者需求。加大民族文化旅游商品的设计研发力度，在商品的包装、工艺、造型、款式、功能等方面充分体现哀牢山—无量山地区地域文化和民族特色，提高旅游商品档次，促进旅游商品市场转化率，增加旅游经济效益。

4. 建立旅游公共信息和咨询平台

以"互联网＋旅游"为抓手，加大智慧旅游的发展力度，集合旅游六要素详细情况，实现在线查询、预订等服务，满足不同层次游客的消费需求。通过加快食、住、娱、购服务设施建设，提高民族文化旅游区旅游接待能力，构建民族文化旅游区以旅游公共信息服务、游客集散中心、游客服务中心、旅游商品展示中心等为主的综合配套服务体系。

（四）旅游产品的开发利用

1. 打造彝族等少数民族康体养生旅游新产品

充分发挥彝医、彝药等少数民族医药资源优势，推出食疗药膳、预防保健的康体养生旅游新产品，促进旅游与医疗康体养生融合发展。

2. 打造旅游节庆产品和旅游演艺产品

充分挖掘民族特色文化，整合"两山"地区传统的民族特色经典节目，以文化旅游景区、节庆、演艺、旅游商品开发等为载体，以节促旅，以旅兴节。全面提升"两山"地区节庆品牌知名度，打造文化演艺精品，加大对外推介力度，促进旅游与文化融合发展。

3. 挖掘少数民族民俗文化产品

加强彝族传统手工刺绣、彝族服饰、傣族服饰等传统技艺和服饰以及"杀戏"、哈尼族多声部、南涧"跳菜"、乐作舞等歌舞特色产品的包装打造，加大非物质文化遗产保护、传承和开发利用。

4. 开发旅游特色产品

开发提升墨江紫米、哈尼苦兰芨、无量山乌骨鸡、核桃、刺包菜、野生菌、元江杞果、小粒咖啡、白竹山茶叶等有机健康产品，开发耀南火腿、牛干巴、新平腌菜、哈尼族白旺、谷花鱼、铁核桃油、稀稀粉等传统特色小吃和美食，开发三弦、者干土陶、彝族傣族服饰、彝族刺绣品等旅游产品。

5. 积极打造户外运动旅游产品

积极发展民族体育运动、自行车、徒步越野、攀岩、"爱心飞翼"等体育旅游产品，促进旅游与体育运动融合发展。

（五）推出特色旅游线路

1. 民俗文化体验线路

新平（大槟榔园花腰傣生态旅游村、大沐浴花腰傣生态旅游村）—镇沅（苦聪人文化、"杀戏"）—景谷（佛迹文化、温泉养生）—元江（梯田文化、哈尼文化）；南涧（"跳菜"、无量樱花谷）—弥渡—祥云—楚雄市（楚雄文庙、福塔）—双柏（"三笙"老虎笙）。

2. 茶旅文化体验线路

新平—镇沅（千家寨、老乌山）—景东，体验有机特色休闲农业体验线路。

3. 梯田休闲观光线路

绿春（腊姑梯田、桐株梯田）—元阳（箐口梯田、老虎嘴梯田）—红河（宝华撒玛坝万亩梯田），最具特色的是贯穿了该三个县域的红河哈尼梯田国家湿地公园。

4. 无量山和哀牢山自驾游线路

新平—元江—墨江—绿春—元阳—红河，景谷—镇沅—景东—南涧—弥渡—祥云—楚雄市—双柏，体验沿线附近多样少数民族风情，饱览哀牢山、无量山自然生态风光。

六、哀牢山—无量山民族文化旅游区建设的保障措施

"两山"民族文化旅游区建设的保障措施，主要从政府角度切入，即"两山"地区所在县（州、市）政府应加强政府组织领导、推进体制机制创新、推动民族文化旅游区域合作、制定倾斜扶持政策、加快民族文化旅游人才培养、加强民族文化旅游规范管理等，强化民族文化旅游发展规划实施的保障，不断提高民族文化旅游区建设能力和发展水平，促进"两山"民族文化旅游区建设的快速健康发展从而带动周边经济的提升。

（一）加强政府组织领导，形成联动发展

1. 加强县（州、市）域内各部门之间合作

对于"两山"地区所在每一个县（州、市）域内的相关政府部门都需要了解当地民族文化旅游资源发展优势，进一步提升对当地民族文化旅游资源的认识，从而发挥各个部门的职能与职责，调动其积极性，进一步加强政府各部门之间的统筹协调能力，共同推动民族文化旅游的发展。针对各县（州、市）在机构调整过程中人员变动的问题，可以进行岗位的调整。即对现有岗位全部打散，在人数不变的情况下，根据实际需要进行重新组合，每个人可以重新选择自己感兴趣的岗位。对于一个岗位有多名意愿者的情况，采取内部竞争，择优担任。这也表明原负责旅游工作的可以选择现负责文化工作，反之亦然。从而实现旅游与文化在工作上的相互协调。

2. 增强县（州、市）级区域之间的合作

加强"两山"县域政府层面的合作与联动，对"两山"地区的民族旅游资源进行统一整合与分类，进而在建设的顶层设计中对"两山"地区民族文化旅游资源进行统一规划和开发，促进品牌形象建设和宣传，形成"两山"地区的民族文化旅游大环线，使"两山"地区的民族文化旅游资源得到较为合理、高效的利用，有效推进"两山"民族文化旅游区建设。

（二）创新管理机制体制，推动旅游高质量发展

1. 创新民族文化旅游区建设模式

创新旅游行政管理体制需要按照"政府主导—企业主体—村民参与"的原则，结合各地实际情况，不断创新民族文化旅游开发建设模式以符合市场规律，从而加快推进"两山"民族文化旅游区开发建设。其中主要的开发建设模式有以下几种：

（1）以政府为主导型。县（州、市）政府旅游开发重点为旅游基础设施、公共服务设施、旅游城镇、旅游特色乡村建设等，同时以民族文化旅游资源作为旅游的重点项目开发，形成具有当地特色的独特民族文化旅游项目，借此来积极争取国家、省级财政的资金投入支持，进一步提高当地的旅游基础设施及旅游供给多样性和创新能力。

（2）以龙头企业为主体型。充分发挥当地或者外来企业的经济实力，对"两山"地区的重点民族文化旅游资源进行辨别和包装利用，形成符合市场需求的旅游产品和项目。进而通过重点民族文化旅游资源的带动，来推动更多企业的进入，促进"两山"地区民族文化旅游资源的高品质整合开发，提升"两山"地区民族文化旅游知名度和市场竞争力，带动"两山"地区旅游经济发展。

（3）以政府 + 企业 + 村民参与建设型。"两山"地区常年以来的可进入性较差导致经济水平较为落后，以促进贫困地区经济社会发展和贫困群众脱贫致富为目标，以推动旅游与城乡建设融合发展切入点，以推进旅游小镇、旅游特色乡村建设为重点，创新政府 + 企业 + 村民参与共建模式，加强政府的政策引导、规划指导和资金扶持，积极吸引企业投资开发建设和经营管理。

2. 创新建设发展机制

不断创新旅游建设发展机制，建立健全符合产业发展规律和全域旅游发展的运行机制，推进全域旅游开发建设和乡村旅游发展。创新"两山"民族文化旅游统筹协调机制，及时协调解决"两山"民族文化旅游建设发展中出现的问题和困难，形成各县域建设发展的合力；创新"两山"民族文化旅游投融资机制，构建投融资平台，拓宽投融资渠道，吸引国内外企业和社会资本投入民族文化旅游开发建设；创新市场主体培育机制，以政府为主导，鼓励做大做强一

批民族文化旅游"龙头"企业，做精做优一批中小民族文化旅游企业；创新民族文化旅游产业融合机制，推进文旅产业融合发展，促进"两山"地区民族旅游产业向复合型产业体系转变，提高民族文化旅游产品竞争力；创新民族文化旅游共建共享机制，构建多元合理的利益关系，推动"两山"地区政府和市场、资本方和资源方、民族文化旅游和相关行业、游客和当地居民、企业和员工等和谐共建、协调有序、互惠互利，增强"两山"民族文化旅游区建设发展的内在动力和活力；创新生态文明建设机制，加强生态环境保护，开展循环经济试点，探索低碳旅游模式等；创新旅游综合监管机制，形成政府监管、行会引导、企业自律、社会监督、法律强制等相结合的旅游综合监管机制，为下一步形成全域旅游发展营造良好的社会环境。

3. 加快成立民族文化旅游行业协会

习近平总书记在党的十九大报告中首次指出"我国经济已由高速增长阶段转向高质量发展阶段，正处于转变发展方式、优化经济结构、转换增长动力的攻关期"。为了进一步推动民族文化旅游的高质量发展，各县（州、市）政府要结合本地实际情况，主动寻求社会力量的协助，尽快成立由政府主导，社会各界人士参与的民族文化旅游行业协会。邀请各行业的知名或领头人物参与其中，并担任重要职位，设定符合当地发展的行业规范，进而推动当地旅游向着高质量的方向发展。

（三）强化政策支持，实现可持续发展

1. 产业政策扶持

根据国家对文化旅游产业发展的有关政策，结合"两山"地区民族文化旅游发展需要，积极开发符合国家鼓励并充分体现"两山"地区民族文化特色的旅游项目和产品。鼓励支持符合民族文化旅游发展的重点旅游项目建设，对开发民族文化旅游演艺活动、民族村寨景区建设、创新开展民族节庆活动等旅游项目按相关政策给予贷款贴息、降低税收等资金政策扶持。鼓励民间资本和外资等通过独资、合资、并购等多种形式建设当地旅游服务设施和配套设施，鼓励当地建设具有民族特色的主题酒店或餐厅，推动当地旅游多样性的发展。

2. 环保政策支持

"两山"地区的发展依赖于当地良好的生态环境。当地政府可以制定有利于环境保护和生态建设的政策，对旅游企业防治污染所需资金可纳入固定资产投资划，对旅游开发建设中同时建设污染治理项目的企业给予贷款贴息，对采用循环经济技术，实现零排放和零污染的旅游企业可享受相关的税收优惠政策等。

（四）加快人才培养，提升服务水平

1. 建立人才培育成长机制

"两山"地区民族旅游文化资源的开发离不开优秀人才的参与。积极开发旅游人才资源，促进旅游人才结构优化，形成"人尽其才、才尽其用、用当其时、人才辈出"的良性旅游人才发展机制。可以建立"两山"地区民族旅游资源旅游专家委员会，聘请国内外知名的民族文化旅游专家作为旅游顾问，基于"两山"民族文化旅游区建设发展的有关问题进行咨询，从而确保民族文化旅游区建设方向正确性。

2. 扩大各类人才培养途径

加强"两山"民族文化旅游区人才培养，可以组织"两山"地区从事旅游相关行业的人员，尤其是管理人员到旅游发达地区、旅游高等院校等地方进行学习交流，及时了解有关民族文化旅游的最新发展和趋势。同时，也可以加强"两山"民族文化旅游区与国内旅游学科建设较好院校的合作，建立旅游实习基地，吸引高校人员参与，利用学校的科研能力，在民族文化旅游项目开发、产业结构调整、旅游循环经济、生态建设等方面进行相关专题研究，从而促进"两山"民族文化旅游区健康发展。还可以加大旅游人才引进力度，从体制、资金、环境等方面创造条件，吸引省内乃至国内的高水平旅游人才，并为他们提供良好的工作条件。加强对"两山"民族文化旅游区居民的旅游服务观念、生态环保理念和服务技能的培训，提高他们的整体素质，营造良好的旅游环境，提升"两山"地区的旅游形象和吸引力。

3. 加强人才队伍科学管理

加强人才队伍的科学管理，完善旅游人才管理体制和机制，建立旅游人才发展工作责任制，推进旅游人才工作的科学化、制度化和规范化发展。建立健全旅游人才专职管理机构和人才培育管理体系，按照"服务发展、以用为本、急需为先"的要求，制定包括旅游人才需求评估、引进培养、选拔任用、流动配置和激励保障等内容在内的旅游人才制度和机制。注重旅游人才队伍建设的效率和果，不断提高旅游人才队伍的质量和水平，促进"两山"地区旅游服务质量和水平的提升。

第十三章　云南非遗项目及其文旅
　　　价值研究

　　在文旅融合的背景下，文化因素对旅游业发展的作用愈加突出，文化体验式旅游成为人们热衷的出行方式。在此基础上，非物质文化遗产体现出的文化多样性，让非遗项目与旅游的融合水到渠成。非遗作为一个主要的文旅融合点，非遗的保护和利用与旅游开发之间存在良性互动关系。旅游让更多人关注非遗、参与非遗传承，有利于提高非遗的可持续发展能力，而旅游对非遗起到的生产性保护作用，也促进了传统技艺的改良创新；非遗项目融入旅游，则赋予了旅游新的内涵，有助于提高旅游产品的文化附加值，增强客群吸引力。

一、云南非遗项目现状分析

　　作为文化旅游大省，云南积淀了众多底蕴丰厚的非物质文化遗产。目前云南省共有四级非遗代表性项目7631项，其中，国家级105项、省级450项、州（市）级2103项、县（市、区）级4973项，"傣族剪纸"和"藏族史诗《格萨尔》"项目入选联合国教科文组织《人类非物质文化遗产代表作名录》；共认定四级非遗代表性传承人11055人，其中，国家级125人、省级960人、州（市）级2649人、县（市、区）级7321人。云南省印发的《2019年全省"旅游革命"九大工程实施方案》提出，云南将培育打造一批适应旅游市场需求的文化旅游产品，丰富旅游产品供给，提升旅游供给品质和文化内涵，传播和弘扬全省民族文化和历史文化，这恰恰让云南丰富的非遗资源大有可为。

　　根据表现形式的不同，非物质文化遗产主要可分为民间文学、传统表演艺术、传统工艺美术、传统生产知识、传统生活知识、传统仪式和传统节日 7 个大类。由于功能不同，它们在旅游中所体现出的价值，也会呈现出很大的不同。①

云南的国家级民间文学有彝族叙事长诗《阿诗玛》、格萨尔史诗、哈尼族四季生产调、拉祜族史诗《牡帕密帕》、阿昌族史诗《遮帕麻和遮咪麻》。它们都是非物质文化遗产的重要表现形式，具有重要的文学和艺术价值。其中入选第一批国家级非物质文化遗产名录最具代表性的彝族叙事长诗《阿诗玛》，是流传于云南省石林彝族自治县彝族支系撒尼人的叙事长诗。它使用口传诗体语言，讲述或演唱阿诗玛的故事。阿诗玛不屈不挠地同强权势力作斗争的故事，揭示了光明终将代替黑暗、善美终将代替丑恶、自由终将代替压迫与禁锢的人类理想，反映了彝族撒尼人"断得弯不得"的民族性格和民族精神。《阿诗玛》的原形态是用撒尼彝语创作的，是撒尼人民经过千锤百炼而形成的集体智慧结晶，具有广泛的群众性。《阿诗玛》反映和表现了彝族撒尼人的日常生活、婚丧礼节及其他风俗习惯，它的演唱和讲述伴随撒尼人的迁徙、成长和发展，它是撒尼人生活记忆和传统文化的重要组成部分，并且以讲唱的形式再现、记录撒尼人的生活，成为撒尼人生活的诗学记忆传统。《阿诗玛》涉及的内容广泛，它不仅是一部叙事诗，而且代表了撒尼人生活传统基础上诞生的文化传统，这种文化传统得益于撒尼人长期的社会生活实践，得益于撒尼人以歌唱行为和讲述活动为核心的文化记忆。《阿诗玛》是撒尼人生活的歌，这类歌谣产生的土壤是民众生活。《阿诗玛》依托撒尼人的传统在讲唱，凡是能讲唱《阿诗玛》的人，也能讲唱彝族其他叙事诗或者与此相关的叙事调。《阿诗玛》诞生于撒尼人的生活传统、歌唱传统、叙事传统之中，反过来，《阿诗玛》又影响着撒尼人的生活传统、歌唱传统和叙事传统的建构与特点。②

云南的国家级传统表演艺术（传统音乐、传统舞蹈、传统戏剧、曲艺）共计 14 项。以国家级传统音乐傈僳族民歌为例，它包括木刮、摆时和优叶等歌种。木刮是傈僳族最重要、流传最广的民歌歌种之一，流传于云南省怒江傈僳族自治州的傈僳族聚居区。木刮在傈僳语中原泛指所有的歌和调，后来逐渐成

① 苑利.非遗传承人：中华文明的另类传承者［J］.中原文化研究，2020，8（2）：74-79.

② 李斯颖.中国非物质文化遗产保护成就及建议——以西南少数民族为例［J］.广西民族师范学院学报，2012，29（6）：11-14.

为叙事古歌的专称。其他属木刮类的歌、调一般冠以内容，如阿尺木刮（山羊调）、其奔木刮（三弦调）等。木刮主要用于内容严肃、气氛庄重的传统叙事长诗，并多在民族节日、集会等时间和场合歌唱。代表性歌唱内容如《创世纪》《生产调》《牧羊歌》《逃婚调》等，曲调朴实、深沉，具有苍凉、古老的风格。木刮一般由中老年男子分为两方，盘腿围坐火塘边，各以男、女身份一问一答对唱。对唱时双方都由一人领唱，众人伴唱，领唱者唱一句，伴唱者和一句，吟唱中以酒助兴，边饮边歌。木刮对唱还具有竞赛的特点，若双方领唱者均为对歌能手，对歌往往持续几天几夜。以木刮对唱的傈僳族传统叙事古歌，广泛涉及民族渊源、人类繁衍、生产生活、风情习俗、恋爱婚姻、宗教信仰和民族交往等内容，生动再现了傈僳族社会历史的广阔图景，具有较高的认识和审美价值。如长篇叙事歌《逃婚调》就反映了傈僳族"指腹为婚""以牛为聘"的婚恋习俗，以逃婚争取自由和爱情的社会习俗，杀羊招魂、打狗头发誓、泼血酒赌咒的原始信仰，以及各民族之间相互往来、相互帮助的团结精神和傈僳族的社会生产力水平、生产状况等。随着老一辈歌手的相继去世，现今已较少有人能完整歌唱傈僳族木刮史歌、长篇叙事歌的内容。如不及时抢救、挖掘，抓紧培养年青一代歌手，木刮将面临后继无人的局面。"摆时"和"优叶"是云南省怒江傈僳族自治州最具代表性的两类傈僳族山歌。摆时广泛流传于泸水市和兰坪县傈僳族地区，在平时及节日集会、庆祝丰收、男婚女嫁等喜庆的场合都有歌唱，歌词内容广泛，曲调热情奔放，宜于表露内心激情，深受傈僳族人民喜爱。摆时多为集体性的男女对唱，也可由一人做自娱性独唱。歌唱内容分为"朵我""辖我"两类。"朵我"主要歌唱传统叙事长诗；"辖我"则根据对歌对象即兴编唱，多以爱情、时事为主要内容。摆时的代表曲目有《竹弦歌》《忆苦歌》《孤儿泪》等。一年一度的泸水市登更"澡塘赛歌会"是摆时对唱的隆重盛会。优叶主要流传于福贡县傈僳族村寨，按歌唱内容及形式分为两类：一类由中老年人围坐火塘边一面饮酒一面对唱，主要内容是追述旧时的悲伤、苦难，曲调低沉、速度徐缓、旋律平稳；另一类曲调轻松、活泼，是青年男女传情表意的主要方式，可男女对唱，也可在同性间对唱。第一类优叶现已较少传唱，第二类优叶至今仍广为流传。优叶常见曲目有《打猎歌》《悄悄话》《砍柴歌》等。摆时和优叶是傈僳族口传文学艺术的杰出代表，经过历代歌手的创造，长期以来积累了极其丰富的歌唱内容，几乎涉及社会生活和民俗活动的各个方面。摆时和优叶同时也创造了富于民族个性的多种艺术表现手法，如傈僳族诗歌的句式、韵律及修辞特点主要通过这类民歌体现出来。摆时和优叶又反映着傈僳族民歌的典型音乐特色，如傈僳族民歌的多声唱法、颤音唱法及衬词运用都在摆时和优叶中得到了充分体现。

云南的国家级传统美术和传统技艺有傣族剪纸和纳西族东巴画等。其中，纳西族东巴画是东巴文化的重要内容之一，它通过绘画的方式表现出了古代纳西族信仰的神灵鬼怪和各种理想世界，以及古代纳西族社会的各种生活。常见的东巴画有经书的封面和题图，做法事时用的布帛画、木牌画等，主要用于东巴教的各种仪式中。东巴画的绘画形象具有强烈的原始意味，以线条表现为主，朴实生动，野趣横生，色彩多用原色，鲜艳夺目。许多画面亦字亦画，保留了浓郁的象形文字书写特征，是研究人类原始绘画艺术的"活化石"。20世纪80年代，纳西族一些年近古稀的老东巴又提起画笔绘制东巴画，一批中青年画家还在模仿的基础上创作出了大量的现代东巴画，使这一古老的艺术重又焕发出了生机与活力。这些画以其古朴神秘的气息、浓郁的民族特色引起了国内外美术界的热切关注，不仅多次在国内一些大中城市展出，而且还应邀远赴美、日、韩等国展销，收到了良好的效果。戈阿干等纳西族艺术家还更进一步地将东巴画制成蜡染、扎染、陶瓷、挂毯等艺术品，深受本民族群众和国内外游客的喜爱。

傣族剪纸主要流行于云南省德宏傣族景颇族自治州芒市，其最早形式源于傣族祭祀仪式所用的纸幡，后来在佛教文化和中原文化的影响下逐步充实发展，形成完善的剪纸并被广泛应用于祭祀、赕佛、丧葬、喜庆及居家装饰等方面。在潞西，几乎村村寨寨的傣族村民都能剪纸。潞西傣族剪纸以特制的剪刀、刻刀、凿子和锤子为工具，其剪刀和刻刀具有尖、利、仄、薄的特点，一般可剪八层纸；凿子和锤子有稳、钻、活的特点，一次可凿五十余层纸。傣族剪纸分"剪"与"凿"两种方法，剪无须稿样，随手可剪；凿则需稿样，按样制作。傣族剪纸的主要制品为扎、董、佛幡、挂灯、吊幢、板等，多用以装饰佛殿的门窗、佛伞、佛幡及演出道具、节日彩棚、泼水龙亭等。傣族剪纸内容多与傣族所信仰的南部上座部佛教有关，涉及佛经故事、民间传说和边疆风物特产等，带有浓厚的生活气息和乡土风味。常见图形既有龙凤、孔雀、大象、狮子、麒麟、马鹿、骏马、游鱼及各种奇兽异鸟，也有荷花、玫瑰花、菊花、茶花、杜鹃等花木，还有亭台楼阁、佛塔寺庙等建筑，形象生动，图案整齐，匀称美观，风格粗犷有力，朴实无华。傣族剪纸在当地的社会生活中占据着重要而特殊的地位，从剪纸内涵到外在表现形式诸方面均折射出傣族人民的历史文化传统、审美追求和独特的民族精神。

云南的国家级民俗有彝族火把节、傣族泼水节、白族绕三灵、傈僳族刀杆节等。彝族火把节具有丰富的文化表现形式和文化内涵，聚合了彝族银饰制作技艺、彝族口弦音乐等国家级非遗项目，以及朵乐荷歌舞、彝族赛马习俗等诸多省、州、县级非遗项目。火把节作为彝族传统音乐、舞蹈、诗歌、饮食、服饰等文化要素的载体，既包含斗牛、赛马、斗羊等传统体育赛事，又有彝族口弦音乐、木叶吹奏等传统娱乐活动，这为旅游的"差异化体验"提供了无限可能。楚雄火把节具有彝族火崇拜的文化意蕴，大部分彝族居住在高山地区，刀耕火种，防寒和御兽都离不开火，所以在彝族文化中强烈地表现出浓郁的火文化特点，这种现象表现在过火把节、寨祀火、火禁忌等行为上。火把节反映了彝族丰富多彩的文化习俗。在火把节期间，游客众多，许多丰富多彩的习俗活动集中进行，使彝族文化和风情得到集中展示。

二、云南非遗项目的文旅价值

非物质文化遗产蕴含着丰富的历史资源、文化资源、经济资源、教育资源、科学资源，是世界各民族传统文化的珍贵记忆，对于人类的生存与发展具有独特的价值与意义。非物质文化遗产是人类文明的基石，是文化多样性的体现，是国家和民族赖以生存的基础和象征，是人们进行创造的源泉，是人类社会可持续发展的保障，具有无以替代的重要作用。云南的非遗项目作为重要的文旅资源在人们长期的生产生活中形成了多维度、多层次的价值体系。

（一）历史价值

非物质文化遗产是在特定的历史条件下产生的，是从某一地区、某一民族深厚的传统文化、悠久的发展过程中，历经岁月沧桑，保存、流传下来的。例如，有相当一部分民间文学就是远古时代的神话传说，它们承载着丰富的历史，反映着历史文化传统和文化变迁，是现代和传统之间流动的见证。我们可以从中活态地了解不同历史时期的生存发展水平、社会组织结构、生活风貌、道德习俗和思想禁忌。非物质文化遗产积蓄了不同历史时代的精粹，保留了最浓缩的民族和地域特色，是民族历史的活态传承，是民族灵魂的部分。它是超时代的，它承载了过去、孕育着未来。人们可以通过有形的文化遗产和无形的文化遗产同遥远的祖先沟通，看到他们的身影，了解他们的生活状态，体会他们的思想，感受到他们的情感和智慧，辨认他们一步一步走过来的脚印。非物质文化遗产反映了民族的世界观，生存状况，折射了民族的集体心态和行为模式，有助于人们了解当时社会、群体的整体状况。此外，通过民间的、口传的、质朴的、活态的非物质文化遗产可以弥补正史典籍的不足、遗漏或讳饰，帮助人们更真实、更全面、更接近本原地认识已逝的历史及文化。因此，非物质文化遗产具有极高的历史价值。

（二）文化价值

非物质文化遗产是不同群体或不同民族的文化积淀，反映了人类社会漫长历史所形成的文化和传统，是人类文明的组成部分。它所代表的是鲜活的文化，是原生态的文化基因。一个民族或群体的非物质文化遗产，往往蕴含着该民族或群体的传统文化的最深根源，反映了他们的生活、生存方式，保留着形成该民族或群体身份的原生状态，以及该民族或群体特有的思维方式、心理结构和审美观念等，体现出该民族或群体独具特色的历史文化发展踪迹，因此具有重要的文化价值，成为该民族和群体存在的标志和发展的根基。不同的民族或群体具有不同的文化模式，共同丰富、充实和维系着人类文化的多样性，更强化了非物质文化遗产的文化价值。文化的多样性是人类发展兴盛的一个重要前提，是非物质文化遗产文化价值的一个重要方面。

（三）精神价值

非物质文化遗产的最大特点就是它不脱离本民族特殊的生产生活方式，不脱离具体的民族历史和社会环境，它蕴含着所属民族或群体的文化基因、精神特质，沉淀着发展的经验、生存的智慧。这些维系民族或群体血脉的因素反过来又世代塑造并延续了该民族或群体一脉相承的生活态度和社会行为，从而形成特有的文化传承和群体意识，使这种文化的价值在多元化的世界中得以展示和存续，成为一个民族最基本的识别标志。因此，非物质文化遗产是民族个性、民族审美的"活"的体现，具有传承和凝聚民族精神的重要作用，是维系民族存在发展的生命动力、精神依托，是实现民族文化复兴、社会可持续发展的源泉，是人们的"精神家园"。

（四）科学价值

与物质文化遗产相比，非物质文化遗产具有更多的跨学科、跨领域的文化特征和知识属性。它作为历史的产物，是对历史上不同时期生产力发展状况、科学技术发展程度、人类创造能力和认识水平的原生态保留和反映，是后人获取科技信息的源泉。许多民间习俗保留着原始文化的粗犷和纯真，对于研究人类历史具有重要的科学价值。另外，许多非物质文化遗产本身含有相当程度的科学因素和成分（如中国的传统医药、传统酿酒技艺），具有科学研究的价值，为后人创新奠定了基础。因此，非物质文化遗产不仅本身具有较多的科学内容，而且给我们提供了极其丰富的史料和极有学术价值的资料，是历史学、人类学、民俗学、语言学、社会学、人种学、宗教学、文学、艺术学、生物学、医学等学科的始源和开展研究的主要对象。

（五）审美价值

非物质文化遗产中包含着丰富的表演艺术、口头文学、生活习俗、服饰礼仪、传统工艺，它们或是纯粹的艺术，或是包含着艺术和美的成分。无论是口头文化、体形文化、口头与体形的综合文化，还是造型文化，都是历史上不同时代、不同民族人民劳动和智慧的结晶，展示着一个民族或群体的生活风貌、艺术创造力和审美情趣。它们历经岁月沧桑，流传至今，充分说明其审美水平和创造能力得到了不同时代人们的认可，具有极高的艺术价值、欣赏价值，其中有许多天才的艺术创造，孕育了无与伦比的艺术技巧，更能深深打动人的心灵，触动人的感触。另外，非物质文化遗产中存储了大量的文化艺术创作原型和素材，是进行文化艺术创造取之不尽的源泉。

（六）教育价值

非物质文化遗产中包含了丰富的历史知识、科学知识、传统技艺、艺术精品资源，是开展学校教育、社会教育的重要知识来源，非物质文化遗产中所包含的伦理道德、行为规范，更是教育年青一代正确地为人处世，培养社会良好风气的重要内容。非物质文化遗产的教学，可以帮助学生更加鲜活、生动地了解优秀的民族文化，从而加强民族自豪感，更加热爱自己的祖国。所以说，非物质文化遗产能够熏陶人的情操、提高人的素质、培养人的能力，具有极高的教育价值。另外，非物质文化遗产传人传授自己宝贵技能的过程，以及研究教授非物质文化遗产为职业的专家，在学校、社会讲授非物质文化遗产的过程，也体现了非物质文化遗产的教育价值。教育是对非物质文化遗产进行保护，传承的一条重要途径。非物质文化遗产中有大量的独特技艺、技能可以传授，有许多传人，他们传授自己独有的宝贵技能，学生或被传授人接受知识技能的过程就是实现教育价值的过程。这个过程是通过学校在课程里融进非物质文化遗产的内容以及学生开展相关体验实践活动进行的，专家、学者在学校、社会中讲授非物质文化遗产相关知识，体现的也是非物质文化遗产的教育价值。

（七）经济价值

非物质文化遗产内涵丰富，它所带有的民族和地域的信息，具有独特的吸引力，不仅传递着文化特征，同时也是音乐、戏剧、电影、广播、电视、旅游、饮食、服饰制作、制药业等产业发展取之不尽的资源。在世界范围内，具有美学、历史价值的民间艺术产品的生产已经形成了独立的产业。许多地方将非物质文化遗产作为旅游项目开发，取得了令人瞩目的经济效益，文化旅游经济成为当今世界旅游业的重要组成部分。在做好抢救与保护的前提下，对非物质文化遗产加以合理利用，适当将其转化为经济资源，合理开发利用其经济价值，把有转化条件的文化资源转化成为文化生产力，带来经济效益，是为非物质文化遗产带来持久的、有深厚基础的保护和传承的重要条件之一。非物质文化遗产具有双重价值，既有保存价值，又有经济价值。保护是实现经济价值的前提条件。把对非物质文化遗产的保护和发展同古典与现代、文化与经济结合起来，使传统文化在现代语境中焕发新的生机，寻找到新的生长点和发展点。在工业社会，后工业社会中完美地传承、发展前工业社会的文化记忆，把有条件的非物质文化遗产变成文化产品，推向市场，形成文化品牌效应；把丰富的文化资源转化、发展成为优势文化产业等，都是非物质文化遗产产生的经济价值。

（八）政治价值

从某种程度上讲，文化能影响政治进程。无论是文化的话语权，还是文化的解释权、享有文化的程度，都和主体的权力拥有程度有关。文化的任何变动、文化存在结构的任何变动，都意味着一种权力的变动、一种政治关系的变动。非物质文化遗产是人类生存发展的精神产物，也是人类生存发展的土壤。文化环境的弱化或缺失不可避免地将在精神层面上恶化甚至摧毁人的生存环境，其标准不仅仅是政治的盛衰、战争的胜负，而且包括文化的保存与发展。"当一个民族的文化存在，这个民族就存在着。"在这个由资本化、信息化、网络化、知识化所支撑的全球化时代，各种文化相互激荡。西方国家凭借着经济上、政治上的优势地位，不断挤压发展中国家本土文化的生存空间，这是一种以民族文化为武器的政治斗争。所以，对发展中国家来讲，非物质文化遗产属于国际竞争中的优势资源，起着维系民族生存和国家安全的重要作用。

非物质文化遗产是一种积累，传承文化并加以创造发展的社会文化形态，是一种规范人们的思想观念、行为方式的基本力量。它有利于人与社会的和谐、全面、平衡发展，具有重要的和谐价值。非物质文化遗产通过推动人们对价值的认同面达到人与社会的和谐发展。非物质文化遗产中含有大量的传统伦理道德资源，而伦理道德是促进个体与社会和谐相处的平衡机制，为人类社会生活的平衡运行提供基本的秩序保证，是协调个体关系、化解社会矛盾的基本方式和手段。通过展示和宣扬非物质文化遗产中那些美好向善的伦理道德资源的内容，可以极大地促进当今和谐社会的建设。

（九）实用价值

非物质文化遗产与旅游相融合，便具有了一定市场需求以及实用性，在旅游过程中，大多数人会采购相应的旅游商品，在采购回来后，更多会作为陈列品摆设在家中作为观赏，或一种"炫耀"的物件，所以，在这一过程中非物质文化遗产的实用价值便自然而然地体现了出来。首先不但促进了现有非物质文化遗产在旅游行业中的可延伸性，发挥了其自身的宣传性能，积攒了针对非物质文化遗产积极的口碑评价，同时为后续文化遗产延伸提供了扎实且稳定的现代改革平台。其次，实用价值中的观赏价值方面，应当针对旅游地方特色和现有社会审美的主观意识进行有效转型，既衬托了非物质文化遗产在美观与历史文化沉淀的融合，更确保了消费者宜接纳的基础需求，为后续产品的延伸转型提供了发展空间，更为多样化的非物质文化遗产展现形式提供了多方面的渠道，以弥补现有传统手工艺品在日常功能使用上的不足。[①]

三、充分发挥云南非遗产品价值的建议

（一）建立非遗创意设计园区

云南应当建设非遗创意产业园，园内以非遗技艺展示体验、非遗文化传习、非遗主题民宿等为形式，使它成为非遗文化平台，集"创新商业中心""非遗体验教育""多元文化交流""极致文产集群""非遗娱乐空间""创意产业研发""文脉创展联动"等多元丰富的载体优势于一体，不仅在区位价值、交通便捷、人口规模、商务环境等方面独具优势，而且重点聚焦文娱、商贸两大细分产业领域，构建金融、商贸、知识产权、教研、保税、演艺、联盟、文创八大核心功能服务平台，为非遗文化传承及创新生产，提供了一个全新的"自生长型"服务平台。

（二）打造非遗文创产品

文化和旅游部相关负责人表示，要以提高文创产品质量、用好旅游市场渠道为抓手，通过优质文创产品开发提升旅游内涵、促进旅游消费，通过旅游市场畅通文创产品销售渠道、扩大文创产品影响力，实现双促双赢。

因此，应当大力开发既保留传统技艺，又贴近生活的非遗文创产品。例如，我们完全可以将传说故事开发成打火机、杯子、T恤、帽子、明信片、便笺、钥匙链等独具特色的旅游商品。在许多有美食传说的旅游地，我们还可以将这些传说故事开发成旅游菜品、饮料、小食品等。传统音乐和传统舞蹈等，特别是以展现肢体美为基本特征的少数民族歌舞受到了高度重视，成为一笔重

---

① 王鹤云.非物质文化遗产的多元价值分析［N］.中国文化报，2008-07-16（003）.

要的旅游资源，产生了很好的经济效益。除此之外，还有传统工艺美术类遗产、传统生产知识类遗产、传统生活知识类遗产、传统仪式类遗产、传统节日类遗产等，对旅游都有贡献。传统工艺美术主要是特指那些具有重要审美价值和实用功能的工艺美术类遗产，如我们在旅游地见到的石雕、玉雕、木雕、竹雕、泥人、泥老虎、泥狗狗等，都属于这类产品。传统工艺美术类遗产对旅游的贡献主要体现在以下两个方面：一是这些作品本身就是很好的旅游商品，可以满足旅游六要素中有关"购"的需求；二是这些作品生产过程本身，也是很好的旅游资源，完全可以作为一个全新的旅游产品开发出来，如云南鹤庆的银铺等，都可以作为旅游景点加以开发。目前，对老字号、老作坊的开发还远远不够。下一步的任务，就是集中精力对历史文化名城、名镇中的老字号、老作坊等文化资源加以整合，为这些地区旅游业的发展提供更为强劲的动力。

传统生产知识是指与农、林、牧、副、渔等生产活动有关的生产知识和经验。由于中国地大物博、民族众多，加之纬度跨度较大，所以各地的生产类型也呈现出明显差异。目前传统生产知识对于旅游的介入，基本上还处于初级阶段。传统生产知识类遗产是指与衣食住行有关的生活知识与技能，传统医药学知识也是这类遗产的重要组成部分。

（三）强化非遗产品设计

基于云南省丰富的非遗文化资源，深挖其隐藏的创意价值，结合国内优秀的文创案例，针对云南市场上文创产品的现状，提出以下文创产品设计策略。

首先，注重市场调查，关注普通百姓的日常生活需求和情感诉求，力求使文化创意产品能满足百姓生活需求。当前，消费者的教育背景、兴趣爱好、生活方式等不同，对产品的需求期望表现也各不相同。因此，设计师在开展非遗文创设计时，一定要高度重视市场调研。

其次，注意创意与主题定位，找准非遗文化与产品的结合点。任何一个设计活动，任何一个设计项目，任何一个设计产品，都需要有一个清晰的定位、明确的设计目标与主题。只有这样，才能保证在设计过程中有的放矢，确保设计活动按照既定设计目标进行，避免出现设计产品与定位的偏差而产生无效工作。整个设计活动都应在清晰的主题定位引领下展开，集思广益、大胆创意，从而制作出优秀的设计作品。

　　最后，注重产品细节，做好新媒体营销。优秀的创意产品需要优质的做工工艺与之相配，在当今文创产品流行的时代，产品的做工质量不应成为文创产品热卖的"绊脚石"，更不应成为消费者挑刺或不愿购买的理由。好的产品自己会说话。创意产品生产商在进行产品加工的过程中应精心挑选优质的材料，严格监控生产过程，确保产品生产成品与预期相符，确保前期花费大量精力、物力、财力研发出来的创意产品能够经得起市场考验。

第十四章 促进红河哈尼梯田世界文化遗产保护与综合价值发挥研究

2013 年 6 月 23 日，红河哈尼梯田在柬埔寨金边举行的第 37 届世界遗产大会上，被成功列入世界文化遗产名录，成为我国第 45 处世界遗产地。为促进红河哈尼梯田世界文化遗产保护与综合价值发挥，省政府发展研究中心组成调研组赴红河哈尼梯田世界文化遗产开展了调研。

一、申遗成功以来红河哈尼梯田保护管理成效明显，综合价值不断发挥

红河哈尼梯田成功申报世界文化遗产，有力促进了梯田的保护，极大提高了梯田的知名度，哈尼梯田的生态价值、人文价值、社会价值和经济价值不断得到体现。

第一，保护管理体制和机制不断完善。一是成立了世界遗产哈尼梯田元阳管理委员会，作为专门机构负责抓好红河哈尼梯田文化景观保护管理工作，为保护好梯田提供了组织保障。二是不断构建完善保护管理的法规政策支撑体系。先后制定了《云南省红河州哈尼梯田保护管理条例》《红河哈尼梯田文化景观村庄民居保护管理办法（试行）的通知》等法规政策，强化了哈尼梯田森林、村寨、梯田、水系"四素同构"生态系统保护。

第二，生态和文化价值得到有效保护。哈尼梯田申遗成功以来，各级政府累计投入 15.18 亿元实施遗产区保护利用项目 80 余个，实施传统村落改造 51 个村、挂牌保护传统民居 1602 户、修复沟渠 106 条、修复水改旱梯田 1360 多

亩。遗产区的森林植被、水源得到进一步保护，水稻梯田改种趋势有所减缓，传统民居建筑得到有效保护和修复，民族民间传统文化淡化、异化甚至失传问题引起普遍重视，传统文化活动得到一定复归。

第三，公众保护意识普遍增强。通过持续宣传教育，广大人民群众保护意识极大增强，基本从过去认为只是一般意义上的生产资料和生产方式，转变到了生态保护和文化传承的认识，群众护田、种粮、爱山的生态保护意识不断提高，形成了依法保护管理哈尼梯田的良好群众基础和社会氛围。

第四，人居环境持续改善。遗产地所在区域已完成 60 个村庄环境综合整治，建成生活垃圾热解站 4 座和 15 个村寨生活污水人工湿地处理设施建设，在景区旅游客栈、酒店、农家乐集聚片区安装污水处理系统，建成旱改水厕所 75 座，垃圾无害化处理实现全覆盖，畜禽粪便、生活污水得到有效处置，人居环境持续改善。

第五，经济价值得到不断发挥。通过开发利用哈尼梯田独特自然和人文景观，哈尼梯田经济价值得到体现。一是为促进遗产保护，在遗产区推广"稻鱼鸭"生态种养模式，亩产值由单纯种植水稻不到 2000 元提高到 1.1 万元。二是通过遗产申报，梯田旅游知名度得到极大提高，重点打造的阿者科村每年约有 2 万人入村参观游览，每年可获得约 60 万元的门票收入，通过门票收入分红，平均每户每年可增收 4600 元。

二、红河哈尼梯田保护利用面临较大挑战

虽然红河哈尼梯田保护管理工作取得了明显的成效，但气候变化、人口增多等因素，给哈尼梯田的"森林、村寨、梯田、水系"四素同构带来了一定的冲击，其保护和利用面临较大的挑战。

第一，梯田水利设施建设严重滞后。元阳梯田的灌溉沟渠 90% 以上是土沟渠，由于沟渠老化渗漏和工程性缺水，水资源利用率低，抵御自然灾害能力弱，造成部分梯田得不到有效灌溉，新街镇、攀枝花乡部分村寨缺水严重，难以满足村民生产生活用水需要。

第二，哈尼传统民居保护压力增大。随着遗产区经济社会发展和人口日益增长，遗产区 82 个村庄的群众建房修房需求增大，但传统民居建筑工艺和技

术成本高，传统民居建筑没有独立厨房和卫生间，现代新型材料和现代建筑风格有取代传统民居建筑风貌的可能，传统民居建筑工艺面临失传，导致村庄异化现象突出，保护传统民居风貌压力增大。

第三，梯田农耕技术和文化传承面临失传断代风险。随着经济社会发展，就业方式和谋生手段的多样化，遗产区内青壮年外出务工人员增多，大部分梯田耕种主体主要是中老年人，传统梯田耕作管理模式在不断改变，如往日的沟长制、木刻分水制、冲肥法、护林员、箐长制等传统管理制度逐步改变，民族节日、传统习俗等农耕文化逐渐淡化、消失，民族民间文化传承面临后继无人、失传断代风险。

第四，保护资金投入严重不足。哈尼梯田是以"森林、村寨、梯田、水系"四素同构的复杂生态系统，当前哈尼梯田保护投入主要以政府性投入为主，尚未建立多元化的保护管理资金投入机制，缺乏规范化、标准化、制度化、科学化的保护管理体系，哈尼梯田保护资金投入严重不足，影响了哈尼梯田文化遗产的整体性、系统性和真实性的保护。例如，2019年度红河哈尼梯田文化景观保护管理经费总额共833.32万元，其中，中央财政拨款794.64万元，地方财政38.68万元。中央财政拨款主要用于本体保护工程500万元、环境整治工程137万元、保护性实施建设工程103.24万元、安全消费54.4万元；地方财政用于人员公用费13.88万元、遗产监测费4.8万元、宣传教育20万元。

三、促进红河哈尼梯田世界文化遗产保护与综合价值发挥的建议

针对哈尼梯田世界文化遗产保护与综合价值发挥中面临的困难，建议坚持问题导向，围绕哈尼梯田"森林、梯田、村寨、水系"四素同构，采取"一区一策"支持政策，促进哈尼梯田在保护中发展、以发展促保护，促进哈尼梯田各遗产要素的原真性、完整性、淳朴性和梯田遗产地可持续发展。

第一，支持梯田监测能力和水平提升。红河哈尼梯田遗产区和缓冲区总面积为461.04平方公里，其中，遗产区面积166.03平方公里，涉及1镇2乡、18个村委会、82个自然村，梯田面积70589.1亩，森林面积127069.5亩，大小灌溉沟渠174条752公里。但目前哈尼梯田的监测人员（编制仅3人）、监

测经费（2019 年仅 4.8 万元）以及主要依靠人力巡查监测的落后监测手段，难以满足对遗产区传统民居保护、森林面积、水源保护等的日常监测需要。建议请省林业和草原局统筹安排 100 万元，支持元阳县用于无人机、高清摄像头等先进巡查监测设备的采购配置，提升哈尼梯田监测巡查能力，促进梯田保护。

第二，支持梯田农耕文化的保护和传承。梯田农耕文化是红河哈尼梯田世界文化遗产的"根"和"魂"，祭祀、节庆、聚会、文化、用水、磨坊等活动是梯田农耕文化的重要组成。针对目前梯田农耕技术和文化传承面临失传断代风险，建议请省文化和旅游厅进一步支持哈尼梯田农耕文化的保护和传承。一是每年给予 300 万元的农耕技艺奖补资金，用于奖励、补贴遗产区内农耕技艺人，推动农耕技艺的传承和延续；二是每年给予 100 万元的民族文化传承保护资金，作为遗产地的 92 位非物质文化遗产传承人的传承保护经费，使哈尼母语得到传承保护，各项非遗项目后继有人；三是每年给予 100 万元用于 200 名沟长生产生活补助，使传统的沟长制管理得到保护传承。

第三，建议考虑在元阳哈尼梯田遗产地举办世界遗产保护与发展论坛。根据联合国教科文组织世界遗产委员会组织开展的 2019 年度红河哈尼梯田文化景观监测评估报告，委员会建议我国以"广袤梯田的管理"为主题，组织一次国际会议，邀请亚洲面临同样挑战的世界遗产地管理者参会，分享红河哈尼梯田文化景观可持续管理的既有经验。建议请省外事办公室牵头研究，并加强与国家相关相关部委衔接，考虑在元阳哈尼梯田遗产地举办世界遗产保护与发展论坛，充分展示我国和云南省世界遗产地的珍贵价值，提高在滇世界遗产地知名度，更好地促进遗产保护和综合价值发挥。

第十五章　大力发展智慧旅游促进
云南文旅产业转型升级

　　智慧旅游来源于"智慧地球"及其在中国实践的"智慧城市"。2014 年，国家旅游局将旅游业发展主题定为"智慧旅游"，拉开了中国旅游产业整体向智慧旅游转型的序幕，并于 2015 年 1 月印发了《关于促进智慧旅游发展的指导意见》。而云南省旅游局更是于 2012 年 11 月，便与纵横壹旅游科技有限公司共同签署"智慧旅游"合作协议，正式启动了云南省智慧旅游项目；2013 年 8 月，云南首个智慧旅游信息平台建设项目落地丽江；2014 年 2 月，云南省旅游发展委员会发布《关于在全省推广应用"云南智慧旅游系统"有关事项》的通知；2017 年 6 月，云南省政府印发《云南省加快推进旅游产业转型升级重点任务》，"一部手机游云南"被正式写入文件，云南意欲打造全域旅游与智慧旅游"加强版"；2018 年 4 月，云南省旅游发展委员会印发《2018 年全省旅游工作要点》，强调加快智慧旅游和信息化建设；同月，云南省旅游发展委员会荣获 2018 中国"互联网＋"数字经济峰会智慧旅游创新奖。可以说，云南省委省政府高瞻远瞩，审时度势，稳抓机遇，冲在了智慧旅游浪潮的前头。但总体来看，云南智慧旅游建设仍存在"上热、中温、下冷"，单点发力较强，整体性、系统性不够的状况。云南要积极借鉴省外智慧旅游好的做法和经验，以智慧旅游建设推动旅游产业转型升级。

一、云南大力发展智慧旅游的必要性

（一）智慧旅游能有效拉动旅游全产业链发展

智慧旅游催生旅游全产业，产生超额经济价值，而建设"全产业链"的现代旅游业可以将餐饮、住宿、交通、游览、购物、娱乐各大产业进行柔性融合，体现出跨越产业间的超额经济价值。建设智慧旅游将整合所有信息资源，扩展信息渠道，使产业价值链得以扩展。对于政府，智慧旅游建设将拉动各地的基础设施投资；对于企业，通过挖掘旅游信息价值，可以降低管理和营销成本，提高盈利能力，开创新的盈利渠道；对于游客，可降低旅游决策成本和获得更多有效的旅游信息，可以极方便地在任何时间、任何地点、以任何方式获取旅游信息服务。

（二）智慧旅游能加快提升旅游公共服务水平

智慧旅游在完善旅游公共服务体系过程中扮演着重要角色。首先，完善了旅游公共信息服务。智慧旅游公共服务平台是集成海量旅游信息资源，实现各项服务和管理职能的综合性平台，能够面向游客、政府、企业提供包括智慧体验、智慧管理、智慧营销、智慧服务等多方面应用。其次，促进旅游公共管理机制的创新。智慧旅游能够实现人—人、人—物、物—物的互联互通，便于旅游管理部门更全面掌握行业信息与舆情，提升地方旅游公共管理的科学化水平。[1]最后，有利于"智慧旅游"建设与"智慧城市"建设的良性互动。"智慧城市"与"智慧旅游"可以共享"智慧"基础，在满足游客智慧出行需要的同时，对目的地居民的休闲与生活也将带来极大便利。

（三）智慧旅游能有效引领旅游产业创新动力

智慧旅游的本质是实现创新、开放、融合、共享。首先，旅游技术创新是旅游创新的原动力。智慧旅游通过物联网、云计算、大数据、区块链、人工

---

[1]　李娜 . 智慧旅游背景下西宁旅游业转型升级发展研究［J］. 攀登，2016，35（6）：86-91.

智能、虚拟现实、高速无线通信技术、地理信息系统、旅游信息系统等新一代信息技术的支撑，构建起智慧旅游系统，从而发挥出科技创新在旅游领域的价值。其次，为旅游业创新提供技术平台和支撑。政府、旅游企业和旅游者都能在智慧旅游服务基础设施之上，便利地进行应用程序、管理方式和商业模式的创新，催生和培育旅游新业态，为旅游业发展提供源源不断的内生式发展动力。

（四）智慧旅游能从根本上颠覆传统旅游模式

目前国内游已进入"自由行大行其道、自驾游说走就走"的时代。传统旅游供给模式已无法满足海量的个性化旅游需求和高品质的旅游体验需要。智慧旅游可以运用大数据分析海量个性化旅游需求，提供定制旅游模式，使游客随时随地获取网络推送的旅游地信息，并进行精准营销，帮助消费者自主完成路线规划、交通安排及酒店预订等，带领消费者通过虚拟实景技术初步感受目的地的风光，增强了游客的个性化体验。

（五）智慧旅游有助实现旅游精细化、精准化管理

智慧旅游管理系统有助于实现精细化、精准化管理。首先，智慧旅游平台可以及时准确掌握消费者在任何时间、任何地点获得的旅游相关服务。掌握旅行前旅游者在线搜索目的地的基本信息、规划交通路线、预订酒店、购买门票等情况；掌握旅行中旅游者在旅游目的地的流动状况；掌握旅行后旅游者对本次旅行的评价和重游意向。其次，在目的地管理、交通疏导及紧急情况应对等问题上，消费者端的数据最终都将汇入总系统，游客人群的管理、分散及调整等工作的完成以及目的地人流量、车流量、游客分布情况、游客消费情况及景区文物与环境情况等数据收集都能得以实现。最后，管理者可借由智慧旅游平台搭建一个旅游安全预警系统，在节假日等特殊高峰时期向旅游企业及旅行者发布目的地安全信息，对其进行安全知识普及。通过整合各救援机构与机关单位，实现旅游救援中心、医院、公安、消防等多组织联动，确保旅行者在旅行过程中的安全。

（六）智慧旅游可以精准打击整治旅游乱象

智慧旅游可以精准打击整治旅游乱象：一是精准对接游客需求，提供信息让游客找到最适合的景点及食、住、行、购等产品以满足个性化需求；二是记录每一笔旅游者的消费行为时间、地点，使市场欺诈行为容易追溯；三是改变市场监管"九龙治水"现状，及时处理游客投诉。整治乱象呼唤"智慧"，以"智慧化"为抓手改善云南供给环境，提升供给品质，提高供给能力和管理服务水平，全面增强旅游产业发展质量和综合效益。

二、省外发展智慧旅游经验

（一）南京智慧旅游建设

南京智慧旅游建设的基本思路是"政府主导、多方参与、市场化运作"，主要面向游客和政府进行规划建设，为游客提供智能服务，同时支撑政府进行智能管理。南京智慧旅游建设过程中，充分调动多方积极性，由政府、旅游企业、旅游服务提供商等多种类型的主体组成智慧旅游联盟，各方通过资源互换实现合作共赢。除了功能建设之外，还涉及数据库建设、标准规范制定等内容，如云数据库构建、旅游资源共享景区标准规范制定等。南京实行分级管理机制，为不同类型的用户提供服务，如面向游客的智能化服务系统、面向政府的集成式中央管理系统等。

（二）苏州智慧旅游城市建设

苏州智慧旅游城市建设重点开展四项工作：一是加强整体规划，搭建符合国内外行业发展形势、体现旅游业前瞻需要的智慧旅游基本框架，将智慧旅游和智慧城市建设相融合，形成互动互赢的发展机制；二是以苏州基础条件为出发点，以突出苏州旅游特色为目标，制订详细进展安排，细化不同阶段的工作任务；三是基于现代信息化技术，研发应用软件、平台及工具，对政府部门、旅游者、旅游企业的需求进行细分和研究，并推动多方主体互动，以适时满足各方需求；四是将行业管理、公共服务、宣传营销等多种功能集为一体，充分整合各种资源和信息，构建开放式旅游信息化管理平台。

（三）台州智慧旅游城市建设

台州智慧旅游城市建设主要采取合作方式，如与中国电信浙江公司签署战略合作协议，以提升各旅游消费环节的附加值为出发点，集合多方力量共建智慧旅游城市。首先，构建基于电信 iTV 的宣传服务平台；其次，将旅游资源和旅游信息延伸至个人信息化终端；最后，智慧旅游的范畴不断拓展，旅行社、酒店、导航、导购等功能被开发出来，并在全市广泛应用。

（四）杭州智慧旅游城市建设

杭州智慧旅游城市建设采取"政府搭台、企业唱戏"模式。"政府搭台"，构建"智慧旅游"应用平台体系，"企业唱戏"，推动"智慧旅游"落地实践应用。"智慧酒店"：酒店行业是杭州市"智慧旅游"应用最早的领域，如杭州黄龙饭店等星级酒店旅游信息化应用程度普遍比较高，内部管理基本上都采用了酒店信息管理系统；"智慧旅行社"：杭州大中型旅行社较多采用信息管理系统和业务管理系统对内管理，对外则通过建立电子商务平台开展宣传、预订及在线支付的服务；"智慧景区"：作为中国数字化风景名胜区建设首批试点单位，杭州西湖风景名胜区率先开展了"智慧旅游"的探索；"两江一湖"（新安江、富春江及千岛湖）风景名胜区开发建设了景区监管系统，利用遥感等监测技术对景区内的土地利用、建设工程和生态环境实施监督核查。①

三、云南大力发展智慧旅游的建议

云南发展智慧旅游要在"数字云南"总体布局架构下，以提升旅游服务、改善旅游体验、创新旅游管理、优化旅游资源利用、增强旅游企业竞争力、提高旅游行业管理水平、扩大旅游行业规模为目标，充分利用移动互联网、物联网、大数据、云计算、区块链、人工智能、地理信息系统等技术手段，谋划好云南智慧旅游发展的顶层设计。从理念、制度、技术、人才、资本等方面全面

---

① 迟紫境.优秀旅游城市的转型与智慧旅游城市建设研究［D］.北京：首都经济贸易大学，2012.

整合推进智慧旅游建设，促进云南旅游转型升级。

（一）建设智慧旅游平台实现跨界融合与行业整合

云南智慧旅游建设应与智慧城市建设展开良性互动，从全要素融合和全产业链建设的角度构建智慧旅游平台，打破行业壁垒、条块分割，有效整合旅游产业价值链上下游企业，发展多种旅游业态和旅游产品，形成旅游目的地吸引物体系。推进智慧交通、智慧旅行社、智慧酒店、智慧景区等的建设，使游客更便捷地体验"智慧"带来的全新体验，让旅游者更直观地体会"智慧"给生活带来的便利，形成推进智慧旅游建设和旅游业转型升级的良好环境。大力推进旅游大数据中心建设，整合公安、旅游、金融、卫生、气象、工商、交通等旅游相关部门的信息资源，以及旅游六要素中购物、娱乐、交通、餐饮、景点、住宿等行业的信息资源，加强旅游相关主体之间的信息沟通。通过将海量的旅游信息资源和社会信息资源整合、分类、处理和共享，通过大数据的专业化分析，挖掘潜在游客群体和游客需求，实现对目标游客的精准营销、信息推送、个性化定制旅游产品，让来滇游客全程享受到一站式、便捷化的全新智慧旅游服务。

（二）完善"一部手机游云南"功能，强化公共服务、监管与投诉处理功能

"一部手机游云南"App 于 2018 年 6 月 1 日正式上线，对云南旅游起到很好的宣传推动作用。"一部手机游云南"App 应深耕优势内容，放弃在劣势领域的角逐，弱化商业交易功能，强化公共服务、宣传、监管与维权功能，打造"一机在手，维权无忧"平台，实现"一部手机管旅游"的目的。"一部手机游云南"应该在 App 内制定和提供各类电子旅游合同的模板，对经营者和消费者的权利义务做出明确的约定。经营者与游客可以直接在 App 内签订旅游和服务合同，同时运用互联网技术实现痕迹管理，保存证据，为游客提供充分的法律保障。游客可以通过游记、照片、视频等形式，在 App 旅游反馈平台上发表其旅游记录。翔实可靠的旅游记录不仅是游客的体验和感受，同时也为潜在的旅游者提供了参考与帮助。App 应即时跟进整改进度、传播整改效果，旅游反馈平台是获取游客真实旅游体验、提高游客重游率的重要环节。

（三）优化智慧旅游政策环境，全面推进智慧景区建设

建议进一步优化智慧旅游的政策环境，出台一批政策，鼓励旅游企事业单位、科技企业积极参与智慧旅游建设，系统制定智慧旅游顶层设计和具体引导政策，拓宽旅游信息化投融资渠道，规范云南智慧旅游建设秩序，为企业搭建智慧旅游沟通对接平台，定期组织旅游企业和科技企业开展智慧旅游需求与产业对接活动，并推出智慧旅游产品目录等。鼓励推进智慧景区建设，提高景区管理服务智慧化水平，开展旅游在线服务、景区智能导览、景区小程序开发应用、网络营销、网络预订、网上支付、景区电子门禁系统、景区电子售票系统、景区监管信息系统、景区智慧停车场等，提高旅游企业的信息化应用水平，为游客提供便利的同时提高旅游体验。探索5G、区块链、人工智能等新技术新业态的创新应用，在景区及涉旅企业全面推广区块链电子冠名发票。

（四）对旅游公共服务设施进行信息化改造

为了更好地适应旅游业的高速发展和满足游客的信息需求，需要对云南旅游公共服务设施进行信息化改造。一是对现有的旅游公共服务设施进行信息化改造。以制定旅游公共信息标准为基础，以建设旅游咨询中心示范项目为重点，完善以旅游资讯网站为中心的在线旅游信息服务集群，以各类旅游咨询中心为基础的现场信息服务窗口和以旅游服务热线为基础的旅游信息声讯服务系统。二是整合现有的旅游政务、景区、旅行社、酒店、交通、购物等旅游信息资源，建立全省统一的智慧旅游中央管理平台和旅游资源数据库。三是加强旅游重要信息发布，拓宽旅游公共信息发布渠道，不断扩大旅游公共信息服务的覆盖面，提高服务水平。四是加快推进"刷脸就行"工程，推动刷脸入住、刷脸租车、刷脸购物等在文旅行业的应用。

（五）建立政府主导型智慧旅游战略联盟

建议由省级文旅部门牵头成立由旅游景区、IT企业、酒店、旅行社、航空公司、交通运输企业、科研院所、非政府组织等组成的云南省智慧旅游发展战略联盟。联盟通过政、产、学、研结合，实现自主创新，推动智慧旅游的理论研究和实践探索，促进旅游业结构调整和转型升级。政府部门负责设计智慧

旅游发展的未来框架，制定相关产业政策措施，完善旅游基础设施配套建设；实现智慧旅游企业之间合作共赢、数据互换、资源整合，减少数据开发成本，推进区域游客共享，共同打造智慧旅游联盟，提升云南智慧旅游形象。

（六）做好智慧旅游推广营销创建粉丝经济

做好智慧旅游推广营销，一要建立和完善政府、媒体、企业、中介"四位一体"的旅游宣传营销智慧平台，利用各种新媒体介质，采取形象宣传与精准营销相结合方式，全方位提升云南旅游的影响力和吸引力。二要构建跨区域、跨平台、跨网络、跨终端的宣传营销网络，建立覆盖报纸、广播、电视、短信、多媒体等传统渠道和移动互联网、微博、微信、网红、抖音等新媒体渠道的宣传营销机制，增强营销推广效果，引导和激发市场消费需求。三要切实改进和完善舆情应对机制，第一时间对舆情做出反应，第一时间为游客排忧解难，第一时间发布处置结果，学会"变负为正""变不利为有利"，引导舆论走向，创建粉丝经济，增添顾客黏性。

（七）加强智慧旅游人才储备提升科技创新能力

智慧旅游建设需要精通物联网、云计算、移动互联网等高新技术的专业人才和旅游综合人才。建议建立智慧旅游人才库，全面储备智慧旅游专业人才，从奖励创新、引进人才、支持项目等方面出台具有竞争力的鼓励政策；旅游管理机构配备具有专业旅游信息化建设管理资质的专业人员；支持建设智慧旅游的学术研究、技术研发、产品研发、人才培养的智力基地；开展面向省市旅游企业的智慧旅游行业培训，提高旅游企业员工智慧旅游应用水平。

第十六章　打造民族动漫主题乐园的构想

一、日本成功经验借鉴

日本是动漫强国，拥有不少具有世界影响力的动漫 IP 柯南、火影忍者、海贼王、宫崎骏大师的诸多作品，如《龙猫》《千与千寻》等。这些 IP 在中国乃至全球都从来不缺粉丝。而最近上映票房已超 40 亿元的《哪吒之魔童降世》也证明了中国极其旺盛的动漫需求和购买力。世界 60% 的动漫作品来自日本，日本动漫已经有着非常完整的产业链，动漫产业及其衍生产品占日本 GDP 的比重超过 10%。

就动漫旅游来讲，目前日本主要分为展馆式、乐园式、节会式和综合式 4 种模式，遍布日本的数十个动漫博物馆、展览馆，多数由企业、行业协会设立，几乎每一个日本卡通形象都有自己的故乡、档案馆和展映馆，展馆在保证专业性的同时，强调让游客亲身体验动漫的制作过程，增加亲近感，激发创作和欣赏的兴趣，具有很强的吸引力。其中，较为知名的有三鹰吉卜力美术馆、京都国际漫画博物馆和东京动画中心。

在乐园式动漫旅游中，东京迪士尼乐园是成功案例之一。自 1983 年东京迪士尼乐园开放至今，日本已形成了以动漫文化为核心，通过奇怪、新颖、惊险、激烈的情景再现和人偶设计，以不断增添游乐场所和器具以及服务的方式，使各个年龄段的游客持续产生新的乐趣和体验的主题乐园经营策略。除东京迪士尼乐园外，还有静冈樱桃小丸子乐园、蜡笔小新乐园、海贼王主题乐园等。日本动漫发展模式具有鲜明的民族特色且不失创新和吸引力，许多动漫作品通过作者、故事场景以及人物特点，与地域相结合，真实地描绘了本地的历史、风土、人情，这些以新手法表现乡土历史以及人们生活的作品成为宝贵的日本记忆和文化遗产，以动漫作为地方旅游资源的可能性也因此被充分挖掘出来。

日本动漫能得到大力发展，很大一部分要归功于日本政府把动漫作为提升日本软实力的重要战略工具，在设计当中注重有效传播日本生活方式与社会价值取向，使其成为一种文化符号。此外，日本的周边市场也很大，只要出了一部销量很好的漫画，日方便会马上制作动画，随着动画的播出，动漫周边随机在市场上推出，反应速度和产业链都要跟上。①

二、成都引入日本动漫 IP 打造主题乐园的具体做法

这个苗头诞生于 2018 年 5 月，当时，四川与日中经济协会签署了《深化中日地域经济交流合作谅解备忘录》，表示双方将在高端制造、航空、文创、金融等领域达成务实性合作，该合作落地为中国（四川）日本产业合作园。日前中日产业园透露将结合高新区的动漫游戏产业人才、项目基础引入日本知名动漫 IP 通过合资成立开发公司＋运营公司的模式打造主题动漫乐园吸引动漫产业链上公司聚集同时配套酒店、住宅等。在引入日本动漫 IP 打造自己的主题乐园时，成都产业合作园时刻谨记的一个重要理念是"二次开发要有地域特色"。虽然日本动漫 IP 自带流量，但是如何将 IP 本土化、二次开发如何与本地产生共鸣、保证持续的生命力，也是成都必须面临的现实。毕竟，比起美国、日本等国家具有较为成熟的产业链，我们对 IP 的落地及利用仍处在探索的阶段。

成都选择借鉴日本"二次元森林"的发展方式与特点，力图获得一些启示或经验。"二次元森林"是日本兵库县淡路岛县立公园内一处动漫体验型主题公园，于 2017 年 7 月正式营业。乐园本身位于当地公立公园之中，拥有大海、森林等观光资源，因此在设计时便主打"动漫与自然"的结合，核心 IP 与生态旅游的结合成为其设计的重心。"二次元森林"融入了夜游项目，此项目融合了漫画家手冢治虫代表作《火鸟》的内容，在森林里用光雕投影打造出一

---

① 张振鹏.日本如何利用动漫发展特色小镇［N］.中国文化报，2017-10-28（006）.

个如幻似真的动漫世界。在光雕投影表演中，展现出由手冢治虫的长子手冢真指导设计的情节：复活被人们遗忘、躲藏起来的火鸟。活动参加者漫步在照射有或红或紫灯光的森林中，听着动物的叫声，跟着故事进展前进。通过对原有IP内容的开发与延展，结合当地自然环境设计出的游乐项目与产品，创意的场景化营造深得粉丝之心。乐园在建成之初，并不是一蹴而就、把所有项目一并导入的，而是分阶段、分层次来进行拓展与扩张，不断进行尝试与调整，保持乐园话题度的持续性。2019年4月20日"二次元森林"推出了人气漫画《火影忍者》新游乐项目——"忍里"（忍者村），游客能体验主人公漩涡鸣人和儿子博人活跃的忍者世界。

三、其他主题乐园经验分享

北京欢乐谷四期甜品王国：欢乐谷是我国民族自主创新的第一个主题公园连锁品牌，作为品牌旗舰店的北京欢乐谷，重磅打造了首个民族自主创新的"主题公园＋动漫IP"沉浸娱乐体验主题区——甜品王国，并于2018年4月29日甜蜜开放。最大的亮点是：一大国产原创动漫IP"饼干警长"强势入驻，旨在打造民族动漫主题IP。

2018年7月23日，作为一个以华谊兄弟电影IP打造的新型乐园，华谊兄弟电影世界（苏州）提出"超越乐园新体验"的口号，五大主题区风格迥异、特色鲜明，都让到访的游客大呼过瘾。取材7部华谊兄弟电影中的元素，电影世界打造了5个主题区域，包括"星光大道区""非诚勿扰区""集结号区""太极区"和"通天帝国区"。

2018年8月8日，东盟文化博览园暨方特东盟神画项目以东盟十国的著名文化元素为核心内容，采用现代高科技手段，以参与、交互、体验的方式，将东盟十国从古至今、从历史到神话传说、从地理风貌到风土人情等文化内容精彩展现，打造了一个独具特色的文化科技博览园。南宁方特东盟神画让游客不出国门，一站式"打卡"东盟十国。乐园取了东盟各国最具特色、最具代表的文化题材为创作基础，并以AR、VR、MR-Ride等高科技体验为主。其中以东南亚体验为最大特色，园内设有"魅力越南""菲国之韵""塔銮盛典""动感狮城""马六甲风云"等11个大型主题项目及30余个室外项目，乐园将以一种全新的文化娱乐形式展现东盟十国自然风光、历史文化和民俗风情。

"七彩云南"滇文化主题乐园：七彩云南·欢乐世界主题乐园，作为云南省昆明市"七彩云南·古滇名城"旅游文化板块的重要部分，成了昆明的一个新标志。它融汇了傣族、彝族等少数民族特色，依托云南自然山水资源、民族文化资源，将滇文化在滇池边古滇旧址上重现，建立了全球首座滇文化主题乐园，打造一个面向世界的民族文化体验类主题乐园。"古滇""民族""地域"是它的三大文化脉络，结合云南特色的风土人情，打造四季花海、幻滇奇域、滇军营地、万象部落、霜月寒洲、洪荒秘境、童梦世界七大主题游乐分区。

四、打造"云南云"动漫主题乐园

在 2019 年 5 月 21 日举行的云南国际智慧旅游大会上，腾讯与云南在此前"一部手机游云南"的合作基础上，共同发布了"新文旅 IP 合作计划"。双方希望基于新文创的思路，以"自在云南"为核心价值观体系，共同开展国内第一个省级文化与旅游融合的项目，打造一个能够代表云南文旅的全新 IP，希望通过 IP 来传递更多情感，让云南的风土人情在移动互联网时代焕发新生，进一步让云南文旅形象实现升级。在这样的大背景下，一个能代表云南、代表云南文旅的 IP 新形象——"开口成云"的"云南云"与大众见面。

一个好的 IP，往往能够承担起文化输出的意义，并连接人们的情感。所以，这一朵"云南云"，需要让人们在它身上看到如今云南的模样，产生对云南的联想，又要与云南文旅现在对外传递的"自在云南"相契合。也就是说，它需要区别于日本、欧美的 IP 形象，具有中国特色；同时，能够与丰富的云南地域元素进行融合。

然而，在过去的经验中，我们看到了非常多为城市打造的 IP 形象，当时这个 IP 形象获得了大量的关注，可是在短暂的繁荣后，IP 形象却并没有为这个城市留下些什么，这正是因为没有后续的长线运营。在日本，我们倒是能够看到一个旅游和 IP 运营结合的典范——熊本熊。在设计之初，人们只是希望熊本熊能够以吉祥物的身份，为熊本县带来更多的观光以及其他附加收入。但是在长期的运作中，熊本已经在海内外获得了超乎想象的关注，振兴了熊本县的经济，成为一个兼具文化价值和经济价值的 IP。这背后，是熊本县政府长期不懈的经营，以及为其讲述的生动故事：熊本熊曾在大阪出差途中下落不明，随后，地方政府为此召开紧急发布会，寻找熊本熊，并在一年后将它任命为熊本县营业部长；2013年，熊本熊还曾被县政府"安排"失去了两颊的腮红，在这一事件中，人们也了解到熊本熊两颊腮红代表着熊本县"火之国"的火山地理和红色食物。熊本熊就像是熊本县人的一位朋友，他需要上班，会出差，周末偶尔去户外骑脚踏车采风。每一次事件，不仅提升了大众对熊本熊的认知程度，更丰富了他的性格与故事。熊本县的文化、历史还将通过熊本熊对年轻人、对本国、对世界，进行传达。

"云南云"的未来成长过程中，将拥有自己的人物设定、并围绕其展开一系列的故事，在它的生命里，云南的各个地区特色、民族风情、万物之灵都将伴随，让这朵小云的内涵更为丰富。在不远的未来，这朵小云将落地到当地老百姓的生活中，成为他们的服饰、挂件和涂鸦，走进他们生活的一部分。还可以以"云南云"为依托，以它背后的故事为主线，打造动漫影视作品，并构建相关动漫的主题乐园。

五、打造云南"民族娃娃"动漫主题乐园

"民族娃娃"产业开发的内容可包括以下几个方面：一是"民族娃娃"玩偶产品设计、生产、加工、销售；二是"民族娃娃"主题动画的创作、"民族娃娃"主题乐园的经营、"民族娃娃"周边消费产品的开发；三是"民族娃娃"品牌的打造。这三部分内容各自独立又相互作用，有一定的发展先后顺序，最后联动成为一个完整"民族娃娃"产业化综合发展模式。

"民族娃娃"应在产品价值延伸方面做出一些大胆的尝试，要试着将目光跳出传统的"民族娃娃"产销领域，充分利用与"民族娃娃"有关的民族文化元素，将产业发展的重点从传统的"民族娃娃"生产加工销售领域转向文化、旅游、休闲、教育培训等领域，延长产业价值链，同时在影视传媒、出版印刷、动漫游戏以及创意设计等领域进行积极探索，与其他产业进行合作，优势互补，开发一系列消费衍生产品。一是"民族娃娃"主题动画作品，是以25个"民族娃娃"为动漫的主角，综合运用少数民族的服饰、歌舞、神话故事、风俗习惯以及节日等文化因子，来完成影视作品中的故事情节表达，是一种兼

具民族性与趣味性的影视作品类型。二是"民族娃娃"主题乐园，即以云南民族文化作为主题文化背景，以"民族娃娃"为主要元素。在主题公园中可以采用动漫中的人物造型和场景，同时融入一些具有云南民族特色的文化与艺术元素。主题是主题乐园的灵魂也是主题乐园发展的核心。主题乐园的主题必须鲜明，且具有自己的特色，具有别的主题公园所不能取代之处，才能被市场所认可，获得稳定持久的发展。"民族娃娃"主题乐园定位是游乐、体验型主题公园，兼顾传统与现代，突出民族特色和童话色彩，营造和谐、美好、愉悦的氛围。"民族娃娃"主题乐园以 25 个"民族娃娃"为主题，园区内的设施、场景设计和造型应以玩偶产品和动画角色为原型，并且以传递"快乐"为理念，重视娱乐功能和体验功能。三是"民族娃娃"衍生消费产品，即"民族娃娃"产品形象版权价值的延伸。"民族娃娃"的衍生消费产品应是多元化的，根据"民族娃娃"的产业特征并借用文化产业"线式策划"的原理与方法，可将"民族娃娃"衍生消费产品分为印刷出版物、标贴产品和 logo 授权产品、游戏类衍生品、收藏类产品、生活和家居用品五大类。为了让消费者第一时间详细地了解庞大的"民族娃娃"家族，还可以推出《民族娃娃》系列杂志，用来发布有关"民族娃娃"以及其相关产品的资讯。随着后续产品和附加产品的不断推出，使消费者从一次性消费顾客变为重复性消费顾客。

参考文献

［1］罗伯特·麦金托什，夏希肯特·格波特.旅游学——要素·实践·基本原理［M］.蒲红，等，译.上海：上海文化出版社，1985.

［2］Bourdieu P，Darbel A，Schnapper D. The love of art：Europe and art museums and their public［M］. Cambridge：Polity Press，1991：35-45.

［3］Silberberg T. Cultural tourism and business opporunitics for museums and heritage sites［J］. Tourism Management，1995，16（5）：361-365.

［4］孙秀琴.突出文化内涵的随州旅游业发展策略研究［D］.武汉：华中师范大学，2013.

［5］Russo A P，Borg J. Planning consideratins for cutural tourism：A case study of four European cities［J］. Tourism Management，2020，2（6）：61-63.

［6］Richards G. Cutural tourism global and local perspectives［M］. New York：Hawoth Hospitality Press，2007.

［7］Bob McKercher，Pamela S Y Ho，Hilary du Cros. Attributes of popular cultural attractions in HongKong［J］. Annals of Tourism Research，2004，31（2）：393-407.

［8］刘妃.丹东市朝鲜族歌舞文化旅游开发模式的研究［D］.长春：东北师范大学，2017.

［9］李萌.基于文化创意视角的上海文化旅游研究［D］.上海：复旦大学，2011.

［10］秦海相.基于游客感知的宜春禅宗文化旅游开发评价及模式研究［D］.南昌：江西财经大学，2017.

［11］侯瑞.吉林市满族文化旅游开发研究［D］.长春：东北师范大学，2017.

［12］Rosenberg N. Technological change in the machine tool industry：1840-1910［J］. The Journal of Economic History，1963（23）：414-456.

［13］European Commission. Green paper on the convergence of the telecommunications, media and information technology sectors，and on towards an information society approach［R］. Brussels European Commission，1997.

［14］Blackman. Convergence between telecommunications and other media：how should regulation adapt［J］. Telecommunications Policy，1998，22（3）：163-170.

［15］厉无畏，王慧敏.国际产业发展的三大趋势分析［J］.上海社会科学院学术季刊，2002（2）：53-60.

［16］Sahal，Dosi. Technological guideposts and innovation avenues［J］. Research Policy，1985，14（2）：61-82.

［17］植草益.信息通讯业的产业融合［J］.中国工业经济，2001（2）：24-27.

［18］D Choi，L Valikangas. Pattemns of strategy innovation［J］. European Management Journal，2001，19（4）：424-429.

［19］C S Curran. The anticipation of converging industries：A concept applied to nutraceuticals and functional foods［M］. Springer，2013.

［20］邓永进.旅游思想汇——旅游产业与文化产业融合发展［J］.旅游研究，2016（5）：1-12.

［21］朱晓辉.旅游产业与文化产业融合发展的态势与展望［J］.旅游研究，2016，8（5）：10-12.

［22］桑彬彬.旅游产业与文化产业融合发展的理论分析与实证研究［M］.北京：中国社会科学出版社，2014.

［23］熊正贤.文旅融合的特征分析与实践路径研究——以重庆涪陵为例［J］.长江师范学院学报，2017，33（6）：38-45，141.

［24］叶一剑.文旅融合与旅游新生［J］.中国房地产，2018（20）：51-54.

［25］Hewison R.The heritage industry：Britain in a climate of decline［M］. London：Methuen，1987.

［26］Richards G. World culture and heritage and tourism［J］. Tourism Recreation Research，2001，25（1）：9-18.

［27］徐菊凤．旅游文化与文化旅游理论与实践的若干问题［J］．旅游学刊，2005，20（4）：67-72.

［28］魏小安．旅游发展与管理［M］．北京：旅游教育出版社，1996.

［29］蒙吉军，崔凤军．北京市文化旅游开发研究［J］．北京联合大学学报，2001（1）：139-143.

［30］张国洪．中国文化旅游［M］．天津：南开大学出版社，2001.

［31］Throsby Cavid D. Economics and culture［M］．New York：Cambridge University Press，2001.

［32］Charles Landry. The creative city：Atoolkit for urban innovators［M］．London：Earthscan Publications，2000.

［33］瓦尔特·本雅明．机械复制时代的艺术作品［M］．王才勇，译．北京：中国城市出版社，2002.

［34］John Howkins. The creative economy：how people make money from ideas［M］．London：Allen Lane，2001.

［35］Richard Florida. The rise of the creative class and how it's transforming work，leisure，community and everyday life［M］．New York：Basic Books，2002.

［36］William M Landes，Daniel B Levine. The economic analysis of art law［M］// Handbook of the Economics of Art and Culture，Netherlands：Elesvier B.V.，2006.

［37］王培勤，赵建泽．我国市场主体发育的非均衡分析［J］．财贸经济，1998（2）：33-35.

［38］张建，吴文智．文化产业驱动旅游经济的模式与国际经验［J］．旅游学刊，2015，30（8）：4-6.

［39］樊姝．纽约文化创意产业集聚区发展经验及对北京的启示［D］．北京：北京服装学院，2013.

［40］李华伟．文化和旅游融合的国际经验启示［J］．洛阳师范学院学报，2019，38（7）：18-21，32.

［41］夏建国．西方旅游文化建设及其对我国旅游业的启示［J］．广州大学学报（社会科学版），2005（6）：65-68.

［42］詹诗．旅游与文化产业融合发展样式研究［D］.贵阳：贵州大学，2015.

［43］宋瑞．意大利文旅融合发展的经验与挑战［N］.中国文化报，2019-05-18（005）.

［44］孙忠心．乡村旅游制度创业机理研究［D］.济南：山东大学，2018.

［45］乡村产业振兴的十种模式［J］.中国合作经济，2019（8）：37-51.

［46］明庆忠．文旅供给侧结构性改革：新需求、新问题、新应对［N］.中国民族报，2019-07-26（005）.

［47］江仕敏．七彩田园风光正好——云南休闲农业及乡村旅游产业观察［J］.创造，2018（8）：56-59.

［48］刘艾莉．休闲农业和乡村旅游发展存在的问题及对策——以河南省为例［J］.乡村科技，2020（20）：30-32.

［49］乌兰．促进乡村旅游文化建设的对策探讨［J］.内蒙古财经大学学报，2018，16（4）：26-29.

［50］张文登．短视频平台城市文化形象建构策略研究［D］.杭州：浙江大学，2019.

［51］柴栋梁．工业遗产中铁路文化遗产的保护与开发研究［D］.郑州：河南大学，2014.

［52］陈海玉．试论滇越铁路遗产的建档保护［J］.兰台世界，2017（15）：14-17.

［53］汪芳，刘迪，韩光辉．城市历史地段保护更新的"活态博物馆"理念探讨——以山东临清中洲运河古城区为例［J］.华中建筑，2010，28（5）：159-162.

［54］王春霞．苏泊罕旅游与博物馆活态化结合打造旅游新概念［C］//内蒙古自治区社科联，鄂尔多斯学研究会，内蒙古大学鄂尔多斯学院.鄂尔多斯学研究会2016年论文集，2016：431-435.

［55］窦志斌．试论苏泊罕游牧文化活态博物馆对于民族文化传承与保护的意义［C］//内蒙古自治区社科联，鄂尔多斯学研究会，内蒙古大学鄂尔多斯学院.鄂尔多斯学研究会2016年论文集，2016：424-430.

［56］刘增安，陈征，高伟．活态博物馆+主题文化院落+美丽乡村——太行山区古村落保护与开发的大梁江模式研究［J］.石家庄职业技术学院学

报，2018，30（1）：31-35.

[57] 刘晖."摩梭人文化保护区"质疑——论少数民族文化旅游资源的保护与开发 [J].旅游学刊，2001（5）：27-30.

[58] 李玮.民族村寨旅游开发与民族文化保护研究——以通道皇都侗族文化村为例 [J].民族论坛，2015（7）：52-58.

[59] 陈丽.贵阳民族文化村寨开发与保护中的协同治理研究 [J].智库时代，2018（21）：84-85.

[60] 曾尚芸.云南.翁丁佤寨文化与旅游产品的融合模式及路径研究 [D].昆明：云南师范大学，2016.

[61] 杨家娣.文化生态旅游村：佤族文化保护性开发的新模式——以沧源县翁丁村为例 [J].思想战线，2008，34（S1）：9-11.

[62] 陈燕.生态博物馆：旅游开发与文化保护的和谐统一——建立云南元阳哈尼族梯田文化生态博物馆的构想 [J].红河学院学报，2009，7（6）：6-10.

[63] 徐宝祥，谷方灿.高黎贡山的"绿色效应" [N].云南日报，2009-12-09（005）.

[64] 西南林学院，等.高黎贡山国家自然保护区 [M].北京：中国林业出版社，1995.

[65] 肖朝霞.高黎贡山生态旅游管理存在问题及对策研究——以百花岭景区为例 [J].边疆经济与文化，2011（8）：19-22.

[66] 郑祥.哀牢山区生态旅游浅论 [J].玉溪师范高等专科学校学报，2000（S1）：163-164.

[67] 袁军.无量山国家级自然保护区生物多样性及保护对策研究 [J].福建林业科技，2010，37（3）：131-135.

[68] Stanilova Snezhana·白雪.保加利亚文化旅游资源评价及开发研究 [D].秦皇岛：燕山大学，2018.

[69] 苑利.非遗传承人：中华文明的另类传承者 [J].中原文化研究，2020，8（2）：74-79.

[70] 李斯颖.中国非物质文化遗产保护成就及建议——以西南少数民族为例 [J].广西民族师范学院学报，2012，29（6）：11-14.

［71］罗梅.怒江傈僳族民歌的文化解读［J］.云南财经大学学报（社会科学版），2011，26（1）：148-151.

［72］王鹤云.非物质文化遗产的多元价值分析［N］.中国文化报，2008-07-16（003）.

［73］郭雪怡.遗产视角下的红河哈尼梯田文化景观［J］.旅游纵览（下半月），2019（2）：194-196.

［74］李娜.智慧旅游背景下西宁旅游业转型升级发展研究［J］.攀登，2016，35（6）：86-91.

［75］迟紫境.优秀旅游城市的转型与智慧旅游城市建设研究［D］.北京：首都经济贸易大学，2012.

［76］张振鹏.日本如何利用动漫发展特色小镇［N］.中国文化报，2017-10-28（006）.

［77］文化部　国家旅游局关于促进文化与旅游结合发展的指导意见［EB/OL］.［2009-09-15］.http://www.gov.cn/zwgk/2009-09/15/content_1418269.htm.

［78］国务院关于促进旅游业改革发展的若干意见［EB/OL］.［2014-08-09］.http://www.gov.cn/zhengce/content/2014-08/21/content_8999.htm.

［79］国务院办公厅关于促进全域旅游发展的指导意见［EB/OL］.［2018-03-22］.http://www.gov.cn/zhengce/content/2018-03/22/content_5276447.htm.

［80］文旅部等17部门发布《关于促进乡村旅游可持续发展的指导意见》［EB/OL］.［2018-11-15］.http://zwgk.mct.gov.cn/zfxxgkml/zcfg/gfxwj/202012/t20201204_906334.html.

［81］国家级文化生态保护区管理办法［EB/OL］.［2018-12-25］.http://www.gov.cn/xinwen/2018-12/25/content_5352070.htm.

［82］非遗保护要见人见物见生活［EB/OL］.［2018-06-06］.http://opinion.people.com.cn/n1/2018/0606/c1003-30037713.html.

［83］国务院关于加强文化遗产保护的通知［EB/OL］.［2005-12-22］.http://www.gov.cn/gongbao/content/2006/content_185117.htm.

［84］国务院办公厅关于进一步激发文化和旅游消费潜力的意见（国办发〔2019〕41号）［EB/OL］.［2019-08-23］.http://www.gov.cn/zhengce/content/2019-08/23/content_5423809.htm.

［85］怒江州人民政府关于推动旅游革命加快旅游产业转型升级的实施意见
　　　［EB/OL］.［2019-02-20］. https://www.nujiang.gov.cn/xxgk/015279139/
　　　info/2019-38956.html.

［86］文化部　国家旅游局关于促进文化与旅游结合发展的指导意见
　　　［EB/OL］.［2009-09-15］. http://www.gov.cn/zwgk/2009-09/15/
　　　content_1418269.htm.

［87］国务院办公厅关于印发《国务院关于促进旅游业改革发展的若干意见》
　　　［EB/OL］.［2015-01-21］. http://www.gov.cn/zhengce/content/2015-01/21/
　　　content_9405.htm.

［88］国务院关于印发"十三五"旅游业发展规划的通知［EB/OL］.［2016-
　　　02-16］. http://www.gov.cn/zhengce/content/2016-12/26/content_5152993.
　　　htm.

［89］关于印发《"十三五"时期文化旅游提升工程实施方案》的通知（发改社
　　　会〔2017〕245 号）［EB/OL］.［2017-03-07］. https://www.ndrc.gov.cn/
　　　fzggw/jgsj/shs/sjdt/201703/t20170307_1121819.html.

［90］文化和旅游部关于印发《文化和旅游规划管理办法》的通知［EB/OL］.
　　　［2019-07-04］. http://www.gov.cn/xinwen/2019-07/04/content_5405990.
　　　htm.

［91］剪纸（傣族剪纸）［EB/OL］. http://www.ihchina.cn/project_details/13933/.

［92］云南出台 2019 年稳增长 22 条措施，未来云南文旅产业这样干［EB/
　　　OL］.［2019-02-07］. https://www.sohu.com/a/293604766_100041588.

［93］云南积极探索文旅融合的"云南特色"之路［EB/OL］.［2019-01-23］.
　　　http://yn.yunnan.cn/system/2019/01/23/030185900.shtml.

［94］重磅！2018 年国家及各省市文旅产业政策汇总及解读［EB/OL］.
　　　［2019-01-08］. https://t.qianzhan.com/caijing/detail/190108-c36adbf7.html.

［95］腾讯 × 云南，"新文旅 IP"释放云南产业新动能［EB/OL］.［2019-07-
　　　05］. https://www.sohu.com/a/325074701_266939.

［96］文旅融合的云南探索［EB/OL］.［2019-11-03］. https://new.qq.com/
　　　omn/20191103/20191103A0GODM00.html.

［97］案例：文旅融合的 5 个切入点［EB/OL］.［2019-12-01］. https://www.

sohu.com/a/357702130_801793.

［98］文旅融合型特色小镇建设｜从国外经典案例中，我们可以借鉴这些［EB/OL］.［2019-09-20］. https://m.sohu.com/a/342127379_509371/.

［99］文旅融合新思路2019非遗与旅游融合优秀案例发布［EB/OL］.［2019-06-09］. http://lvyou.ycwb.com/2019-06/09/content_30275383.htm?from=groupmessage.

项目策划：段向民
责任编辑：张芸艳
责任印制：孙颖慧
封面设计：武爱听

图书在版编目（CIP）数据

文化旅游融合发展：理论、路径与方法 / 晏雄等著.
-- 北京：中国旅游出版社，2022.5（2024.4 重印）
 ISBN 978-7-5032-6947-9

Ⅰ．①文… Ⅱ．①晏… Ⅲ．①旅游文化－旅游业发展
－研究－中国 Ⅳ．① F592.3

中国版本图书馆CIP数据核字(2022)第065193号

书　　名：文化旅游融合发展：理论、路径与方法

作　　者：晏　雄　赵泽宽　等
出版发行：中国旅游出版社
　　　　　（北京静安东里 6 号　邮编：100028）
　　　　　http://www.cttp.net.cn　E-mail:cttp@mct.gov.cn
　　　　　营销中心电话：010-57377103，010-57377106
　　　　　读者服务部电话：010-57377107
排　　版：北京旅教文化传播有限公司
经　　销：全国各地新华书店
印　　刷：北京明恒达印务有限公司
版　　次：2022 年 5 月第 1 版　2024 年 4 月第 2 次印刷
开　　本：720 毫米 × 970 毫米　1/16
印　　张：17.75
字　　数：285 千
定　　价：59.80 元
ＩＳＢＮ　978-7-5032-6947-9